U0896492

牛山意象

杨志勇 著

中国文联出版社

图书在版编目（CIP）数据

牛山意象 / 杨志勇著. -- 北京 : 中国文联出版社, 2025. 8. -- ISBN 978-7-5190-5975-0

Ⅰ. I267

中国国家版本馆 CIP 数据核字第 2025WW1546 号

作　　者　杨志勇
责任编辑　吕　欣　程　语
责任校对　秀点校对
装帧设计　吴　涯

出版发行　中国文联出版社有限公司
社　　址　北京市朝阳区农展馆南里 10 号　　　邮编　100125
电　　话　010-85923025（发行部）　010-85923091（总编室）
经　　销　全国新华书店等
印　　刷　三河市中晟雅豪印务有限公司

开　　本　787 毫米×1092 毫米　　1/16
印　　张　23.75
字　　数　327 千字
版　　次　2025 年 8 月第 1 版第 1 次印刷
定　　价　89.80 元

谨以此书献给我挚爱的一方热土和奋斗在乡村振兴工作战线上的朋友以及喜欢风物故事的读者！

——作者

一腔痴爱献热土

——杨志勇散文集《牛山意象》序

张 虹

当杨志勇将他最新的书稿《牛山意象》发给我时，我真的有点儿蒙了。因为之前他已有一部《追寻初心——我的扶贫札记》和汉调二黄现代戏《金州第一书记》问世。作为省级帮扶单位选派的驻村干部，他在牛山脚下的草庙村驻村不过三四年，怎会有如此深厚浓烈的情感？这片古老的土地又是怎样的精神富矿，值得他一挖再挖？我想起新疆可可托海那座为祖国的建设做过巨大贡献的矿坑。难道牛山这座富矿也要为文学画廊奉献无尽的宝藏吗？打开书稿，扑面而来的泥土气息，扑面而来的新鲜感，扑面而来的热突突的情感浪潮，扑面而来的家国情怀，让我感动又感慨。在作者笔下，安康四大名山之一的牛山，是人间秘境，是绿色天堂，是富氧离子密集的绝佳养生地，是大自然的教堂，是中国乃至世界最有故事的一座山。是的，一座山，一百个传说，而且，每个传说在现实中都对应着一个或多个具体的客观景物，实在是太奇妙了。以至于作者沉浸其中时，每每流连忘返；离开之后，魂牵梦绕，不为其树碑立传不能作罢。作者说：《牛山意象》是他目前最用心、用情、用力投入的一部书，前后七年，几易其稿，精雕细刻，靡费心血。作者宣称：这部书不仅是写给牛山乡亲们的，也是写给天下读者的，更希望通过此书能够持久地给予所有读者心灵的涤荡与温暖，激发永远向善、向上、向前的精神力量。

通读书稿，我深以为然。

《牛山意象》情感真挚、气韵饱满。作者似乎不是在做单纯的文字叙述，而是将一腔痴爱化作笔墨，浸润在一个个活色生香的牛山传说里，使人不由自主地跟着他的故事在历史和现实里穿越，并生发出万千感慨。

在作者笔下，牛山皱褶里的草庙村是纯美的。有多美呢？它美得让作者一见钟情、再见难忘，驻村四年之后，血脉相连、永难割舍。作者在开篇《春风吹过我的村》里说："真正地爱过了，我才敢说，它是我的村。""我的村"，包含了多么深沉的情与爱，包含了多少骄傲与自豪！"我的村"位于传说里的"神牛"卧身之地，当然是水肥草美、五谷丰登、人杰地灵的风水宝地；"我的村"住在作者心里，因而作者管它的正事、闲事、方方面面的事。对"我的村"，作者投入的是最朴素的感情：作者出身农村，深知农民的疾苦，就想为草庙村做点儿实事，为草庙村的乡亲们谋点儿实实在在的利益。记得作者驻扎草庙村的第一个深冬的某一天，在朋友圈发了个上联：有山有水有风景，请朋友们对下联。有朋友俏皮地对道：没吃没喝没情人。朋友圈内一片惊呼，说对得妙极，他却没了下文。那时候，席卷全国的脱贫攻坚战正轰轰烈烈，很多中央、省、市、县都有干部被下派到贫穷落后的山区驻村帮扶，无疑，每个人都受到了严峻考验。杨志勇在帮扶村是否过得清苦寂寞？帮扶工作是否难以推进？没人知道。后来我应邀去草庙村参加他组织的春节联欢及表彰大会，闲暇时与他探讨过这副对联。他笑道："实际上我是有吃有喝有情人。我的情人就是这个草庙村。但我不能这样说，一方面怕误会，另一方面怕人说我矫情。"而我当时深信他对草庙村的爱是真切的、真挚的。因为在我走下车子的当儿，他就一刻不停地给我介绍他的草庙村——经济的、文化的、扶贫工作的成效、发展前景、他的种种规划设想，等等。尤其草庙村的各色人等，上自村支书，下至妇孺儿童，他介绍得更为具体详细，一如引荐家人至亲。我惊讶他对这个地方爱得如此深沉。遂想：杨志勇一定会在这里闹出大动静。痴爱，是成就大事的根本。

在作者多情的目光里，牛山是生态牛山。它美轮美奂，无论春夏秋冬，都有独特的风景。草木虫鱼都有灵性，风花雪月都藏着智慧。那“高山野钓”里的钓鱼者是多么的自由自在啊。作者这样描写：“有一天，在高高的山梁上散步，突然看见有个人在肩上挑着几条小鱼，摇摇晃晃地走在乡间的小路上，其时，夕阳的一抹余晖正好映在那人和那鱼的身上。一段不长的上坡路，他好像走在舞台上，故意慢悠悠，走得很陶醉。于是，我的眼前便出现了一幅别样的山村晚照图。由此，带给人的那种美感奇妙不可言。”呵，这是多么唯美的乡村图画！在这幅图画里，只有陶醉和感恩——感恩大自然的赐予，感恩牛山为我们保留了这样的秘境！

作者在牛山的秘境里时时陶醉。他在《与善为邻》里形象地描述了那种陶醉：“在那一片荒野中，我喜欢观赏枝头驻足的小鸟，林间微风吹拂的树叶和挂在树梢的阳光，还有深秋树林里那一树如缀满了红灯笼的火红柿子。”就在他的驻地不远处，掩在荒草里的“马槽湾”，藏着一个美丽的传说——为人忠厚老实的驻店何家，不欺天、不欺人、不作恶、与人为善、乐于助人，遇难必帮，所以得到天助。那些算计他们的、企图陷害他们的人，统统受到了应有的惩罚，他们的家与业都兴旺发达、蒸蒸日上。作者感叹道：在一个天天教人积德行善的环境中，心间便也自然充满善意，因而也得到一种力量的加持。

牛山是孕育“牛精神”的山。传说里的两只神牛，它们在天庭遭到陷害，被玉帝贬谪禁锢在牛山。这两只神牛来到牛山，勤勤恳恳为民劳作，默默无闻扶困济贫，最后化身为山，在天地间永存。《一辈子只做一件事》里的老勺匠，形象地演绎了“牛精神、牛品格”，其坚韧执着、敬业爱岗、刚直不阿、扶困济贫的善行，无一不是神牛品格的再现。最可喜的是，这种精神形成了牛山人的普遍品格，连这里的山山水水似乎也有一种不同寻常的牛气。作者认为：牛山迟早会在全国闻名的。他自信满满地说："我相信，这是指日可待之事。"因为，当地不仅自然和文化之资源丰富是牛气的，干部群众也秉承了牛一样的品德和作风，勤劳、吃苦、忍耐、善良、忠诚、担当、开拓、奉献，而这也正好吻合了当下社会所提倡的"三牛"精神——为民服务孺子牛、创新发展拓荒牛、艰苦奋斗老黄牛。这些都是支撑牛山走向未来和大众视野的强大力量。

牛山是哲理的山，它蕴藏着丰富的人生哲理。所有的传说都于不动声色的故事叙述里暗示着人间正道。《树老爷》记录一个家族的兴衰史。逃难来到牛山的祖先栽下槐树，槐树在一尘不染的山水中，日夜吸纳天地精华，长成参天大树，不仅为人们提供阴凉，也成了人们的精神寄托。人们虔诚地为它披红挂彩祭拜，平日里细心呵护。而远走他乡的族人，患病后千里寻根用它的树叶治病消灾。树老爷是家族的象征，它连着人的血脉，和人生死相依，"人爱护着树，树庇护着人，互相给予、彼此成就"。这是多么动人的人与自然和谐共生的故事啊。《遇到"红裙子"》和《未见"白裙子"》，则通过乡村里最常见的男女之事，警示人们克制欲望，永远不要触碰道德底线。

牛山是爱情的山，它蕴藏的爱情传说感天动地。《故事里的风景》便是一幅历经千年而不衰的爱情画卷。作者这样描写："牛山朱雀寺院内有一棵古柏，经世千余年，身材高大挺拔，腰杆粗壮达一丈多，树冠枝叶之繁茂如一把巨伞覆盖整个寺院，见识者都称其十分壮观。紧贴古柏生长着的一根长长的古藤，直径尺余，如脸盆般粗壮，牢牢地缠绕着树身，藤随着树枝分杈而延伸生长，把整个大树缠绕得几乎不漏一个枝条。古树名叫'朳柏'，古藤名叫'凌霄'，它们一起呈现的独特美景被人们誉为'朳柏凌霄花'。"这藤缠树正是一段爱情绝唱的见证。唐朝末期，金州刺史崔伟，因保境安民有功而享盛名，又因相貌魁伟而成为那个时代青年心中的偶像，却因公务繁忙，无暇顾及婚事。早春的一天，他带领官兵去牛山剿匪，路经牛山下一个大户人家，与绣花楼上的闺女一见钟情。两情相悦的人携手走到牛山高处一个风水宝地，崔伟亲手栽下“杋柏”，心上人在旁边种下“凌霄”，从此，树傍着藤，藤缠着树，蓬蓬勃勃生长千年，直至特殊年代，树被人砍去，藤也随之枯死。毫无疑问，“杋柏凌霄花”寄托着牛山人的爱情理想，它们在与不在，这爱情故事都会代代传唱。

牛山之美，美到天上人间。天庭做守卫的两头神牛，多年来犯的唯一的错，竟是闻到牛山人家的奇异酒香而追寻到牛山，扒开酿酒的大木桶，吃了正在发酵的甜秆儿，一醉三年。这就是作者倾注一腔痴爱为我们奉献的牛山。结识了这样的牛山，岂能不爱，岂能不魂牵梦绕、心向往之！情感含量是一切文学作品的生命力所在，只有情感真挚的作品，才能像牛山的传说一样，与江河永在。

《牛山意象》思想深刻，格局博大。作者忧国忧民的家国情怀，像春雨、像暖阳渗透在字里行间，在看似平淡的叙述里暗藏着思想的力量，在看似简单的故事里深藏着担当意识，给人以思想启悟和心灵震撼。

在《男人的自信》里，山间小小的野草“淫羊藿”，不过是乡间男人们用来互相打趣的诨词，而那个传说也没什么奇特之处，作者却由此联想到如能广泛种植此物，也许能兴起一项亮点产业、特色产业，若同时进行系列产品的开发研究，必然会给贫困户带来福祉，给牛山的发展带来契机，甚至想好了一句广告词：“淫羊藿水——男人自信的能量液”。所谓赤子情怀，就是如此吧。牛山夏季的风雨是一道独特的风景，然而，站在屋檐下，听见雷电在眼前的山窝间炸响，看到风雨在山窝里肆虐的情景，作者的心情无法平静下来把眼前的风雨当作风景，而是十分担心，村中的山体是否会滑坡，河沟能起多大洪水，乡亲们的人身、房屋和牲畜是否安全，人就立时坐卧不安起来，尽管提前都会做一些相关工作，但每次都放心不下，待风雨稍微小一点，同志们不由分说，便会结伴冲进雨地里，到附近的监控地点去查看情况，排查排除各种可能出现的危险。什么是“先天下之忧而忧，后天下之乐而乐”？作者的描述，为我们做了最贴切的诠释。《世间自有真情在》里，那只为解救民众疾苦而累死在救灾路上的大神龟是多么可敬：在苦难降临牛山的时候，它自愿承担最艰苦的运送物资的重任，往来日行千万里，把每户人家需要的救济物资按时按点送上门，不曾有一次懈怠，不曾有一次失误。人们称之为老实的大神龟。它的任劳任怨、不计名利，连天兵天将们也不理解，劝它说："你熬了一万年也没有成仙，还是自己的身体要紧，不要太累。"胸怀大义的老神龟却毫不动摇，一意前行。作者由此想到：这只"神龟"多么像奋斗在脱贫攻坚和乡村振兴工作战线上的那些指战员，一心一意为了让群众过上好日子，劳心费力、不舍昼夜、担当作为、无私奉献，甚至献出个人宝贵的生命。唐末守土安民的金州刺史崔伟是出现在牛山传说里最多的人物，他既是传说里的主角，又是被后世皇上封为"牛山土主忠惠王"并享有庙宇的真实历史人物，无论是他保境安民的丰功伟绩，还是剿灭恶蟒、为民除害的英雄壮举，抑或是他那美好的爱情故事，都寄托着牛山人对于"好官"的理想。我以为，这也是作者的理想。作者靡费笔墨全力塑造这个人物，实际上是对其家国情怀的讴歌和颂扬。

思想含量是一切文学作品的价值所在，只有思想隽永、格局博大的作品，才能散发出恒久的精神光芒。家国情怀不是空话，而是实实在在的责任担当和遇到危难时毫不犹豫的行动力，以及甘愿献出一切的殉难品格。

《牛山意象》创作手法独特、视角新颖。在洋洋洒洒100个传说里，作者巧妙地将现实的生活场景、民间传说、人生感悟糅合在一起，让古老的民间传说散发出新鲜的诗意，既有现实感，又有历史感，更有警示意义，读来轻松愉快，如沐山间清风。

在许多故事里，作者将现实与传说、传说与感悟无缝衔接，读来有种天上地下、亦真亦幻的感觉。独特的视角、创新的手法，是引人入胜的关键。在通读书稿期间，我的身心一直跟随着作者的文字在牛山游荡，而且恍惚之间，觉得牛山又多了一个美丽的传说：不久以前，牛山来了一个扶贫干部，他与牛山一见钟情，结下不解之缘。他的脚步走遍牛山的山山水水，他的思想与情感和牛山水乳交融，而后幻化为一篇篇滚烫的文字，为这块古老的乡土立传，为这里纯朴的人民抒情。他的名字叫作——杨志勇。

杨志勇在后记里说，之所以创作《牛山意象》，是因为他有一个小心思，“有山河为证，有文字为证，希望我热爱的牛山这一片土地上的乡亲与他们的子孙，在提及我驻村的故事时，在心里有所回忆或感动，如果还能由衷称赞一句‘这个人为我们当地发展真是费了一番苦心！’那么我就十分心满意足了”。

可以毫不夸张地说，杨志勇的《追寻初心——我的扶贫札记》《牛山意象》，汉调二黄现代戏《金州第一书记》，以及励志报告文学《我不输给命运》所构成的“驻村四部曲”，就是他在牛山的“手植柏”。它必将穿越岁月的风尘，留在人们的记忆里，镌刻在精神的无字碑上，一如牛山朱雀寺那棵记录着美好爱情的千年“朳柏凌霄花”一样，永留芬芳在人间。

2024 年 7 月 1 日于安康

目 录

春风吹过我的村

真正地爱过了，我才敢说，它是我的村。在三四年里，面对深入村里检查工作的各级同志和四面八方的来客，在介绍村情时，我始终有讲不完的故事。这在一定程度上为我的村增加了许多印象分。

我的村究竟是什么样儿呢？

这是一个有特点的地方。它位于秦岭南麓的尾巴上。从西安出发，经西康高速公路在茨沟路口驶出，经松坝，过谭坝，翻越三座山之后，就到了我的村。另一条路线，从安康城江北出发，经高新区五茨路口向北，沿着花园、牛岔湾、七里、药树垭方向，一路走大道，行至牛山村路口时，转弯向右而行，上到最高的山豁口就到了草庙村。两条路长都约 35 公里。对于熟悉陕南安康的朋友，我是这样介绍的——从安康上高速进入西安方向，经过的第一个隧道中间上面的山梁，就是我的草庙村。因为海拔较高，常年气温比 30 多公里外的城区低四五摄氏度。有时候，远看城里晴晴的天，村里的山梁上却正下着雨或飘着雪。当地人把棉袄叫“腰子”，冬天上身早，春天脱得迟。

我的村所在的草庙梁是有一些看头的。如果从一定的高处俯瞰，在血统上，它的全身流淌着大秦岭的血液，属于秦岭南边一根长长的筋脉。在小家族的谱系中，它是古金州四大名山之首——牛山体系中的一根大筋脉，从其山腰生发而出，先向北而后转折东南方向延伸，然后一路向南，山脉呈现的波浪起伏之状，宛如一条奔腾的长龙。

在万千的村庄中，草庙村名的来历有一个精彩的民间传说，名曰：卧牛穴的稀奇事——

很久以前，在牛山深处住着两头神牛，它们长得高大健壮，浑身散发着闪闪金光。每当月亮最圆最亮的时候，这两头神牛就会准时出现在山腰一处墒地，悠闲地啃食着鲜嫩的青草，饮用此处的甘甜泉水，或在此追逐嬉戏，或卧地休息、相互亲吻，彼此就像一对恩爱的夫妻，无比幸福快乐。

这一幅生动的山村月夜图呈现在眼前，让人看得如痴如醉。可是，一旦听到附近有人的说话声，它们立马就消失不见了。

一般情况下，两头神牛在这里吃饱喝足、休息好了，就会在月亮最圆最亮的那个时辰之后准时回到高山上。

由此，当地老百姓认为，此处是一块风水宝地。正好村里的乡贤牵头操持要修一座庙，供奉玉皇大帝和各路神仙，保佑风调雨顺、五谷丰登和乡亲们身体康泰、四季平安，于是就把庙址选在了此处。

修庙是好事，附近的家家户户有钱的出钱，有力的出力，庙很快就建起来了。然而，过了不久，庙却不明不白地忽然倒塌了。再次修建时，工匠们都特别认真细致，既注重选用的材料，又十分注重砌墙、木工活质量，但是重新修好的庙过了不久又倒塌了。如此，反复多次，每次刚刚修好而不久就忽然倒塌了。乡亲们百思不得其解，而外村人早已是一片讥笑之声，一度还给此地起了一个外号叫“倒庙”。庙址所处的山梁由此便成了大家口中的“倒庙梁”。

众人议论纷纭，不知当地所建之庙为何频频倒塌。

某一日，一位须发飘飘的老人云游至此，听说了这一件怪事后指点说，倒庙梁一带确是风水宝地，所选的庙址位置也很好，正好处在卧牛穴上，这就是明亮的月圆之夜，两头神牛下山经常卧身的地方。因为牛喜草，有草则安，无草则躁，躁而不安，不安则有祸乱。所以，在此地建庙，就要以草盖顶，方得始终稳固。

操持者按照指点，在原址上重新建庙，大殿、厢房的房顶全部选用山上生长的茅草覆盖。果然，庙建成后，历经数载风霜雪雨依然稳固如初，再也没有倒塌过。因而，这座庙就被叫作了“草庙”，所在的山梁也随之被叫成了“草庙梁”。

草庙建成后，声名远播、香火不断。

后来，附近居住的何家后人何老四，因为不堪长年累月庙上整日烟熏火燎和随时都有的鞭炮声对生活的严重干扰，便操持将草庙迁到了如今村小学操场的位置。

1929 年起，草庙不再是一座庙，而是改成了一所学堂。

新中国成立后，草庙被当作了“新景乡公所”行政办公用房，此地便一度成为当时乡里的政治经济文化中心。

乡公所撤走之后，草庙办成了“村小学”，持续到如今。

20 世纪 60 年代末 70 年代初，草庙的房屋因年久失修而被全部拆除，在其桩台下方重修了学校房屋，庙址变成了学校操场。

至此，草庙的房屋彻底消失了，但“草庙”这个地名继续保留了下来。改革开放后用作了村名。

如今，草庙成了当地一个响亮的地名儿。

草庙村的故事远不止这些。乡亲们传说，旧社会山外靠近汉江两岸的人，依靠人力、马力要从西安贩运食盐等货物，草庙梁是一条必经的道路和驿站，因此形成了客栈、酒馆、杂货铺等商业服务门店和一条街道。那时的盛景虽然早已灰飞烟灭，而后人却拥有了至今还在津津乐道的自豪。

不知何时起，这里再次陷入了贫穷。穷人家吃不起食盐，点不起煤油灯，没有多余的换洗衣服，孩子上不起学，生病卧床无钱治疗。住草房的人家不稀奇，住土巴墙房子、石板房多常见。村里一位老人回忆起往事依然泪目，他的奶奶早年去世后连一具棺椁都没有，用一床旧被单包裹着就下葬了；他的母亲几乎是饿死的……

20 世纪 70 年代，群众大会战，修通了穿过村里草庙梁的五（里）茨（沟）县乡公路之后，村里的发展变化才有了明显起色。

草庙村曾经作为茨沟区公所管辖的村，也属于该区的南大门，亦是全区距离安康城最近的地方。虽然距离城区有 35 公里之遥，但是在边远的山里人看来，草庙村就像城郊一样。十七八年前，全区哪位老师能在草庙小学教书，心底自然就有一种自豪，在别人眼里也有一种光彩。曾经建在草庙梁的供销社，生意交易的繁忙热闹场面也算是乡村的一大景观。因为，在十几年前，草庙梁又一次成为周围三四个村的经济文化信息中心。远处的人议论草庙梁人，就像今天的国人谈论上海人、北京人、深圳人一样，一般都会高看一眼的。就凭这些，当年草庙梁的青年男女谈婚论嫁就占了很大优势。

可是，随着西（安）（安）康高速公路建成通车和撤区并乡建镇，以及农村劳动力大量向外流动，村里很快失去了昔日的地理优势，由此，经过村里的一条县乡道路和沿途村庄变得相对偏僻与冷清了起来。

2018 年年初，我入驻村里时，全村有 1200 多人，贫困户人数占比超过 30%，需要易地搬迁 66 户 223 人。

当时，乡亲们坦言，当下的穷是相对而言的，最穷的家庭也比过去最富裕的家庭日子要好，至少人人都能吃饱饭、有衣服穿。全村绝大部分家庭早已脱贫致富，或盖了洋房，或搬进了城市，或在外地创业安了家。从某种意义上说，那些未脱贫的户各有各的“穷”，“穷”得不一样，整体看，基本都是留守在村里的缺劳家庭、单亲家庭或孤独老人。可贵的是，他们都走在努力奋斗脱贫的路上。

他们最富有且令人陶醉的是，每天都生活在生态公园之中。在那明媚的阳光下，春风吹得正欢，田野充满了盎然生机。我心里念叨，脱贫攻坚是乡村振兴的基础，也是必须打胜打赢的硬仗，那么针对我的村，该如何着手破题和答卷呢？

其实，从国家到地方已经提供了明晰的解题思路：每村派驻“四支力量”，“一对一”包抓，对照“五个一批”“六个一批”或“八个一批”等政策措施，因地、因户、因人施策，精准帮扶。

每天投入在山村的脱贫攻坚之中，不仅感受到了当地干部群众辛苦奔忙和热火朝天的奋斗拼搏氛围，还可明显感受到来自各级组织的明察暗访、督促检查。我领悟，这是防止在脱贫攻坚线上有人懈怠、有人滥竽充数、有人临阵脱逃……总之，似乎到处都弥漫着一种无形的浓浓的战斗硝烟。

那时候，看电视、看报纸、看网络新闻、看山村景象、看人间正事，最热乎的主题是——脱贫攻坚。从上到下，大家的姿态高度一致：“要拿出攻坚拔寨的魄力和勇气，以不破楼兰终不还的决心和气概，不获全胜绝不撤退！”……

在这一场伟大的时代战斗中，战鼓、号子声声急，所有的参战队员便只能顾着向前冲！

时间很短，仅仅三四年，经过干部群众的奋力拼搏，我村的贫困户全部脱贫，和全国人民一道过上了小康日子，村容村貌再一次发生了巨大改变。

这是划时代意义的一次巨变，可浓墨重彩地写入村史，也将是中国历史的一部分。

牛山之牛

我在青少年时期，平日放学回家和寒暑假期内都要伺候牛，或在山坡放牛，或割牛草、收拾牛草，或牵牛、赶牛到山沟里饮水。牛是我们家十几亩耕地最得劲的劳动力，所以都很爱护它。曾经准备以种地为生，就学会了吆牛耕地，与牛之间朝夕相处，晓得牛默默无闻之不易。加之我的属相为牛，便格外喜欢“牛”之事物。在牛山脚下的草庙驻村，或许就属于“牛”之缘分。

驻村不久，经常有“牛山 72 宝”几个字萦绕在耳边，似乎天下人皆知，唯有我不知。这“宝”是指牛山的景观及其神奇的民间传说，比如，金牛、金牛洞、卧牛塕、飞天金龟、望京石，等等。我像发现了新大陆一样兴奋，并更加喜欢上了这个地方，随之脱口而出：“牛山，最有故事的一座山！”这些“宝”，应该成为促进当地乡村振兴和经济繁荣发展取之不尽、用之不竭的珍贵资源。从此，我在村里有了走不完的路、干不完的“牛”活。我下定决心，无论用多长时间，一定要把这“72 宝”弄清楚、搞明白，能够为当地找到一个统筹利用资源的有力抓手。

在如此多的风物故事中，令人首先要追问的便是“牛山”之名从何而来？

村里八十多岁的老王说，他家的房门对着牛山。在高处看，因其山形地貌整体像一头卧牛；从低处近距离看上去，像一个“牛头”呈现在面前，那两座高高的山峰更像两只“牛角”，因此人们便称之为“牛山”，又名“牛头山”。关于它的民间传说，我觉得是那么的生动有趣，名曰：神牛醉卧人间——

很久以前的一天，坚守在天庭大门从事护卫工作的两头神牛，突然被玉皇大帝传唤，言称天庭有多位神仙联名反映它们经常玩忽职守，徇私枉情，甚至在工作期间饮酒作乐，等等。当场，还有许多往日它们认为品德不错的神仙纷纷站出来举证。

事出突然，两头神牛一头雾水，不知所以然，加之笨嘴拙舌，便一时愣在原地，竟也不知如何作答。

在众口铄金的阵仗中，性情倔强的两头神牛尽管感到很委屈，但极其不耐烦，也不屑于去辩驳，当然也百口莫辩，它们只是感到当下必须低头，接受一次别有用心的教训或者整治吧，否则玉皇大帝是不会轻易饶过它们的，于是为自身也为玉皇大帝找了一个台阶，便从实招供了唯一一次下凡到牛山吃酒的事。

有年深秋初冬的一天中午，它们正在天庭大院外围巡逻，忽然闻着一股奇异的酒香扑鼻而来，让它们无法按捺住内心的冲动，趁着大家午休的机会，便循着这股酒香，从天庭一路溯源追到了凡间，在秦岭南麓金州一条山沟里一户人家的空地中发现了出处，空地中有一个大大的坑，里面装满了一种正在发酵的混合物料，最上面用泥巴糊得严严实实，但还是散发着一股浓浓的酒香。它们不由分说，便扒开了泥巴，发现其中发酵的主要物料如耕牛吃的干料，是产自当地、类似于高粱的藜黍植物，俗名叫“甜秆儿”。

“凡间的耕牛能吃这么香甜的食物，我们也能吃！”它们在尝试吃了几口之后，便舍不得离开了。因为那香味里充满了诱惑，越吃越感到头脑兴奋，所以它们放开了肚皮，一边大口吃一边大口喝，哪晓得在美滋滋的享受中，竟然一时在原地迷迷糊糊睡着了，因而把天庭值班的事忘到了九霄云外。一觉醒来，人间已三年。

幸运的是，在天庭上属于旷工一天，它们就糊弄过去了。过去也就过去了，多少年也没有谁提起过此事。未承想，突然有不怀好意者把这陈年旧事翻腾出来状告它们，又夸张、捏造了一些莫须有的情节，让玉皇大帝感到事件的性质很严重。

本来不招也无妨，任凭诬陷再多的事，没有真凭实据，最终都将不言自明。

但是它们实诚，想是招就招吧，一桩小事，招了之后又如何？它们无所顾忌，在天庭广众面前说起牛山醉酒之事时一副毫不在乎、玩世不恭的样子。这下惹恼了玉皇大帝，又给了那些加害于它们者以可乘之机。

太白金星献计说，两头神牛藐视大帝威仪，有失天庭体统，为杀一儆百，将它们下放到牛山，天庭不召不得回归。

玉皇大帝采信后，当即命令执行。

其实，玉皇大帝本来念及它们此前一直恪尽职守、兢兢业业，从无违规违纪行为发生，以它们的资历、贡献，犯了一次私下牛山吃酒之错误，都在可以理解和原谅的范围之内。针对它们的违纪反映，玉皇大帝只是想借机警示一下大家，杀一杀它们平时自大傲慢的威风，也算是给告状者一个交代。它们在牛山待上一段时间后，再找个理由或等它们认个错、说个情，然后把它们再召回天庭，重新任用。

可是两头神牛一副无所谓的态度，即使在凡间，依然不改脾性，每天过着平静安逸的生活，甚至还陶醉在凡间的享受中，始终都没有任何信息反馈给天庭。这让玉皇大帝更是气不打一处来："你们既然敢和我一直叫板，那我就彻底遂了你们的心愿！"

从此，两头神牛被彻底禁锢在了凡间牛山。

然而，两头神牛并没有因此消极堕落，而是发自内心，想方设法，救苦救难，造福乡里，日日辛苦劳作，夜夜醉饮甜秆儿佳酿，不亦乐乎。

终老时，它们在一副悠然自得的醉卧姿态中安详睡去，经年之后化作了一座"牛山"。

经过深入走访，我发现牛山远远不止“72宝”，牛山的景观和神奇的民间传说有100个，于是就有了一个更大胆的认识——牛山，是中国乃至世界最有故事的一座山。理由是：有故事的山有很多，而一座山有这么多的故事，在全国乃至世界都是稀罕的。站在海拔近1500米的牛山之巅观赏风光，想它在更大的范围内区区无名，实在有些遗憾。

牛山迟早会在全国闻名的。我相信，这是指日可待之事。因为，当地不仅自然和文化资源之丰富是牛气的，干部群众也继承了牛一样的品德和作风，勤劳、吃苦、忍耐、善良、忠诚、担当、开拓、奉献，而且正好吻合了当下社会所提倡的“三牛”精神——为民服务孺子牛、创新发展拓荒牛、艰苦奋斗老黄牛。这些都是支撑牛山走向未来和大众视野的强大力量。

由此，我在当地还看到人们的一种精神图腾——人勤春来早，不用扬鞭自奋蹄，脚踏实地、永远向前。

经常行走在牛山，浸润在“牛气”的氛围中，鼓舞斗志、催人奋进。

统 筹

很多时候，我们羡慕那些典型示范村搞得好，经济发展繁荣、村容村貌文明，各方面都有亮点、有特色，总以为是人家的基础条件好，资源多，而不是领头人能力强。其实，那些村能够干成大事，最关键的不是拥有资源条件优势，而是有梦想、有行动、有决心，在同样纷繁复杂的事务中能够围绕实现梦想总目标，扭住中心重点不松劲儿，统筹协调、持续推进。在农村一线感受到帮扶干部的各种繁忙和紧张压力，包括一个村出不了大成效，本质上反映的还是干部统筹协调和抓大事的能力不足。

统筹协调能力不可或缺，体现在统揽全局、谋篇布局、战略指挥、思想方法等综合方面，它是成就大事、实现梦想必需的能力。这对于一个地方的领头人来说非常重要。

由此，我想到，驻村帮扶最关键、最不能忽略的，就是帮扶一个地方或一个村的当家人，让他敢于梦想并具有实现梦想的战略战术、统筹协调能力。

在繁忙的驻村工作中，我曾经多次提议组织大家到附近县区或外地的产业示范村去考察学习，开阔眼界，解放思想，对标开展追赶超越活动。有人总是推辞说，眼下忙得很，哪有空闲，等有了时间再说。有人口口声声说忙得很，其实很多事情都是没有意义的。有的事在我看来就是抽空多说几句话便可促成，有的事只需要挤点儿时间、走几步路即可办成。而他们的口头禅是，“最近忙得很，弄不成”。

如今处在社会发展快节奏的新时代，有谁不忙呢？我与一个村干部聊天，说实话，一个“村官”上管天文下管鸡毛蒜皮，平时确实忙，但无论有多忙，你能比管理几十万乃至上百万人口的县长、区长忙吗？能比市长、省长忙吗？我们知道党和国家的领导人日理万机，但是从新闻报道中可看出，人家还能按时参加集体学习，并且能够抽出时间，经常到全国各地调研考察呢。

时间犹如海绵里的水，只要挤，总是有的。如何能够挤出时间，就需要科学的统筹协调方法。

记得在初中时代学过一篇课文《统筹方法》，文中举例大致说，想泡壶茶喝，火已生了，茶叶也有了，但是没有开水，且烧水壶、泡茶壶、茶杯都要洗，当时该怎么办？在好多种方法步骤中，最佳的方法是：先洗好烧水壶，加入适当凉水，放在火上烧，在等水烧开的过程中，洗茶杯、拿茶叶，然后等水开了，泡茶喝。课文的中心思想是，科学合理统筹安排利用时间，提高工作生活效率。

在千头万绪的农村工作实践中，几乎每天都要运用统筹协调方法解决问题，因而有领导就经常讲到，要学会十个指头弹钢琴。

学习掌握了“十个指头弹钢琴”的方法，面对千头万绪、纷繁复杂的工作，就能够根据轻重缓急程度，突出重点，统揽全局，协调推动，确保各项工作同步有序进展，分别按时保质保量完成。如此，就不会出现顾此失彼、头重脚轻、虎头蛇尾和东一榔头西一棒槌、按下葫芦浮起瓢等手忙脚乱的现象。

关于统筹方法和智慧，莫过于当地这个民间传说讲得生动而又通俗易懂，名曰：两个土地爷换座位——

很久以前，牛山有两个土地爷，分别主管前山和后山。

后山土地爷总是羡慕前山土地爷的日子红火，门庭若市，朝拜的人多，供奉的物品要啥有啥，而他的庙门前总是冷落无人，一片寂静。因而，他经常抱怨时运不济、命运不公，自己要是有个好的地理环境，人们自然就会去朝拜祈求他，也会给他披红挂彩，供奉吃食等各种物品。

有一天，后山土地爷找到前山土地爷倾诉了自己的苦恼后，并与其商量能不能互换一下座位，让他体验享受一年半载的风光生活。前山土地爷爽快地答应了，并且真诚地告诉他说："别看我一天有风光，但是人人有事相求，我都得想方设法一一办好，做到有求必应，紧张繁忙一整天，连吃饭喝酒享受生活的时间都没有，经常弄得身心疲惫不堪。"后山土地爷难以理解，人人有事前来相求，这是一种多么美妙的感觉啊，怎么会变成了受罪呢？

他们互相交换了位置处所。

这天一大早，后山土地爷坐在前山土地爷的座椅上开始理事，很快就来了四个乡亲磕头相求。

第一个来人是老农，祈求说："土地爷啊，我今天整地下菜种，求你今天下点儿雨吧，地里有了墒头，种子才能发芽生根出苗。"他答应了，这个好办，要下雨就下雨吧。

第二个来人是妇女，与老农的祈求正好相反，说："求土地爷保佑，我今天带孩子走娘家，山高路远，一滴滴雨都不要下啊。"

这个妇女离开后，他被难住了。这雨是下还是不下？无论做出哪一种决定，都不能同时满足两个人的愿望，而且还会得罪另一个人。这个问题还没有想好办法应对，第三个人就来了。这是一位船工，又放鞭炮又烧香，非常虔诚地祈求："土地爷啊，我今天从滦河里要出船，请您保佑，一定要大刮顺河风。"

船工离开，随后来了第四个人。这是一位果农，他磕头祈求："土地爷啊土地爷，我今天要在牛山打梨，请您保佑一定不能刮大风。"

四种祈求对应的四个问题搅和在一起，当天究竟怎么安排，刮不刮风、下不下雨？思前想后，他不知如何是好，却也让他不仅感到自身能力不足，而且在精神上遭受了一场折磨。于是，他慌忙告诉前山土地爷不再交换位置，还是各归各位、各得其所。同时，他把遇见的这些问题和盘托出，请教前山土地爷该如何处理。

“这都不算是什么事儿！”前山土地爷一听，呵呵笑了，回答得很轻松，“只要统筹协调做好安排，就不会耽误任何一人所求。”

看后山土地爷依然不解，他便一一具体道来：

早上先刮顺河风，等待船工顺利出船离开染河后，即让风停止。接着，妇女带孩子回娘家、菜农整地种菜、果农上山打梨期间，多云转阴，没有暴晒，天气也不热，不刮风也不下雨。等待傍晚，妇女带孩子回到娘家，菜农整地下种完毕，果农收拾果梨已回家，然后开始下雨，最好是下小雨，不能下大雨，如此菜园地好成苗。

后山土地爷听后自愧不如，从此便也心平气和。

两个土地爷的故事，一个举重若轻，轻松地统筹处理了一天的来访诉求，而另一个举轻若重，看似非常认真，却对诉求问题束手无策，原因就是缺乏统筹协调安排、把握大局的能力。

如今，在快节奏的工作生活环境中，人人都需要对自己的工作、事业和生活等进行统筹谋划和协调安排，方能阵脚不乱，井井有条。

可是，很多人每天似乎有忙不完的事，经常感到手忙脚乱、力不从心，甚至疲于应对。看似踏踏实实、忙忙碌碌，却始终没有成就，或成就不大，或不能实现理想目标，或没有取得预期效果。仔细分析，皆因不懂取舍，不会抓中心重点，不会统筹大局，不会兼顾协调，往往把实现理想目标的战略思路和战术技巧分不清，把解决问题的目的和方法措施分不清，把完成各项任务的轻重缓急分不清，把各种是非矛盾的大小主次分不清，把长远规划与当下利害分不清，把生活所需与价值追求分不清……

话又说回来，冰冻三尺非一日之寒。任何惊艳的花开，背后都一定有其深深扎根土地的艰难成长过程。正如是，面对复杂形势和艰巨任务，要努力不断提高政治能力、调查研究能力、科学决策能力、改革攻坚能力、应急处突能力、群众工作能力、抓落实能力。拥有了这“七种能力”，就能更好地掌握处理复杂繁重工作事务的统筹协调能力。

当然，提高统筹协调、把握大局的能力，也是深化认知、长期实践、锤炼本领和成就大事的过程。

平常之中藏奇妙

牛山有牛门，初以为养牛的牧场大门而谓之，其实是往返牛山自然生态保护区的一道出入门。相对牛山的东门、西南门等其他门而言，它属于牛山的东北门，也被乡亲们称为“吉祥之门”。随之，我在心中产生了几个疑问，牛山何以需要这么多的出入门？明明是人出入的门，为什么呼之为“牛门”？其“吉祥”又因何而来？得到这些答案是我在当地生活了许久之后。

在闻名天下的大秦岭中，牛山属于它最南边的一条大动脉，古因“牛山叠嶂”之美景而被誉为金州八大景和四大名山之一，后因传说唐朝末年黄巢曾经在此屯过兵而为后世所津津乐道，又有朝廷封金州刺史崔伟“忠惠王”并在牛山为其建庙祭祀而名扬四方。不仅如此，因山峰地势险要，古为兵家必争之地，还因为拥有丰富的动植物矿产资源，亦是民间获取药材、食物、柴火等生活资料的一座物质宝库。如今，因其绿色植被深度全覆盖所形成的壮观自然生态和悠久的民间传说、人文逸事、慈善故事等，被文人雅士誉为生态之山、文化之山、慈善之山、故事之山。

古往今来，登牛山赏景、作诗、寻药、坐禅、修行、访问等各色人物络绎不绝。因牛山层峦叠嶂、地域广大，所有登山者分别来自四面八方，包括昔日烽火战争之兵马，而人性皆习惯于择捷径而行，所以就自然形成了不同方向往返牛山之“门”路。

在众门之中，“牛门”来源于一个神奇而有趣的民间传说，名曰：山边闪金光——

很久以前，牛山上隐藏有两头毛发金黄亮色、身体健壮高大的神牛，每在月圆之夜，它们要下到草庙梁的草场吃草，月光暗淡时便会离去。

两头神牛从山上下到草庙梁和离开后上山的踪迹，村里无人看见过，所以无人能够描述。人们见到的是，只要月圆如盘，皓月当空夜深人静时，在草庙梁固定的一处山坡边上，会突然闪现出一个金色光圈，瞬间就形成了一道没有门扇的金光之门，随后就会从里面走出来两头金黄亮色的大黄牛，貌似饥肠辘辘，一路摇头摆尾向不远处的草场而去。

待在附近的草坪吃饱了，原地休息好了，便会起身一前一后，精神饱满地往回走去。离开时，那道金光之门忽地又在老地方出现了，似乎在准时迎接两头神牛归去。等到两头神牛进了门之后，那道金光之门会再次忽闪一下，随之和两头神牛都消失得无影无踪。

村里特别有心的一位老者，在心底记住了出现金光之门的那个位置，随后请有名的风水先生到实地观测，解释说，此处是牛山风水中的一处宝地——狮子穴，每次忽然出现的那道金光，实际是狮子嘴巴吐出的火光圈，它是专门为两头神牛出入草庙梁做照亮和掩护的。因此，人们口口相传，便把两头神牛进出的这道金光之门所在地称为了“牛门”。

然而，不知从何时起，再也没有见到两头神牛在月圆之夜下到草庙梁的草场来吃草。

不久之后，人们又发现了一件新的神奇之事，每当在这个时候，只要在那个曾经出现金光之门的地方来回走三遍，身体有疾病者便会很快康复，单身未成婚者便会很快喜结良缘，读书之人便会很快考取功名，从商者财运便会牛气冲天。

更为神奇的是，当年的金州刺史崔伟带领官兵经过此门登牛山，而后才彻底打败了唐朝末年的黄巢起义军。

因此有了传说，进入牛门之地，便会得到福气。

听了故事后我方才明白，牛门原来本无“门”，只是一个平常的地名和往返牛山的出入口而已，它存在于我们眼皮底下每天都经过的地方，让人几乎是忽略的，却不知平平常常之中还藏有这等奇妙功能。

从此处登上牛山顶峰，要走八九公里的山路，山高坡陡，如果没有一定的体力和意志力，很难坚持到底。同时，也是对自身体能的一次检验。身体好，则万福来朝。尽管经过“牛门”避祸、祛病、得福是一种传说，但登山赏景会令人获得一种强大的精神鼓励和积极的心理暗示，而福报则自然会相随。因而，有人在登峰后打趣说，入了牛门人更牛。

在多次体验登山之乐趣后，时任村第一书记的李开宇和我商定，在五茨公路草庙梁护林站旁边的路口，即民间传说的那个闪耀金光之门的地方，筹资修建一个真实的木架结构的大门楼。建成后，我邀请天津著名书法家为门牌题写了“牛门”二字。其意有三：一则，以此吸引更多游客到此地登山观景；二则，算是为启动牛山旅游资源开发利用开一个头；三则，为了激励干部群众发扬“三牛”精神，脚踏实地干出一番事业来。

颇有意味的是，很多人不认识书法家题写的艺术体“牛”字，而这正好给了我向他们讲解牛门故事的机会。听了故事，个个都想登牛山，有牛劲，做牛事，当牛人。

恶心结不出善果

起初，我在村主任门前看到了一棵生长得很旺盛的冬枣树，两米多高，主干酒盅粗，枝头如葡萄串儿一样的繁硕果实压弯了小树干及其枝丫。听说树龄才三四年，我惊叹，与主人打趣："当了村官儿，果树也添欢人。"

此树当年的产量在六七公斤以上，按照单价五十元，产值超三百元。要是每户有上千棵冬枣树，岂不是家家都发了财。从一棵树的长势和成果不难看出，这可以作为当地一个产业项目。我由此忽然想起，在一个十字路口曾经看到一个很大的广告牌，名曰：千亩冬枣基地。这么大规模的基地，一年要解决多少用工，增加多少务工收入，产值要达到多少万元，都将不是一个小数目。此基地建成后，无疑是脱贫致富的一条好路子，形成"一村一品"产业格局之后，在全镇乃至全市都将是一大亮点。而眼前看到的冬枣树，证实当地的条件是适合冬枣产业发展的。

那是深秋初冬时节，我想如果全村满坡满岭都是一片连着一片的冬枣果树园，硕果挂满枝头，迎风飘香，该是一幅多么美好的山村田园风光啊！一时心里就美滋滋的。

"好事是好事啊，就是没有弄成。"有群众说这话的时候，语气里透露着失望和遗憾。

此后一段时间，我经常路过那块广告牌附近，但是没有看见所谓的冬枣树园子，甚至连一棵树也未见到。称为千亩的面积，想是在山旮旯也是藏不住的。了解得知，投资人首批流转了三五百亩土地，只购买了几万元的苗子，栽植了一二十亩地。在一个午后，知情人带领我去实地看了，他们指给我看一片杂草丛生的荒地，说那就是冬枣基地。我让大家清点了一下其中成活的树苗，共计二十三株，而且都是病恹恹的，形同荒野中的小荆棘。有人打趣说，还有大量的树苗在杂草遮掩中一时半会儿找不见。村主任说，他家门前的那棵冬枣树与那些是同一期苗子。

听说树苗栽到地里后，再也没有见到过投资人。乡亲们称，老板当时在村里宣讲了很多新观念，提出了多种灵活的合作方式，还保证只要大家出租土地和天天出力，就能够实现在家门口赚大钱的愿望。可是两三个春秋过去了，乡亲们依然没有等到老板或者经营委托人。

有一天，那老板带了几个朋友突然到村里找我面谈，既不说如何兑付拖欠群众的地租、工钱，也不谈如何组织劳力进行田园管护，如何夯实措施加快做实基地建设，而是始终强调需要我给予他们几十万元资金支持。我说只有钱办不到，其他比如组织劳动力、协调土地、帮助销售产品等都可提供帮助。交谈了几个小时，老板就一个目的——只要我给钱就行。

为了打破尴尬，我只好掉转话头，给他们讲述了当地的一个民间传说，名曰：贪色不成丢家业——

牛山脚下有一个叫任家湾的地方，如今居住的大部分人家都姓王，而不姓任，这是一个什么原因呢？

二百多年以前，任家湾因任姓大户人家而得名。本来是一个兴旺的大家庭，到了第五辈的任家掌柜之手，他不好好务实经营家业，还染上赌博、纵酒、淫逸之恶习，并因此走上不归路。为了捞钱快而又不想费力，他放弃了庄稼田地经营，解散了长工短工，也不再养殖牛羊牲口，一心在家设置赌场，用各种手段诱惑人去赌博，又靠一些阴谋、技巧，骗取他人的钱财。不仅贪人钱财，他还看上了附近王家掌柜的漂亮小媳妇。

任家掌柜有了这个心思后，倒也花费了一些工夫。先是耐心用了几年时间做铺垫，不断讨王家掌柜的信任，接近那小媳妇，今日让人送去好吃的，明日让人送去好喝的，逢年过节还亲自带上礼物去拜访，比走亲戚还亲热。看到王家掌柜一家人对他没有任何戒心，他便感到时机成熟了。这一天是腊月二十三，当地过小年的日子，他让老婆准备了美酒佳肴，并提前让人去邀请王家掌柜到家里一起喝酒。

王家掌柜没有推辞，而且还带着礼物按时赴约，言称以任家掌柜的礼数，他早就该到任家来看一看了，“来而不往非礼也”。

一桌丰盛的晚餐，两个男人边喝边聊，不知不觉间夜晚已过了一两个时辰。到兴致处，任家掌柜提出押宝论输赢喝酒。他想让王家掌柜喝高了，再趁机提出赌钱，待王家掌柜债台高筑，无能力支付时，逼迫他以小媳妇作赌资。

任家掌柜的阴谋似乎进行得很顺利，他请客，押宝论输赢喝酒，又提出押宝赌钱，王家掌柜都答应得干脆爽快。尤其是押宝喝酒间，王家掌柜还说了一些看透世事的话：“人活一辈子，今朝有酒今朝醉，快活一天便是多赚一天，其他的一切都是身外之物，生不带来、死不带去……”这些话，让任家掌柜心里更得意了。

那个时候，他们赌博结算记账的方式如同结绳记事一般，每一局谁赢了，谁就在自己手中的麻绳子上绾一个疙瘩，最后数麻绳疙瘩的数量多少结账。王家掌柜在任家掌柜提出赌钱以后，便频频假装自己喝高了，每每待押宝的铜钱还没有落稳，就稀里糊涂说“你赢了，我输了”。任家掌柜趁机不停地劝酒，不停地“出宝”，不停地在麻绳上绾疙瘩。

夜已很深了，任家掌柜的绳结疙瘩明显多出了王家掌柜的很多倍，这意味着王家掌柜要输很多的钱。王家掌柜心里很淡定，一副若无其事的表情，他知道任家掌柜要演的戏还没有完，便很大气地说：“任家掌柜的，还玩不玩？不玩了，我们就结账！”

“看来，我没有看错人，兄弟就是大气之人。”任家掌柜假装戏言：“我们最后再赌一次，我要是输了，你今天晚上的欠账全免了，我的家业也都是你的；你要是输了，其他的我都不要，你的小老婆就是我的。”

“兄弟，你的话可当真？”王家掌柜正追问，他的漂亮小老婆已找上门来：“挨千刀的，出门一夜了都不知道回家。”

见任家掌柜看得眼睛发痴，王家掌柜借机说：“来了正好，这一把输了，你就是任家掌柜的女人！”

任家掌柜故作镇静：“兄弟，这可不是儿戏，我刚也是开玩笑呢！”

王家掌柜回话：“不开玩笑，君子一言，驷马难追！”

任家掌柜故意反复叮咛：“这可不能呀，不能要了兄弟的老婆！”

“兄弟之间，情同手足，不分你我！”王家掌柜说。

“既然这么仗义，咱们就先写个字据。”任家掌柜说。

话音刚落，任家掌柜老婆就递上了笔墨纸砚，当场写了字据，两人都签字摁了手印。然后在相互推让中，王家掌柜坚持还是让任家掌柜“出宝”。任家掌柜在心中偷着乐，无论谁“出宝”，王家掌柜都输定了。于是，他又叮咛了一番。

“你可想好了？你输了，小老婆就是我的！”

“我输了，我的小老婆当下就归你！——你输了呢？”

“除了人，财产家业都是你的！”

在自以为的稳操胜券中，任家掌柜出了最后“一宝”，没想到他输了。任家掌柜大惊失色，当下想反悔和抵赖，但见王家掌柜一改往日的和善，摆出一副鱼死网破的架势，他当下一声长叹。

事已至此，任家掌柜只得愿赌服输，把财产家业全部给了王家掌柜，从此移居异地他乡，不久就发疯走丢了，不知下落。

其实，自从看见任家掌柜见了他的小老婆那垂涎欲滴的样子，以及此后对他们一家人的假热情和假亲近，王家掌柜早已感到他居心不良，并做好了各种防备，也让任家掌柜没有可乘之机。

那天晚上的最后一宝，王家掌柜知道自己赢定了，所以他才敢和任家掌柜下赌注。此前，他一直在装醉中观察任家掌柜手上的“小技巧”。小媳妇在关键的时候找上门，也是他事先的周密“准备”，至于怎么识破了任家掌柜押宝的“小技巧”，他后来没有向任何人提说过。

任家掌柜黄鼠狼给鸡拜年——没有安下好心，后果是，贪色谋人老婆不成，反而丢了自己的全部家业。他自以为聪明，却是聪明反被聪明误，让自己成了一个千古笑话、后世子孙的耻辱。

赢了任家全部财产的王家掌柜，并没有据为己有，而是把任家的财产分给了当地的穷苦人家，并且此后再也没有参与过赌博，教育后人戒除赌博淫逸、好吃懒做的不良习惯，坚持晴耕雨读、勤俭持家、与人为善、和睦邻里、有益社会。

后来，任家湾变成了王家大族，人丁、家业越来越兴旺。

听了故事后，那老板哭笑不得地离开了村里。我知道，他们再也不会来了。这也意味着，他们之前在此地的精力和金钱等投入将全部打水漂。

此前，有人提醒我说，要与务实之人合作谋发展，小心骗子搅局坏事儿。事实是，有人到山区的乡村，以助力脱贫攻坚为旗帜，投资发展百亩、千亩农业产业或其他项目为幌子，耍几招花拳绣腿，打算在当地捞一把政府部门的补贴或骗取一些投资款就拍屁股走人，结果都没有得逞。

要想做成事先要做好人。起心动念不善，一定不会成就好事。换句话说，恶心也结不出善果。

遇到“红裙子”

村里有一对夫妻，平常的生活里彼此有说有笑，看着关系挺和谐，有时候却说风就是雨，说打就打起来了。女人骂男人，经常从“你个不要脸的老东西”起句，然后那酸溜溜的话就抖落得没完没了。

自以为了解当地风土人情的我，并没有听出啥弦外之音来，想是男人有用不完的劲儿惹得老婆反感吧。于是，与人在私下里取笑，看看人家日子过得多好，对“性福”指数有了更高要求。两口子因夜晚不和谐而有矛盾，想劝劝这家男人把野劲儿都用在田间劳动上，可是人家本来就勤劳得跟牛一样不知疲倦，把田地里的庄稼活儿干得像绣花一样精细，实在无可挑剔。就凭这一点，我是非常喜欢这家男人的。所以，便把女人骂男人的话当作了笑料。

又一天，夫妇俩干起嘴仗来，而且越来越凶。我觉着不方便劝说，就去求助附近居住的一位乡贤，乡里乡亲的，以他的年龄和资历，可以去说教一下这已有几个孙子的两口子，经常吵嚷着一些裤裆里的事儿也不嫌丢人。

“你不知道内情。”

“呃，还有什么内情？不就是两口子吵嘴吗。”

“你没听老婆骂男人的话吗？”

“这在农村，好像也不是啥稀奇事儿。”

“老婆骂男人不正经，老想爬灰呢！”

听到这个原因后，一时间，我便忘了这家男人的种种好，又恨得咬牙切齿起来。想老婆骂得对、骂得好，要是让他在外打工的儿子知道了，他们家里以后的日子恐怕难得安宁。

那会儿正在深入推进农村新民风建设，怎么能让这种伤风败俗的事情发生呢？好在这家老男人只是思想出轨，只要掐灭他的非分之想即可。然而，怎么管这件闲事却成了一大学问。

“你知道‘红裙子’吗？”乡贤问我。

红裙子，不就是女孩或女人的夏装吗，但我不知他葫芦里究竟卖的什么药，便也没有接话。乡贤点燃一支烟，悠闲地向我讲起了当地的一个民间传说，名曰：拒绝爬灰寻短见——

很久以前，牛山脚下有一个财东，为他的儿子娶了一个小媳妇，她来自书香门第，身材窈窕，喜欢穿红裙子，漂亮如画上的姑娘，性情温柔，知书懂礼，待人接物通达贤惠，深得大家喜欢。

当公公的本应该如父亲般爱护儿媳，可这财东偏偏色迷心窍，竟然对儿媳妇动起了歪心思。

有一天，财东的儿子外出不在家，他贸然闯入儿媳妇的卧房，看着夏天穿了红裹肚在床上午睡的儿媳妇，垂涎欲滴，便想试探一下，于是吟诵了临时学来的一句诗：“芙蓉帐里一琵琶，欲要弹来礼又差。”

原本思谋着，懂得诗书的儿媳妇会心领神会地回应：“愿借琵琶弹一曲，肥水不流外人家。”

哪知，儿媳妇装作若无其事的样子，略作沉思后回应道：“如借公公弹一曲，乱了伦理在吾家。”

这一次对诗摊牌之后，儿媳妇以为公公就此罢休了。哪料想，公公不知中了哪门子邪气，不仅没有打消那种念头，还不停地在寻找机会。

后来机会是等来了，但也成了他们家幸福生活的末日。这一天，他想占儿媳妇的便宜未得逞，恼羞成怒，暴打了儿媳妇一顿。坚守传统妇道的儿媳妇痛苦无边，感到被羞辱得无脸见人，当日悬梁自尽。

通过遗书，得知媳妇的死因后，气急暴躁的儿子当下持刀砍死了父亲。儿子因杀人被朝廷捉拿归案。

从此，一个原本富裕兴旺的财主家庭瞬间败落。

因无子女，加之年少暴亡，这少媳妇就被安葬在了牛山上一孤岭野地。几年之后，其坟头长了一种之前大家都没有见过的树，树干如女人的身材，多年都长不粗壮，最粗者不过成人手腕粗，树冠不大，叶子碎小，呈红色。此后在牛山零星分散而生。

村人不知山中为何出现了这种树。

一天夜晚，这媳妇给村里一位老奶奶托梦说，她坟头上长出的这种树就是她幻化成的植物，因为自己生前的穿着喜好，给它起了名字叫“红裙子”，想以此教训后人要遵守伦理道德，因生活作风混乱酿成家庭悲剧，一万个得不偿失。

于是，人们知道了世间有一种叫“红裙子”的警世之树。

哦，原来“红裙子”是牛山生长的一种珍贵的稀有树木名。听了乡贤传说的故事，我已懂得他的意思，也感到故事的教育意义特别好。我说：“找个机会在村里举办一次道德讲堂，你来讲这个故事，我负责邀请人来听讲。”乡贤明白我的意思，称赞这个主意好。

我观察了，这家男人在听乡贤讲“红裙子”故事的时候，他的脸色变得越来越深沉，显然是有了灵魂上的触动。

未见“白裙子”

白裙子是女人尤其是姑娘们喜欢的一款衣物，如今一年四季都能看到她们穿着不同款式的白裙子，特别是在夏季的街巷、公园、商场、机场，在海边、河边、湖边，在舞台上，在荧光屏里，在有人流的地方，女性穿着的各种白裙子，无疑是令人眼前绕不开的一道亮丽风景。

我不避讳喜欢欣赏女性穿裙装所展现的美丽与气质。

在城里或乡村的当下，穿裙子都是一件极其平常的事情。只是在山村的夏天里，很少遇见女人穿白裙子。或许，在家或者出门容易沾染泥土灰尘，而白色的裙装又容易染色，难得洗涤干净。所以，白裙子在山村不行时运。也或许，有女人喜欢穿白裙子，是穿给特定的人看的，没有显摆在大家面前。某些时候，在村里只要是看见了穿白裙子的客人就像对待猩猩一般稀奇。这时，我才体会到山村里为啥待人热情厚道了。城市的街道人流如海，个个行色匆匆，那打扮时髦的女郎或者说穿着漂亮的女人，初遇见时，常常让人目不暇接，见多了见久了便也会视而不见，心中不再有波澜，别说穿了白裙子走在街上，穿啥也不会让人记在心上了。因为每天吸引眼球的人和事都太多了，在快节奏的工作生活里，很少有闲人闲情，把目光和心思停留在女人的漂亮打扮上，特别是其他女人身上。否则，那就不正常了。山村就不一样了，茶余饭后尽是扯这等闲话。

某日晚饭后，一伙人结伴儿在山间的公路上散步，看见一位穿白裙子的女人款款走过来，融入青山绿水的大自然环境中，就好像一只白天鹅游走在美丽的伊甸园中。大伙儿不约而同地发出了一阵感叹之词，这让我突然想到，当地流传有“红裙子”的民间传说，咋就没有“白裙子”的故事呢？

“咋没有，那是你没有听过！”在空旷的山间，讲述者转而又卖了一个关子，“只能在此一听，不得传播，也不准发笑”。

这个民间传说，名曰：两壶烤酒一个味儿——

很久以前，牛山脚下一个男青年新婚不久就去从了军，可是此后杳无音信，从此媳妇儿一个人便承担了家庭的一切负担。

在交通闭塞、生产条件落后的大山里，耕田种地、担水拾柴、养猪喂牛，各样活儿不是挑来就是背，一样都不能落下，对于一个女人来说，白天辛苦劳累或许还不算啥，而夜晚的孤苦伶仃，那种难言的心苦却无人诉说。这样的日子不仅显得艰难，而且还有一种无形的精神折磨。古人说：好女人要从一而终。再者说了，丈夫在外生死未知，这媳妇儿也不能改嫁，这是作为妻子的基本道德。古言也说，“宁娶寡妇，不娶生妻”。她就是“生妻”。其他男人不能娶她，也是基本道德。

看到妹妹一个人生活的艰难和尴尬，还免不了会遇到很多不测和难为情的事，当姐姐的就让丈夫经常去给妹妹搭把手，干些体力活儿，一来可减轻负担，二来有个男人经常照应，也免得别人欺负。这一切都自在情理之中，无可厚非。

当姐夫的也真情实意，每一次到姨妹子家出力干活不惜力、不偷懒，见啥活干啥活，恨不能把时间掰成几瓣用，帮忙把所有的事都打理妥当。所以，当姨妹子的打心眼儿里也感谢姐夫帮忙照顾家，每次都会尽力做些好吃好喝的招待，每晚也少不了一顿酒。

因为心里苦啊，当姨妹子的偶尔也想借酒浇愁，因而便会陪姐夫喝上几杯。殊不知，有时候酒劲儿上头了，眼泪也就来了。偏偏是，女人一把鼻涕一把泪的，叫人越发觉得可怜。说这女人啊，在男人前面变得可怜了，就更容易让人觉得可爱。姐夫自然就要说些宽心的安慰话。

长此以往，姐夫与姨妹子白天一同在田地里分担苦力，晚上相对而坐饮几盅。偶尔，姨妹子还会端起酒杯唱几段山歌，倾诉心中的苦楚和对丈夫的思念。姐夫却逐渐很享受这种生活状态。

此后，姐夫便也没事儿找事儿，由帮忙变成了频繁地去献殷勤。姨妹子不是笨人，在姐夫痴呆的眼神里，在调笑的酸话里，在酒后辗转难眠的叹声里，分明感受到了姐夫的心思，而又不好意思直接戳破。

为了打开姐夫的心结，也想了结他的非分之想，姨妹子用了一番心思。这一次干活回来，姨妹子把饭菜摆上桌，先拿了一壶酒，喝了一会儿，又拿出了一壶酒来。以往都是喝一壶酒，或始终用一个壶煎酒。那天晚上，姐夫以为姨妹子要把他灌醉，连连说："使不得，使不得！"而姨妹子却温情地说："不着急，慢慢喝，慢慢品。"姐夫一时不知姨妹子用意，便也没有多想。

姨妹子拿起一把酒壶给姐夫敬了两杯酒，然后又拿起另一把酒壶给姐夫敬了两杯酒。姐夫高兴地连喝了四杯，心里乐呵呵的，还以为姨妹子对他有了那个意思呢。

趁这个机会，姨妹子颇有深意地发问："好姐夫，两壶烤酒，味道有啥不一样？"

姐夫不解其意，如实回答："壶是两把壶，酒是一个味儿！"

姨妹子提起两个酒壶，借题发挥说："这一壶就好比是我，那一壶就好比是姐姐。"其实，姨妹子哪晓得，在人的野性里，即使世界上再窝囊的男人，其内心深处也是恨不能把天下漂亮女人都搂在自己的怀里。

"赶明儿，姐夫就不要帮我干活了！"姨妹子将火候把握得恰到好处，害怕多一天时间，彼此都会失去分寸。

"晓得，晓得妹子的意思！"姐夫嘴上答应了，可是眼神里却让姨妹子强烈地感受到了他的全身正在燃烧着一股熊熊烈火。

这一晚，姨妹子没有在自己的睡房睡觉，晓得姐夫当晚要发疯了，便做了一个假象，然后躲到外面去了。果然，姐夫在黑灯瞎火中摸到了她的睡房，但是扑了个空。

姐夫正失望，折身返回时，却突然听见窗外不远处传来一句刺耳而又迅疾消失的呼救声：“救命啊——”

姨妹子落井了，是为了躲避姐夫而不小心掉下井里去的，虽然将人打捞了上来，但是结果没有得救。

姨妹子死得十分冤枉，为了警示世人，教育男人不再惹此祸端，她便幻化成了牛山一棵树，取名“白裙子”。然后，托梦给村里的一位老爷爷说了她的委屈、教训和愿望。

由此，“白裙子”的故事就流传了下来。

讲完听完这个故事，大家发现刚才那个穿着白裙子的女人不知道去了或回到了哪户人家，接着又互相逗趣。

“说说笑笑门前过，不说不笑干实活。”

“说说笑笑遮人眼，又说又笑干实活。”

“不说不笑大傻货。”

“傻货不说也不笑，更不会干实活。”

……

在山村说笑话，不仅是娱乐、营造轻松的氛围，还是释放心理压力、化解尴尬的一种有效方式。生活中有些不能直言或难以清楚回答的问题，答案往往就在人们说笑的故事里。

得知牛山有“白裙子”这种树木，让人感到很稀奇。当地人说，白裙子与红裙子基本相似，区别在于白裙子为白色叶子。登了多次牛山，途中都没有见过“白裙子”，便在心中成了一种念想。

树 老 爷

我是先听其民间传说，之后才见到了这棵古槐的。闻之 200 多岁的树龄，我直呼之“树老爷”，它生长在牛山西南支脉一个山窝里的邓家大院门前。

根据世代相传的规矩，这棵古树属于邓家院子后人共同所有，任何时候无论穷富贵贱都不能分到子孙户下，更不能砍伐树枝、采摘槐米或树叶。几百年来，人爱护着树，树庇护着人，互相给予、彼此成就。如今，古宅、老树都是山村的一道风景。我在那里得到了人与树和谐相处的一个秘密，这就是民间传说的力量，他们相信，只要伤害古树就会遭到报应，所以谁都不敢冒犯，而这在事实上比家族规矩还管用。

这个民间传说，名曰：老树连着人血脉——

很久以前的一个夏天，村里来了一个姓邓的人，自称四川某地人，其父亲卧病在床，久医不见明显效果，有一天父亲突然想起先辈说过的话，便将儿子叫到跟前絮叨了一番，让他在千里之外的牛山邓家院找到一棵大槐树，采摘其绿叶做药引，或可药到病除。

面对一位陌生人的诉求，邓家院人自然不答应，他们祖祖辈辈的人，谁都没有砍伐或采摘大槐树的一枝一叶一花，岂能让外人随便侵犯。

来者苦口婆心，坚称与邓家院都是一家人，而自己人何必为难自己人，再说了救人性命要紧，只是采摘一丁点儿树叶而已，不会给大树带来损伤的。同时说，这棵大槐树也有他们的一份。此树福荫邓家院子孙，他们的祖先也是邓家院的子孙，理应也能享受。再说了，看到后人生病需要树叶做药引子救急，它不会不管，更不会介意付出了几片树叶。

“既然你说得这么有理，如何证明你们邓家人就是从我们这里的邓家院子走出去的？”

“我知道这棵古槐树的来龙去脉。”

“那你说说，说对了，就依你。”

话说到这里，来者甚是高兴，便一五一十说了个仔细。

乾隆年初，先人从外地逃荒落脚到金州牛山的这个山窝里，开荒种地，栽桑养蚕，养殖六畜，繁衍生息，人丁家业越来越兴旺。

偏偏是有一年天降连阴雨，因为山体滑坡，导致庄园的房屋、圈舍沿着山坡移动了几十米，而且夜间经常发生摇摇晃晃的事儿。一时间，家族男女老少担惊受怕，日夜不安，因不知所措而心急如焚。这一日晚上，老主人做了一个梦，梦中一位长胡子仙人告诉他，说皇上喜欢槐树，那皇宫满院子都栽着槐树，槐树带着灵气，让他寻找一棵能开花的槐树栽在家门前，便可镇山安宅，福泽子孙。

老主人梦醒后，虽然觉得特别奇怪，但在无计可施的情况下，便抱着试一试的态度，遍访周围百里地，买来一棵槐树幼苗，精心栽在了门前。这棵树苗生长得特别快，一年一个大变样儿，十多年就长成了一棵枝叶繁茂的大树，年年开花，年年都有蜜蜂采花。

神奇的是，自从有了这棵槐树，邓家院子所在的那面山体再也没有出现过滑坡现象，一切都稳稳当当。

因此，邓家子孙们就将这棵槐树当作了神树，世世代代对其爱护和敬重有加，每年都会披红、上香、祭拜。

后来，子孙中有见识胆大者要行走江湖，闯荡事业，邓家老先人千叮咛万嘱咐，不管什么时候都不要忘记了这棵大槐树。若是长久不回来看望，身体就会生病的，如果生病了，没有槐树叶子这一味药，病就治不好。

老先人的叮嘱，就是让走出家门的子孙不要忘记了自己的根脉，知道自己从哪里来，要到哪里去，何时都记得回家的路。

来者所讲与邓家院祖传的故事如出一辙，大家便无话可说。然后，倾尽所有好吃好喝，热情接待了这位从远方而来的家族人。临别时，破例采摘了一小包槐树的绿叶相送，并祝福远方的亲人早日康复。

不久，他们便收到捎来的信息，家族中移居四川的那个亲人在服用了槐树叶做引子的中药汤后，身体很快就好了。

由此，民间相传这棵老槐树连着邓家人的血脉，所以谁都不敢随意动其一根毫毛，碰其一根指头。

在这个传说之外，邓家人又给我讲了当今发生的一件事。

十多年前，邓家院一个如今一门宗的排行老三的兄弟，在这棵槐树跟前拆了旧土墙房子，盖了砖混结构的楼房。新房子住上了，但是他的腿上却留下了一道永恒的伤疤，当时还威胁到了性命安全。

建房前，他没有考虑到房屋高度对树的影响，待房子盖到三层时，才发现继续向上砌墙就被槐树的一个枝丫挡住了。他当时想，自家建房是大事，好大的一棵树，截去它一个小枝丫不会碍事的。于是，他便拿刀砍去了妨碍砌墙的树梢。未想到第三天，他在山坡砍伐建房的树木时，斧头把子脱手，误将自己一条腿砍了很深的口子，伤筋动骨，血流不止，紧急送医院抢救方才脱险，疗养了一年半载才康复。

修建房子是一件大喜事，而自己却中了“大红伤”，因而在他心里生了一个“大疙瘩”，经常失眠睡不着觉。百思不得其解后，他去找附近的“活神仙”问询，人家好像就提前知道情况似的，指责他道：“怪你手贱，砍了自家院场一棵古树的枝丫。你伤它，它就让你长记性。”

回家后，他连忙向这棵古槐作揖磕头道歉，还专门给它修了保持水土的围挡。慢慢地，他的心神才安稳下来，能够踏实睡觉了。

当然，这一切或许都是一种巧合。

一棵树有古今传说，似乎更增添了一种神秘力量。我在现场测试，其粗壮两个成年男人伸展手臂都合抱不拢。树冠高大，绿荫覆盖一百多平方米，生命力强大，年年枝叶茂盛，花繁子多。看体形，望肤色，观其花，闻气味，判断是一棵国槐。附近一户农家屋檐下摆了一溜儿蜂箱，我便晓得蜜蜂是得益于这一树槐花的。夏天的阳光下，满树的蜂飞蝶舞，一片嘤嘤欢歌之声。这家养蜂人一年仅此即可稳稳当当收入三五千元，其蜂蜜产品是货真价实的“槐花蜜”。如是，在一棵摇钱树下，夏天乘荫纳凉，别是一种幸福滋味在心头。

因为这一棵老槐树，邓家院子有了品牌和标识。出门在外方圆几十里地，谁问他们是哪里人，在哪里住，回答说老槐树下的，一般人听了就晓得了。也因为这棵树，他们有了对自然的信仰和敬畏，无论闯南走北，待人处世在心中始终都有一把戒尺。

我感叹，这棵 200 多年的老槐树，在一方一尘不染的山水之中，日夜吸纳天地之精华，能够成为神树或者树老爷，也就不足为奇了。

一辈子只做一件事

一个家庭有一人学习掌握一门技术，凭此就业或创业，就可保证全家脱贫致富。这是当下多少年来全国促进城乡剩余劳动力就业、创业工作的一项主要内容，而且在实践中收效显著。

而学好干好一门技术活的最高境界就是“敬业”“精业”，能够当一名技术工匠，成为人人称道的“技术大拿”。怀揣一技可走遍天下。身怀绝技便是端了聚宝盆。由此，当年在驻村宣教工作中，特别希望能够用群众身边的事例教育身边的人，以取得良好效果。幸运的是，我在搜集当地的故事素材中，无意间得知村子里有个“勺匠沟”，顾名思义，这个山沟因曾经住过一个专门做勺子的匠人而得此名。

进一步了解，便获得了一个干一行、爱一行的乡村工匠的民间传说，名曰：犟脾气老勺匠——

很久以前，岭南金州牛山北峰下的山沟脑上，住着一位犟脾气的勺匠师傅，一辈子就干一件事儿，专门为人做勺子。他本来有姓有名，因为方圆几十里地尽人皆知他是勺匠，所以都习惯称呼他“勺匠”，却把他的姓名逐渐淡忘了，以至于后来无人知晓。

勺匠单身一人，一年四季在山沟里依靠种几亩薄田，打理一点儿菜园子养活自己，空闲时间里，他便挑着担子带着工具，走村串户，为乡亲们制作生活中使用的各种勺子，铜勺、铝勺、铁勺，饭勺、吃勺、耳勺、药勺，大勺子、小勺子，还会为富人家制作各种金勺、银勺等。哪怕是一个再小的勺子，不管是做穷人还是富人家的活儿，他都一丝不苟、认真对待，即使主家满意，若他不满意也坚决不收工。就是他的这种死心眼、犟脾气，只要是经他之手制作的各种勺子，尽管材质、形状、大小、用途各异，但一律都细致美观，实用、耐用。由此，他让自己成了那个时代乡间不可或缺、人人敬重的手艺人。

人人都夸勺匠人好，不光说他的手艺好，也称他的德行好。有的穷人家出不起手工费，他照样热心细心地给他们做勺子，从不嫌贫爱富，甚至还经常用挣来的手工费救济穷困人家。

眼看着他的年岁渐老，大家都盼望他能带出几个出色的徒弟，继承他的好手艺。可是，一个又一个学徒工都因为受不了他的犟脾气，跟着他三天两早上便不再学艺了。都说他脾气犟，不会带徒弟，而知情的人懂得，他是害怕所带的徒弟学艺不精作践了他的名声，所以对待学徒格外严格。如果不认真、不虚心、不耐心学艺，他就不允许……即使无人愿意跟他学艺，他也不遗憾："受不得指教，耐不得性子，就不能学手艺。如果学得半途而废，或者没有学精就干手艺活儿，给我脸上抹黑事小，还会损害了行当，与其如此，还不如不带这样的徒弟。"

后来，年过七十的老勺匠收留了一个来自四川的逃荒小伙子，他让小伙子帮他干了三年的杂活儿后，见其从来没有抱怨过，方才正式收为徒弟。

这小伙子跟着勺匠，忙前跑后，像对待父母一样，每天坚持给师父端茶、做饭，精心伺候。平日里，任凭师父每日批评指教，他都不生气、不犟嘴、不泄气、不耍奸，咋教咋干，踏踏实实，用心学艺。作为师父的老勺匠，便也毫不保留，悉心传授，很快教会徒弟掌握了全部技艺，并能够独立干出一手人人夸赞的漂亮活儿。

但是，小伙子并没有着急行走江湖卖艺，而是选择继续留在师父身边，承担了赡养责任，照料日常生活，温馨陪伴。

多年后，料理完师父的后事，小伙子才回到四川的老家，在镇子上开了一家勺子加工店，生意兴旺，后来子子孙孙继承了这门手艺，把勺子店经营成了一家百年老店。

老勺匠去世了，徒弟回到了故乡，从此牛山再也没有了做勺子的手艺人，只留下了一个“勺匠沟”和一段师徒佳话，还有一句顺口溜：“不缺金、不缺银，就缺勺匠一个手艺人。”

对这位已经失传了姓名而在乡间留下美名的工匠老先生，我在心底油然生出了十分的敬意。一辈子做一件事，把它做到无可挑剔，并因为精湛的手艺让子孙后代念念不忘，这不正是如今号召人人践行的工匠精神吗？

工匠精神永远不过时，任何行业的发展兴旺都需要发扬工匠精神。古往今来，各类技术工匠为促进工业、农业和经济社会发展都做出了不可磨灭的贡献。而他们的人生也因为时代贡献而光彩夺目。在牛山勺匠沟，我仿佛看到了老勺匠的工匠精神散发着耀眼的光芒。

如勺匠沟，一个地方因为一个人的技艺而得名或改名，那么努力做好这样的一名工匠，何愁不能光宗耀祖，又何愁不能被世间铭记呢？

与善为邻

如果到了秦岭之南的安康名山——牛山，切不敢小瞧了乡间任何一个凡夫俗子，因为他们生长在一个故事成堆的村庄里，人人都能信口讲述几个精彩的民间传说。也不敢小瞧了这里的任何一个地方，包括一草一木、一山一石、一梁一峁、一弯一沟等自然景致，它们可能貌不惊人，但是往往都来历不凡，看似平常的名字里或许都包裹着一个神奇的故事。

初到这里驻村，我就犯过这样的错误。我的驻地草庙小学南边坡下的一个山窝里，长满了杂木和荆棘，平常很少有人光顾，只有朝夕可闻的鸟叫声，也常见野鸡、野兔等动物出没其中。在层峦叠嶂的秦岭山脉中，此山窝显不出一丁点儿的特色或奇异的景象来，极其容易被人忽略或瞧不上眼。其名也不脱俗——马槽湾，顾名思义，这个地方曾经因为存在一个马槽而得名。在很长时间里，我是没有在乎它的。

或许缘于日久生情，每天走出驻地的宿舍门都要看见它，慢慢地就看出了许多风景。在那一片荒野中，我喜欢观赏枝头驻足的小鸟，林间微风吹拂的树叶和挂在树梢的阳光，还有深秋树林里那一树如缀满了红灯笼的火红柿子。四季里天气好的时候，早晨可欣赏朝阳透过远处山头的树梢冉冉升起，夜晚可欣赏月光洒满山野，当然最是喜欢聆听月亮夜里传来的蛙鸣声。最大的心得是，要把平常的事物看成眼中的风景，于无聊中寻找有趣，如此，生活处处皆诗意。

只是在夏季的暴风雨中，站在屋檐下，听见雷电在眼前的山窝间炸响，看到风雨在山窝里肆虐的情景，让人的心情无法平静下来，无法把眼前的风雨当作风景，而是十分担心村中的山体是否会滑坡，河沟能起多大洪水，乡亲们的人身、房屋和牲畜是否安全，想到这里，人就立时坐卧不安起来，尽管提前都会做一些相关工作，但每次都放心不下，待风雨稍微小一点儿，同志们不由分说，便会结伴冲进雨里，到附近的监控点查看情况，排查排除各种可能出现的危险。乡亲们称赞我们有担当，我说都是为自己积德。一位老者非常赞同，还给我讲述了一个马槽湾的民间传说用来做例证，名曰：先人阴德佑子孙——

200 多年以前，草庙梁作为金州通往长安商道上的一个驿站，往来骑马的、坐轿的、挑担的达官、贵人、商贩等人员，一般都要在这里歇息或过夜，骑马者在驻店歇息的同时，还要在这里喂马。

在草庙梁众多的店家中，偏偏是何家的店客最多。他家为了接待好马客，专门在门下的山窝里放置了一个能工巧匠打造的马槽，还安排专人精心看管和照料各位马客的马，以解除客人的后顾之忧。

令人奇怪的是，何家的这个马槽很神奇，主人并没有准备多少饲料，放在马槽里的那点儿饲料，无论有多少马来吃，似乎从来都没有被吃完过，而且不管谁的马吃了此马槽的饲料，好像吃一顿饭能顶平时好几顿饭，浑身似乎有使不完的力气。只是别人没有亲眼看见，何家不分贵贱，在夜里喂马的细致周到而已。

长此以往，何家的生意特别好，因而遭到周围店家的羡慕嫉妒恨，有人背后编派作践说何家马店的女主人勾引马客做皮肉生意，并在马槽里添加了说不清名堂的药物，所以马吃了耐饿、劲儿大，但是会让马折寿。

更有怀恨在心者伺机陷害，有一天夜里，邻居一家店主欲将自制的毒药投入何家的马槽，毒死马客的马从而损伤何家的声誉和生意。岂料，这人刚走近马槽，一匹正在吃草的马似乎早已嗅到他的叵测之心，用头猛地将其顶撞起来，使其摔得鼻青脸肿，当下吃了哑巴亏，后来还落得一副弯腰驼背的样子，一辈子都没法与人说起。

邻里另一个不服气的店主，悄悄地去山上向财神爷烧香磕头，询问何家马店的生意为啥一直好，其中有什么秘密。

财神爷仔细听了他的倾诉后，笑着告诉他说："没有什么秘密，就是何家祖祖辈辈积阴德，为人忠厚老实，不欺天、不欺人、不作恶，与人为善，乐于助人，遇难必帮……这叫先人阴德佑子孙。"并且还给他列举了一些例子，比如说有一年春节，何家做了一顿好吃的，也只是全家每人一碗肉馅饺子而已，何家主妇最后一个刚端起碗来，却发现身边站立了一个讨饭的乞丐，她未假思索，便将饭碗递给了乞丐，自己却只喝了几碗面汤……别人越是想祸害他们，他们不仅会躲过灾难，而且生意会更好。因为人心好，所以上天非常眷顾他们。

听了财神爷的话，问询者羞愧难当，从此端端正正做人，再也不干欺诈店客之事，并彻底消除了祸害之心。

尽管邻里有人不停地说三道四或栽赃陷害，但是因为信任，长期过往的店客们都坚持选择在何家马店歇息喂马，因而何家马店的生意长期兴旺。

因为何家马店有口皆碑，所以他们家喂马的马槽所在的这个山湾，就被大家自然叫成了"马槽湾"。

至此，我才晓得马槽湾是一个储存善良的地方。于是，便不难理解这个民间故事是对为人处世好德行的礼赞，好德行不仅在当下会成为一笔无形财富，还会福泽子孙，护佑家业发达兴旺。

我在那里，守望马槽湾三四个年头，它的故事似乎每天都回荡在耳边。如此，处在一个天天教人积德行善的环境中，心间便也自然充满了善意。驻村帮扶工作因而也得到了一种力量的加持，多了一种快乐的意义。

高山野钓

在岭南深处的山村里，因为心里美，所以看啥都觉得美；因为所见皆美，所以心里更美。

有一天，在高高的山梁上散步，突然看见有个人在肩上挑着几条小鱼，摇摇晃晃地走在乡间的小路上，其时，夕阳的一抹余晖正好映在那人和那鱼的身上。一段不长的上坡路，他好像走在舞台上，故意慢悠悠，走得很陶醉。于是，我的眼前便出现了一幅别样的山村晚照图。由此，带给人的那种美感奇妙不可言。

待走近了，才看清楚，挑鱼的人是我驻地村小学的一位青年教师，因家在外地，在学生放学后的空闲里，无恋爱可谈，也没伙伴一起把酒言欢或谈论天地，能有的娱乐项目就是一个人的体育活动，山中寂寞无聊，他就选择并爱上了钓鱼，不为吃鱼，只为了时光温情陪伴。当日，他也只是钓了六七条小鱼，为了给自己逗趣，便捡拾了一个细木棍，把几条小鱼用藤条系起来挑在肩上。这等闲情逸致，多么像一个顽童。是的，人不管生存在哪里，哪怕在荒山野岭，哪怕是孤家寡人一个，都应该活得有趣。我以为钓鱼要去很远的地方，不料他用手一指，就在眼前的山窝里，顺着坡下三四百米的距离，藏着一个千余平方米的大水潭，圆圆的如一面镜子。因其周围的绿林遮掩，显得颇有些神秘，初来乍到，如果没有人介绍，确实难以发现。

我在此地已住了三四个月，竟也不知有它。当时的注意力并不在山水之间，而在群众脱贫致富的大计之中。尽管只有几步路的工夫，此后很长时间里也没有走近它。我想它也跑不了，时刻就在附近，想什么时候去，随时都可以，何必着急那么一时半会儿。实质还是没有引起重视和特别关注，如果在乎，利用上次厕所的工夫就去了。因而说，轻而易举能成的事不得成，那么所有的理由都是不可相信的。直到听说它的名字叫“九龙潭”我才惊呼起来，并决定在晚饭后就立即跋步，去见见它。

出了校门，一路下坡，曲里拐弯，十来分钟就到了。所见的样子，如山中一口水缸，或者一只眼睛，清澈明亮而又深邃不见底，还有人已形容过了——高山出平湖。同去的垂钓者摆开架势，在潭水岸边盘腿席地而坐，目光或盯在水面上，或盯在钓竿上，一言不发，不顾及左右，专注而安静。我在跟前观察，好久看不见鱼上钩，心里就有些厌烦了，可是钓鱼的人依旧在原地一动不动，好像世界与他无关一样，我暗自感叹：这不就是平时大家所说的傻样儿吗！

忽然，听见牛羊吃草的声音，循声望去，发现水潭岸边不远处的草坪上，有两三头牛和四五只羊都低着头正在欢实地吃草，放牧的老兄坐在一块石头上，跷着二郎腿，悠闲地抽着纸烟，亦是旁若无人。此前，他和它们从哪里来的，来了多长时间，我没有感受到一点点动静。我撵过去与他套近乎，说闲话，这才引得山林的鸟儿有了热闹之声。他说，过去是家家户户都有牛羊，夏天的暑假里，把牛羊大呼小叫地赶到这山坡上，一群一群的大人小孩都泡在水潭里嬉闹。即使在无人洗澡的时节，水潭边上也经常有人，女人做针线活儿的，扯公婆是非的，为姑娘说媒的，学唱歌的，放牛娃在一起打闹的……如今，附近几十户人家只有他家还养着耕牛，而且平常都是圈养着。最近十几年很少有人畜光顾这里，于是这里自然就变成了世外桃源一般。

我直言，这个水潭并不稀奇，而其名却如雷贯耳，便问，它的名字为啥就与九龙扯在了一起？放牧的老兄恰好知道，他乐意又粗喉咙大嗓门地讲述了一个距今最近的民间传说，名曰：九龙戏水——

多年前的一个盛夏，牛山酷暑难耐。一天正午时分，天气热得像烧烤一样，村里一名叫李三的青年，只身一人来到草庙后坡下的大水潭里洗澡。正当他在水中逍遥享受清凉爽快的时候，忽然看见潭水边的山林中蹿出一条大蛇，直奔向水边而来，一时间让人恐惧万分，于是他急忙从潭水中央慌慌张张地游到岸边。

站在岸边的李三惊魂还未落定，却见这条大蛇在潭中如鱼得水，似乎十分欢喜，不停地来回游动，并摆弄出了许多戏水动作。他好奇而又生气，觉得看了不该看的事儿，后来会背时运。加之害怕受到蛇的突然攻击，就随手捡起了岸边的一些碎石头砸向了那条蛇。那条蛇被李三的石头打破了皮肤，瞬间血流染红了潭水，疼痛得似乎难以忍受，求救般地呻吟了起来。这更让人害怕了，蛇还会发出呻吟？

当李三再一次捡起石头时，这条受伤的蛇迅速向他游来。他本能地扭头转身，还没有跑出几步远，一条腿忽地就被蛇缠住了。再看那深潭，水面上突然又浮出了八条大蛇，原来它们都在潭底游戏着，同时他听到山林里的呼啸声，许多条蛇都从四面八方冲着他风驰电掣而来。

李三瞬间被一群蛇围困了，他一点儿都动弹不得。从来没有见过，也没有听说过这阵仗，他惊吓得当下昏倒在地，不省人事。幸亏被附近贪玩的放牛娃及时发现，让身边的几只猫扑上去，这些蛇才慢慢松开了他，四散而去。

得救后，李三便失语说不出话来，随之生了一场大病，老大夫费心治疗三个月依然不见好转。家人无奈，抱着试一试的想法，便请了当地的神算子掐算，说李三碰上了九龙在潭中洗澡，他不仅不爱护，还恶意伤害了其中的一龙，当时群蛇没有勒死他，都是因为龙的大度和宽恕。

蛇，因为特别有灵性，民间谓之“小龙”。所以，大家对待蛇像对待龙一样充满了敬畏。李三的遭遇，就是群龙给他的一次严重教训。

按照指教，李三在打蛇的那个地方，跪地、烧香、磕头，算是赔礼谢罪。一周之后，他的身体果然明显好转，然后慢慢恢复了健康。

因为传说九条龙在此洗过澡，这水潭便有了名字——九龙潭。

此故事距离生活很近，其教育意义就是要人与动物和谐相处，如果你伤害它们，它们就会报复你。

与故事相比，我更感兴趣的是这个水潭与大自然的鬼斧神工之关系。结果得知，此潭不是天然形成的，而是一个人工修筑的小水库，建成于 1977 年。当时调动了全公社的男女劳动力，大家带着家里的铺盖卷、干粮或米面，吃住在工地上，全部都义务劳动，一个冬天积累了十万多个劳动工日，当年建成并蓄水，次年后就解决了本村五个组三四百亩农田灌溉和雷公田水稻用水的问题。

回忆当年齐心克难、战天斗地的劳动场面，以及那种不怕吃苦、不怕吃亏、不怕牺牲，以劳动为乐、劳动为荣的拼搏奉献精神，至今让村里那些当年的亲历者心中充满了激动、自豪和愉悦。令他们意外的是，此举还为子孙后代打造了一处高山美景。

昔日的水库，如今已失去当初的功能作用，外人早已看不出人工修建的痕迹。多年前，有人在潭水里放了一批鱼苗，之后总有钓不完的鱼。因水深、水冷，难得钓鱼上钩，因而这里很少有垂钓者。偶尔有垂钓大拿前来显身手，常常是远道而来，又空手而归。只有个别钓者经常周末从闹市骑着摩托车来回跑六七十里山路，在这里垂钓三五个小时后，不管结果如何，都带着快意而归。

问钓者：“你敢在九龙潭钓鱼，不怕被龙蛇吃了？”

垂钓者答：“身正心静，无惧鬼神，何惧龙蛇？”

我最初不理解这些人，何必自讨苦吃呢？而钓者却自得其乐，他们追求的是那一种与江河、湖泊不一样的野钓体验，尤其是那一种内心独有的宁静的守望或期待。

见善如不及

牛山有个“金牛洞”，这是对安康牛山有所了解的人最突出的印象。此山洞存在于如今朱雀寺向西大约一公里处的山崖上，洞外呈现“一线天”，洞口连接远处的一条狭窄的山路，刚好可以允许一头牛单独通过，洞内的空间可容纳两头牛躺卧、站立、转身等自由活动，只是洞内不见金牛，洞里洞外皆是一片岁月沧桑和满眼的山间风景。

那一天的天气尚好，我站在洞外，脑海里呈现了一幅现实画面：洞在崖中，崖在山中，山在云中，人在自然中。那会儿体验到，放大格局，眼里的一切都是风景，否则对眼前常见的毫无特色的荆棘、树木、花草等各种野生植物便无兴趣，那么在山中撒野就会有失落之感。只要身心融入自然，无论在哪里，人都是宁静快乐的。同行中有人赞美：“你的话怎么像出家人说得那么高深。”我回复：“人生的真谛和智慧并不在庙堂，而在平凡的生活中。”

金牛洞是个极其普通甚至很少有人光顾的山洞，但在当地的名气很大。这是为什么呢？我思考了很久，原因并不是它有民间传说，同在一座山，有来历传说的地方有很多，相比之下，它的传说故事有思想、文化、内涵，不仅让人容易理解、记忆，而且影响人的灵魂，名曰：山奶奶的福分——

很久以前，两头神牛奉天庭之命下凡到岭南金州牛山，隐藏在一山洞中，它们利用当地的矿藏碾金，以补充天庭经费。

当它们得知半山腰住着一户人家，只有年老体衰的山奶奶一人生活时，便商量在完成天庭碾金任务后，利用空闲时间，轮换着给山奶奶提供一些方便和帮助。于是，在每个月圆之夜，它们下山吃草喝水途中，会顺路为山奶奶送去一些粮油等生活用品。

山奶奶正愁无依无靠时，有了它们的照顾，内心无比温暖和感动，时常感叹它们对她的种种好，想是自己今生老了，无能力了，来世若还生而为人，一定会尽力帮助他人。

在两头神牛的无私关怀下，山奶奶的日子无忧无虑地过着。

突然在一天夜晚，两头神牛相伴来到山奶奶家门口道别："老奶奶呀，今后我们恐怕不能照顾您老人家了，请您以后多保重！"话未说完，眼窝里早已蓄满了无奈的泪水。

山奶奶正疑惑不解，神牛道出了实情："奶奶呀，最近山中来了一位江湖术士，听说修炼了多年神奇之术，他得知我们在山洞碾金，便千方百计想捉住我们，为他家劳动赚钱。我们最喜欢的食物是无根水草，他便到处寻找这种东西引诱我们上当，趁机捉拿我们，而您的房顶上就有这种水草……"

听到此处，山奶奶就从睡梦中惊醒了。仔细想，自家的房顶上是干草，术士拿去了也无用，便觉得刚才的梦是她想念神牛了。

可是很久了，山奶奶都没有见到两头神牛，也无任何音信，于是联想到那个梦，就开始担心它们的安危。终于因为控制不住思念之情，山奶奶放声哭了出来，泪水又是那样的多，好似决堤的大海。

谁知山奶奶的眼泪就是"无根之水"，竟然潮湿了屋顶上的枯草，让枯草不仅没有腐烂，反而逐渐鲜活起来，并发出新芽，于是她的屋顶很快变成了一片青青的无根草园。

次日，果然有一位术士来到山奶奶家里，换着花样，说了很多的好话，要购买她屋顶的青草。山奶奶心中有数，便毫不留情地拒绝了。

打发走了术士之后，山奶奶当下就拔掉了屋顶上的青草。但是，这种青草很快又长起来。

那术士没有罢休，一日趁山奶奶熟睡之际，悄悄割取了屋顶上的无根水草，急忙赶去了山洞，刚好遇到两头神牛去天庭送交黄金外出两个多月才回洞中，于是施了魔法堵住洞口，然后用无根水草引诱它们。神牛知道那无根水草已被术士做了手脚，闻起来特别香，它们吃了当下就会浑身绵软无力，失去反抗能力，那将会被围在门口的一帮人轻松活捉。

面对术士的“魔咒”，两头神牛决定誓死一搏，相互使了一个眼色，令他们猝不及防，猛然冲出洞口，逃出了魔掌，然后一路顺着山下的河流向南而去。

作恶的术士被一头神牛撞下山崖，当下就摔死了，其尸体不一会儿就被烈鸟猛兽填了肚子，连一点儿骨头渣子都无剩余。

两头神牛离开牛山时，把随身携带的一大坨金子给了一户忠孝人家，秘密委托其定时为山奶奶送去粮油等吃食，不能让老人忍饥挨饿。

听说两头神牛遇难，但不知是生是死。如果活着，它们又去了哪里？山奶奶再一次在牵挂中泪水涟涟。这一天早晨，山奶奶在擦干眼泪之后，突然觉得自己的眼睛变得明亮了起来，此后身体也明显比原来刚强了，重换了满口的新牙齿。如此，她身体健康，能够生活自理，晚年时光倒也幸福快乐。

山奶奶牵挂两头神牛，因它们在山中曾经的日常角色是碾金，所以亲切地称之为“金牛”，它们曾经所在的山洞则被称为“金牛洞”。于是，大家就跟着叫开了。她在生前经常叮咛乡亲们要子子孙孙做好保护，金牛若是哪天想回牛山了，随时就能找到它们原来的家。

就这样，代代相传，金牛洞至今都保存着原貌。

这个故事内容，既表达了民间对社会关爱鳏寡孤独老人的期望和赞颂，也鞭挞了人性的贪婪、狡诈等假恶丑现象，因此令人对金牛洞有了特别的好感，以为这是一处既可以赏景，又可以洗涤灵魂的地方。

爱护鳏寡孤独群体是中华民族的传统美德。如今，国家对城乡的鳏寡孤独群体全部实施了保吃、保穿、保住、保医、保葬的“五保供养”政策，真正做到了确保他们晚年生活幸福无忧，既彰显了党和政府的责任担当与为民情怀，又充分体现了我国的社会主义优越性。

当下的阳光普照，温暖着每一个人。

在如今的牛山下，没有出现民间传说中的事件，所有的鳏寡孤独群体都有依靠，“五保”老人中，除了少部分自愿贴户养老外，大部分都享受到了精细化的集中供养服务，晚年生活像掉进了糖罐子一样，身心都甜蜜着。

如今，尽管福利政策和物质条件都很好，但是关爱照顾老人生活有许多具体烦琐的事情需要人人参与，无私奉献爱心。从这一点上来看，金牛洞之金牛帮助山奶奶的传说故事依然还有意义和力量。

常言道：见贤思齐，见善从流。在当地听着这样的故事，作为帮扶干部的我做得又如何呢？

那年初冬，当我将两双保暖袜子送到牛山脚下一位老人手中时，他那眼眶瞬间充满了晶莹的泪花，激动了许久才张开口：“无亲无故的，对我这么好，我咋谢呀！”他做梦也想不到，这种只有儿女才会操心的细致关怀，现在的党员干部真切地做到了。那一次送温暖活动包括了全村所有的老人，因此，在乡间经常听到老人们交口称赞：“共产党好啊，碎碎的事儿都上心，我们真正享福了！”

这让我感到，做好事、善事不论大小，而温暖人心的往往是一些微不足道的事。

克服偏见

小时候听大人们谈论豹子如同谈论虎狼一样，常令人不寒而栗。他们经常说豺狼虎豹不仅会袭击家畜牲口，还会袭击人甚至吃掉人，而且专门寻找那些不听话尤其是贪玩到了傍晚还不回家的小孩儿。大人们的用意很清楚，往往轻松地就达到了目的。孩子们在晚上则不敢随便出门，甚至在睡觉的时候连脑袋都不敢露在被子外面，害怕那些猛兽在夜间潜入房屋来，"嗖"的一下把自己叼走了。所以，那时候就形成了一个印象：豺狼虎豹没有一个好东西。

经年后方才明白，任何动物的存在都有其合理性，任何事物都有其两面性甚至多面性，善和恶、好和坏、是与非，都是相对而言的，正如白天和黑夜二者，永远没有绝对和唯一。

对于豺狼虎豹，我至今连其中一个都没有见过。说得准确些，只在动物园里见过老虎。后来，在陕南安康牛山脚下驻村期间，深入牛山自然生态区探幽，从草庙梁登牛山途中要走过长长的一段山梁，在山梁接近末尾时，看到一只坐卧在路中央的"豹子"，后半截身子藏在山梁中，仰头举目望向牛山，神态平静，镇定自若，似在倾听山林虫鸟之鸣唱，又像在观赏天地之风光，亦是一副无所事事的悠哉模样。在我的印象里，豹子的恶名早已广为人知，而它还偏偏挡在路中，令过往之人不免会心生厌烦。可是，千百年来，它为什么没有被消除呢？因为毁之只是三锤两棒的事儿，三五分钟即可搞定。

乡亲们称其“豹子石”，非常爱护它，来来回回经过它身边，都会在它的头上或身上亲昵地摸一摸。这又是为什么呢？关于它的一个富有哲理性的民间传说给予了具体回答，名曰：狼的孽豹子背黑锅——

很久以前，一只老豹子听闻金州牛山的森林中美味食物比较多，这一天便只身从秦岭深处来到此地探寻究竟。正如传闻所言，它在此处的丛林中游走了不长时间，就闻到了野兔、野鸡、野猪、野狗等各种动物频繁活动的气味，并看到了它们的行踪。这些动物可够享受一段日子了，心里这么想着，豹子嘴巴已经馋得涎水直流。

正在想着吃什么，一只肥嘟嘟的野兔无所顾忌地向它走来。既是送到嘴边的食物，那就先干掉它充饥。方才吃了兔子，又看见附近来了一只毛色黄亮的麂子，仿佛是一道十分美味的菜肴，于是，它迅速捕捉了麂子。这一道午餐肉质细嫩、味道鲜美，老豹子有些贪吃，嘴边沾着的血迹还未舔干净，就感到浑身困乏，竟然在山梁的一处平地上晒着暖暖的太阳，呼噜噜地睡着了。

也许是它因为自身强大而毫不在乎；也许是它对人类的友好，坚持“人不犯我，我不犯人”；也许是它相信与人和谐相处，两相无碍；也许是它年老而感知系统失去了灵敏……这一天，它在午餐过后睡得实在太香了，所以对迎面走来的一群上山打柴的人毫无警觉。

看见它嘴边还沾有鲜血，面前的这一群打柴人气都不打一处来，人人恨得牙根痒痒的。村里前一段时间，农家圈养的鸡、猪等家畜家禽经常被野兽祸害，有的甚至被野兽吃得连一根毛都不剩。于是，所有的新账、旧账都算到了它的头上。

这只老豹子来不及解释，甚至还没有反应过来，在一片声嘶力竭的喊打声中，就被大家的棍棒、刀、斧、石头给了雨点似的集中“轰炸”，瞬间毙命了，连原因都不明白。

可是，这只老豹子死了之后，牛山脚下人家的家畜家禽还是经常遭受野兽的祸害。人们不理解：难道是豹子的阴魂在报复他们？

蒙冤被活活打死的豹子，为了证明生前的清白，化身成一位须发银白的老者在村里游说，豹子是顶级捕食者，山中的野味都吃不完，哪里还需要下山祸害家畜家禽呢？任凭老者怎么解释，乡亲们无人相信，豹子长得那么凶恶，连人都能吃，还有什么东西不能吃？那天，很多人都亲眼看见它的嘴巴上沾染着鲜血，咋能不是它祸害了家畜家禽呢？

这只豹子的灵魂感到极其委屈和孤独，但它终归还是理解了乡亲们，并顺应乡亲们的思维，在它死亡的那个地方幻化成了一只栩栩如生的“豹子石”，以便人们见了，在出气泄恨时拳打脚踢、唾弃咒骂。

然而，在豹子石出现之后，乡亲们终于发现祸害村里家畜家禽的原来是山中的一群狼，这才知道是狼造下的孽让豹子背了黑锅，由此对死去的豹子充满了深深的歉疚和怜悯之情。

因此，这块豹子石不仅没有遭到嫌弃和破坏，反而被人们一直怜惜着、爱护着，并成了乡亲们对一种教训的永远铭记：眼睛看到的不一定是事实，事实也不一定是真相。

因为人们看到的假象证据，一度使故事中的这一只豹子落下了“人人喊打”的恶名。它所有的好，却又因自身长相和能力的“恶”而常常被人们忽略。它千方百计自证清白，结果是瞎子点灯——白费蜡。这是人们被假象蒙蔽而产生的持久偏见造成的结果。

在现实生活中，令人可怕的往往并不是豺狼虎豹带来的安全胁迫，而是人们的认知偏见。偏见对人或事物的伤害是巨大的，而且常常是无形的，它往往可以毁灭一个人或一个家庭乃至一个种族的前途，对某一事物发展的影响有时也会是致命的。所以，为人处世要努力克服偏见。对待看不惯的人和事物，往往存有偏见。

板凳要坐十年冷

一日，我在几位乡亲的带领下登牛山，从草庙梁的垭豁口起步，越过长梁之后，山坡就越来越陡峭了，在登上蒸饭坡途中的一段山路后，要行经三四处像战壕一样的干沟，长短、深浅、宽窄不一，有的弯弯曲曲如蛇行之状，有的则像竹竿一样端直顺溜，当地人称之为“龙沟”。

听了此名，我就产生了疑问，高山密林中一段几乎荒废了的，甚至可以忽略的山间奇形怪状之路，为何拥有这么一个大气的名字？不料这一问，问出了一个精彩的民间传说，名曰：少龙班门弄斧——

很久以前，牛山支脉一山寨住着一条小龙，自以为修行了千百年就可以闯荡江湖了，其实还未修成正果，在大师看来它只不过学习了一点儿拳脚功夫而已。不懂得谦虚进步的它，急于表现自己，便狂言狂语向住在牛山主峰的大龙滋事挑衅：“一山岂能容得下二龙！”

面对不知天高地厚的小龙，修行了千万年的大龙心里呵呵一笑，感叹道：“年少轻狂正如此！”

小龙与大龙预约了见面的日子，执意要与大龙一决高下。大龙爽快地答应了。

当日，小龙起得很早，并提前做好了挑战准备。在登牛山经过长梁一路时，它连续成功闯过了三道关。其实，这是大龙特意安排的对它的故意放纵和心性考验。大龙分别化身为黑、黄、青三条龙，在路途中设置障碍，接连发起挑战，且都轻而易举地输给小龙，这无疑给小龙大大增添了自信，它以为自己真的天下无敌了。如此，小龙有些骄傲自满，甚至一路叫嚣着登上了牛山主峰。

第四关，大龙本来想耐心与小龙说说话，告知它，学无止境，技无穷已，世间山外青山楼外楼，切不可夜郎自大和骄傲自满。然而，还没等大龙开口，小龙一边叫嚣着让大龙求饶，命它主动离开牛山主峰这方胜地，一边就已发起了猛烈攻击。

看到小龙的急切性情，大龙当即决定用真功夫教训它一番，让其明白天外有天，强中还有强中手，不要因为学了一点儿本领就自以为了不起。这一次本领比拼，小龙从头至尾彻底惨败，威风扫地，被收拾得无一丁点儿颜面。在落荒而逃的过程中，严重的挫败感使它的身体在山坡上重重地拖拉出了一道道深沟。因而，此沟便被人们称为“龙沟”。

小龙班门弄斧吃了大亏后，返回自己所驻山寨，从此默默无闻，潜心修行，造福乡里，最终得道，成了大器。

听了故事，再来看待这种山路，越看越像龙行之路，十二分的逼真。人走在其中，就好像自己也是一条龙，立时就有了威风。

此龙沟，人在登山行走时是一条路，而下雨时便成了山上的泄洪沟。模仿鲁迅的话说，山上本来就没有这种路，因为走的人多了便才有了这种路。曾经在几十年间，当地五里镇到草庙梁沿线十几个村的乡亲们，农闲时光一起涌到牛山取柴烧火或换油盐，每天上山的人像过队伍一样，于是天天都有几百捆木柴被人力运到山下。在扛柴下山时，由于拖在地上的柴梢如同扫地一样，不停地划拉着地上的泥土顺着山路而下，加之雨水顺着路面冲刷，日积月累，路便成了沟，沟又越来越深、越长，形成曾经的“柴梢沟”。

如今，随着煤、气和电等的推广使用，以及生活生产方式的改变、上山砍柴人群的消失，这条“龙沟”便也逐渐安静下来，几乎失去了原有的用途。幸好，关于它的故事还在流传。

故事寓教于乐，教人学习技艺，要想掌握真本领，就要耐得住寂寞，沉得住气，虚心钻研，不可浮躁、不可卖弄、不可急于出名。这便是自古至今常说的“板凳要坐十年冷”。

由此，走一回这曲折艰辛的山路，就会经受一次穿透身心的洗礼，也让我想到当今流行的“1 万小时定律”，任何技艺方面的卓越成就或出类拔萃，绝非三天两头可成。

无德不成才

鸡骨头是熬汤的食材，除了此用便无疑是垃圾。在牛山当地，有一种常见的植物俗名叫“鸡骨头”，它的学名叫“双盾木”，属于忍冬科落叶灌木或小乔木，在秦巴山区的其他地方也常见。可能是因为种属问题，它们一般长到两三米，能长到五六米的高度就算到头了，其主干枝丫丛生，始终长不粗壮，很少见到长相十分笔直，或者奇特而能成景观的，它们往往像草一样一丛丛的，三四根、五六根乃至更多根主干会簇拥着在一起。如果非要找个亮点，那就是它们也开花儿，那白色或粉红色的小小的花儿特别好看。但是在春天的山野里，它们的花儿并不显得出众和稀奇，因而又难以引人注目。

如桦栎树、松树、柏树、杨树等，天生就是栋梁之材，至少也是人们眼中天然的风景。鸡骨头木天生极其平庸，因为成不了材，过去人们一般都把它们当作烧火煮饭的柴火，这还算是那个时代里十分幸运的，而大部分同类连这种机会都没有。在山村的生产生活中，那些做不成栋梁之材的树木，有的可以用来做手杖，做斧头、锄头、刀把子等，但是没有人选用鸡骨头木做这些把子，它的硬度、韧度不够。如此，它便是典型的“鸡肋”，令人“食之无味，弃之可惜”。

说到鸡骨头木之来历，在牛山有一个关于它的民间传说，名曰：天生不成材的料——

很久以前，天庭有一个小将，因为文采出众，被提拔担任文书官，他不仅各种文章写得好，而且言辞简洁、见解独特，虽然他不是大员，但是天庭有重大决策议事时，一般都会要他列席参加并发表意见。这不仅是因为他积极愿意干事儿，还在于他敢于说真话，有主见，能碰硬，不怕得罪同僚。

可是他一直得不到重用。为此，他想不明白，还有了一肚子怨气。只是，他不知道自身缺点的严重性而已。

此小将好酒，且酒德不好，这是其一。每每在酒过三巡之后，他自以为神通广大，经不起同僚的各种诱导，常常将天庭不宜公开的秘密，当作谈资进行戏说，并因此引起了许多是非。

喜欢炫耀是其二。他本来就是一个文书官，天庭议事本来还轮不上他发言，因为玉皇大帝有几次随机让他说几句，见其发表的意见中肯可行而被采纳，便允许他参与议事，而他却因此得意忘形，经常在众位将领面前夸夸其谈且不知收敛。从此，在他眼里，身边的天兵天将，谁都不如他。如此，惹得大家在背后谁也不说他的好。

玉皇大帝念其才华本领，多次采取治病救人的态度，说教了他多次，而每说教一次只能管用一段时间，隔一段时间之后他的毛病就又来了。因此，他还被处罚了多次，有次差点儿被革职查办。

说来也怪，有个别得了好处的同僚为这个小将说情，如果对他委以重任，或许他以身作则、严于律己，那些坏毛病便将不治而愈，还能发挥其聪明才智，为天庭做出重要贡献。

究竟是骡子是马，拉出来遛一遛就知道了。玉皇大帝采纳了这个建议，便将生杀大权交给了他，人世间谓之“阎王爷”。

不承想，仅仅半年有余，他使用生杀大权随心所欲，利用职务之便收受钱财等贿赂，挑拨离间、张冠李戴，亲手制造了多起重大冤假错案，搅扰得天地之间黑白是非颠倒、怨声载道。

同时，大家结合以往天庭内部发生的各种恩怨是非分析根源，终于发现这些问题皆起因于他，于是彻头彻尾了解到他的骨子里早已丧失了善良和正义，无德行操守和底线可言。经过调查，还发现他的生辰不详、履历不明，也不知何时何故混进了天庭。

得知真实情况后，愤怒的玉皇大帝当即把他贬到凡间牛山，让其连六畜、飞禽、走兽都不能做，让其做了一种灌木，长不成大树，而且身边总是荆棘围绕、藤条缠绕，活得不舒坦，但也毁灭不了。

由此，当地人把它这种“不成材的料”称为“鸡骨头”。

就其植物特性而言，鸡骨头木也代表了一种命运和现象。因为种族和基因决定了它们的成长、前途，即使有人爱惜、培养或自身无比努力，可到头来，一切都是枉然，永远不可能成为栋梁之材。

如此，故事中的“鸡骨头”就像民间比喻的一种人——扶不上墙的稀泥巴、扶不起的猪大肠。故事的教训告诉人们，要想成大器、担大任，即使有再刚强的本领，也要拥有高尚的品德做基础支撑，德才应该兼备，而且品德始终是第一位的。如果没有品德，无论有多大的才能，都不能算是才能，永远都是扶不起的“猪大肠”。简言之，无德便成不了器。

从故事到现实，“鸡骨头”在我眼里不仅是牛山的一种特别风景，而且在任何时候都有它积极的社会作用，因为它承载的民间故事，把正直善良的品德久远地种在了一座山和人们的血脉里，让所有听过传说故事的人都能于无形中受益。

最好的风水之地

牛山是一块风水宝地，被传说为“九龙之山”。这里的乡亲们祖祖辈辈勤劳勇敢，即使遭遇不同历史时期的苦难，他们凭借战天斗地、克难奋进的拼搏精神和聪明才智，顺利地度过了一次又一次生存困境。所以，世世代代人的日子过得都比较殷实。特别是有一户人家曾经让人人羡慕，种地庄稼收成好，养牛牛壮，喂猪猪肥，养马马大，生儿养女个个聪明伶俐……即使喝口这家人的白开水，也令人感觉格外甜。于是，人们都说这家人住在了牛山最好的风水宝地。

如今，曾经居住在牛山西峰与其伸向长梁支脉中的山窝里的这户人家早已迁移到了别处，往昔的家园只能看见一些残墙断壁和一些生活痕迹，门前的竹园非常旺盛，屋后的桦栎树、橡子树、豹叶树等坚硬挺拔的林木，在周围植被的衬托中显得格外生机盎然。最为突出的是，其中一大片被嫁接改良的板栗树，都已经到了盛产期。主人远走，多年没有回来，栗子园就成了众人的果园，谁采摘谁有，但是大多数果实在自然落地之后，成了鸟儿和野兽的食物。乡亲们因而称此地为“板栗湾”。

在此地，你觉得人好，树木植被生长得好，便是真正的好风水。后来，我得知这地儿原来叫“福水窝”，来历源自一个民间传说，名曰：人亏天不亏——

很久以前，在金州牛山西峰的山脚下有一户张姓人家，因为逃难落脚至此，开荒种地，繁衍生息。

老两口福报大，人丁兴旺、子孙昌隆。俗话说：人上百口，如林子大了，什么鸟儿都有。第四代人中就出了一个非常奸诈不孝的逆子，人称“张黑蛋”。这个张黑蛋不遵守祖宗规矩、社会良俗，不孝敬父母，做贼说谎、顺手牵羊、作恶不断。而他家的日子并没有因为多吃多占而过得富有，反而过得十分恓惶。

张家先人健在时曾经立下规矩，在他们夫妻百年之后为其立碑和待客的费用，按照子孙门户多少均摊。可是，后人们到了真要办这事儿的时候，张黑蛋当时家里穷，拿不出均摊的费用，便胡搅蛮缠，也不支持为祖先立碑之事。为此，族人合计，在先人的石碑上暂不刻逆子张黑蛋及其子孙姓名，但是预留了相应位置，以观其后来表现再决定是否补刻。

后来，张黑蛋的后人与其相比，有过之而无不及。张黑蛋做过的坏事他们继续做，没有做过的坏事他们也做，依然借人财物不还，千方百计占人小便宜成日常习惯，让左邻右舍的族人唯恐避之不及。他们不仅不承认族人为先人立碑费用的账目，还擅自将他们的名字补刻到了先人的墓碑上。更为可恶的是，他们因为好吃懒做，将祖坟的树木全部据为己有，一次性砍伐变卖给了他人。

变卖祖坟树木的收入，让张黑蛋后人大手大脚过了几天舒坦日子，但是很快又恓惶了起来。然后，他们把主意打在了本家族日子过得殷实的“张老大”身上。如果张老大一家不借给他们东西，他们就会想办法去偷，甚至惹是生非，让张老大吃官司赔偿，或者找理由死皮赖脸在张老大家混吃混喝。如此，他们想借就借，想拿就拿。张老大与父亲都性情软弱，惹不起，也得罪不起，只好忍气吞声。

天长日久，张黑蛋及其后人的恶行不仅让阴世的祖先感到羞耻和气愤，而且惹怒了天上的众神，于是都打算好好教训一下他们。

此后一段时间里，张黑蛋这门人陆续出现了各种怪病，而且干啥都不顺利，麻烦不断，折磨得他们身心都十分痛苦。面对这种情况，张老大一家人不仅没有袖手旁观看笑话，或者趁机落井下石，而是有力出力、有钱出钱，尽力帮助张黑蛋后人渡难关。

有一天晚上，先祖的在天之灵给不肖子孙张黑蛋后人托梦说，他们所遭受的怪病和坎坷灾难都是因果报应，如果不立即改过改错，将会不得好活，也不得好死。次日，当他们得知都做了同样的梦，这才有些惊恐了。由此，大家族的日子才逐渐安稳下来。

此前，张老大一家被张黑蛋一门人欺负得很无奈，便移居到山腰高处的一个山窝儿里，单家独户居住。这一年的一天，张老大在盖新房挖桩基时，先是从一丛茅草下挖出了两提篮铜钱和二百两银子，之后又在桩基不远处挖出了一眼四季不涸的泉水。于是，盖房子的钱有了，人畜饮水不用肩挑背驮，烧火做饭取柴火近在咫尺，生活条件既方便又节省劳力。

此后，一家人日子过得要风得风要雨得雨，一切都顺顺当当。当地人羡慕张老大一家掉到了福窟窿里，把他们住的地方叫作了“福水窝”。

于是，在当地流传了一句话：人欺天不欺，人亏天不亏。

每当说起这个故事的时候，当地乡亲们都感叹“福水窝”这个地方风水好，让张老大一家得了多大的便宜呀！其实，能够获得最好的风水之地及风水利益，便是因了这一家人的善良厚道和忍辱负重。换言之，他们住在哪里，哪里就会成为风水宝地。

当然，这个故事也想告诉人们，不依靠勤劳，即使夜夜做贼也富贵不了，天天混吃混喝也过不上好生活；不和睦邻里，不守良俗，欺人太甚，连鬼神看了都不顺眼，怎么会有平安顺利的好日子呢？

功名在身后

站在草庙梁一带，面向西南，目光向上，远远地，可以看见对面那山头茂密的树林中，尤其是在绿意盎然的时节，会明晃晃地显露出一面黄色的墙壁和高高翘起的屋檐一角，感受那庭院在高高的山上独树一帜，自然成了旁观者眼里一道迷人的风景，也随之产生一种神秘感——那是什么地方？

乡亲们说，那里过去叫“牛山庙”，如今叫“朱雀寺”。

我听了之后，心中冒出一个问题来——这世间缘何就有了寺庙呢？

通过咨询了解并综合了一些相关信息，方知在生产方式落后、信息闭塞、科技尚不发达、对事物认识狭隘的时代里，人们认知和改变自然世界的能力非常有限，面对各种自然灾害、祸患、疾病、厄运等生存威胁或困难时，常常会束手无策，于是便把化解各种情感困惑、解决生产生活问题、消化矛盾冲突的愿望寄托在了所谓的神灵身上，并从中找到了一种精神和心理安慰的方式。正是在这种时代背景中，曾经出现了各种大小不同的寺庙，这些寺庙的存在不管是否合理，都曾经长期存在过，也许以后仍将会长期存在。

在此，不必去探讨寺庙存在的是非对错，我要说的是：上牛山，赏风景，听故事，朱雀寺是一个应该去参观的地方。因为这里是牛山最直观、最具体、最有内涵的一个文化符号，让我们先来了解一下它的民间传说，名曰：牛山庙之古今——

唐中和三年，即公元 883 年，在金州牛山双乳峰之间一西高东低的山坡上，始建牛山庙，截至 2023 年，已有 1140 年的历史。

为什么要修建牛山庙？

因崔伟而建。

崔伟何人，何德，何能，何以为他建庙呢？

崔伟是唐朝末期的金州刺史，此人才貌双全，忠诚朝廷，维护国家安全，保境安民有功，特别是在剿灭黄巢起义军、消除一方祸患中立下了不朽功勋，深得朝廷称赞和当地百姓拥戴。

时隔 322 年后的公元 1205 年，此时为南宋时期，宁宗皇帝下旨：对崔伟“封以忠惠王”，以褒厥神，以崇厥功。厥神，是指其保护百姓，凡有祈禳，无不有应；厥功，是指其为维护朝廷统治，坚决彻底打败了黄巢起义军。由此，修建牛山庙纪念忠惠王崔伟。

1352 年，此时为元朝时期，牛山庙因“红巾军”的战火化为灰烬。

1354 年，惠宗皇帝下旨重修牛山庙。1355 年，立碑镌刻“牛山土主忠惠王”，铭记缘由经过。此次属于易址重建，便是如今的“朱雀寺”地址。

1507 年，此时为明朝时期，即明正德二年，金州刺史王溥安排重修“牛山庙”。

1735 年，此庙被野火焚烧，荡然无存。后来，羽客杨本合云游至此，苦心募化，于三清殿后创建正殿三间，廊坊二所，将“牛山土主忠惠王”神位移居后殿。可是，庙房建成之日，便是他的羽化之日，此后一段时期，此庙无人照管，沉浸在风雨中。

1770 年，羽客崔本修来此，苦力经营，数年间，修缮和扩建，增添正殿前回廊一所，山门一座，创建新像数尊等。1781 年，立碑铭记当年修缮具体事宜和社会功德。

1850 年，住持张元魁和羽客等爱心人士，捐资出力对牛山庙进行了修缮。

1986 年 5 月，牛山庙被列入安康县重点文物保护单位。2002 年，牛山庙住持释金耀圆寂。

2005 年，释通和法师接管牛山庙，并更名为“朱雀寺”。多年来，他主持先后对寺庙进行了修缮和生活设施扩建。2005 年 6 月 15 日，他被汉滨区民族宗教局聘任为朱雀寺住持。2006 年 1 月 18 日，圆持法师被汉滨区民族宗教局聘为朱雀寺方丈。

之所以详细讲述牛山庙的古今变迁，是因为它让人深受鼓舞，朝廷在 300 多年后在牛山为崔伟建庙，并多次得到重建或修缮维护，说明了一个无可争辩的事实：沽名钓誉或盗世欺名枉在人间，殚精竭虑为国为民，历史和人民永远不会忘记。

如今的朱雀寺住持释通和法师，特别强调与践行“佛教是道德信仰”和“推进佛教中国化”。针对牛山保护发展，他们响亮提出了“四大理念”，即建设伦理牛山、文化牛山、生态牛山、慈善牛山，且在服务当地经济社会发展中，极力传播现代文明理念，积极成立农民种植专业合作社，通过产业带动、发展基础设施等方式，帮扶当地乡亲们脱贫致富，赢得了大家的尊重。他们多年来力推在牛山建设的“中国佛教文物图书博物馆”项目，也将成为促进当地旅游发展一个无可替代的品牌。

当下在牛山，最有标志性的风物当数“朱雀寺”，了解其历史和各种风物的民间传说后，就会让人切实懂得一句话：“诸恶莫作，众善奉行，自净其意，是诸佛教。”意思是，做人处事要有利于社会和他人，处处做好事、行善举，从心头消除一切恶念，坚决杜绝做恶事。

无疑，旅游牛山，你收获的都将是满满的正能量。

过去，从金州城到牛山，无论骑马、坐轿还是步行，百里之遥的崎岖山路，单趟用时几乎一整天。如今从安康城里驱车或乘车，全程的硬化道路，虽然弯弯绕绕有七八十里，但一个小时即可到达。在参观朱雀寺、欣赏自然山水风光之外，还可以游览飞天金龟、金牛洞、回龙泉、黄龙泉、黑龙泉、白龙泉、大天池、小天池、响水洞、大神龟、小神龟、双乳峰、望京石等许多个有传说故事的景物。这些景物可能并不奇特，但是它们的故事一定会启发你的人生。

一位朋友从牛山归来告诉我，做人要有担当，尤其在服务人民群众的关键岗位上更要有担当有作为，不怕功业无人知，自有后人评说和树碑立传。在人生境界的修为中，要坚持在心中建立一座“庙”，这就是灵魂深处有信仰，心中有敬畏，生活有戒律，至少要做到为人处世任何时候有底线。

我称赞他，不虚牛山之行！

牛山云雾

在很久的时光里，朝朝暮暮，眼目触及之处，无法绕开秦岭南麓海拔近 1500 米的牛山双乳峰。从山下向上看，那两座山峰特征明显而又生动地坚挺在那里，一年四季经常有云雾环绕在周围，始终给人一种特别的想象和美感。如是，每每让外地游客见了都会禁不住感叹：太逼真了！其美只可意会，不可言传。

最为美妙的是，在牛山的对岸观赏双乳峰的云雾。大约在海拔 1000 米到 1300 米之间，春夏或秋冬时节的早晨，或者在雨水过后，经常可见云雾像一条裙带系在山腰飘移。更多的时候，这些云雾无规则可循。有时候一疙瘩撵着一疙瘩地在山腰间游走；有时候一丝丝一缕缕萦绕在山林的树梢上，那树便成了孩子们喜欢的棉花糖；有时候像一团团棉花云，互相簇拥着，似乎在空中追打嬉闹着，忽上忽下，忽左忽右；有时候零散如同大小不同的碎片，有一搭没一搭地晃荡在山腰间，像在捉迷藏，说不见就不见了；有时候那笼罩的云雾似乎忙着赶路，跑得极快，让人能听见它们穿行时嗖嗖的声音；有时候云雾裹住了山肩以上的部分，山头在云雾中，而山的身子却裸露在现实里，便让人一头雾水。偶尔，大雾包裹上下十里地，眼见丈八远的距离，只听山中鸟儿喳喳叫，甚至能感受到鸟儿弹跳枝条的声音，却不见其身影和踪迹，令人如入世外桃源一般，惬意极了。其时，云雾的味道是纯净、甜美的。当阳光普照时，云雾在集体消散的那一会儿又呈现出许多妖娆的姿色，刹那间，它们就把身子完全藏了起来，一时便消失得无影无踪。

沉浸在牛山云雾之中，如同沐浴着一股股润泽身心、滋养万物的仙气，人在这时候会十二分地安静，甚至能听见自然万物的四季律动和生命回响，于是自然地就有了物我两者自逍遥。

吃了鸡蛋还想认识母鸡的模样。想是那么高的山，为何四季里经常有云雾缭绕？那是秋高气爽的一天，我和朋友结伴攀登到双乳峰间的山沟，在一眼望不到头的严密覆盖的山林中，发现有溪水汩汩流淌，鸟儿在山林间唱着歌儿。山风、溪流、鸟鸣合奏着自然交响乐，令人不禁感叹大自然的神奇，山有多高，水便有多高。因为常年流水的滋养和植被的呵护，这才有了常见的牛山云雾。

陶醉在山中的自然风物中，随心转悠，不知不觉间撞入丛林中的一片百亩大茶园，一棵棵茶树都是老树新枝，又是齐刷刷的模样，其中间作套种着玫瑰花，我随口呼出——牛山云雾茶。后来发现，站在朱雀寺后面的山垭，抬头即可看到这一片风景。

此茶园是山上朱雀寺住持释通和法师的“功课”之一。这些茶树原来零散地野生在牛山中，树龄均在半百乃至百岁以上，曾经处于完全被忽略的状态，没有人照顾。释通和法师发现后，认为是一种遗憾和可惜。陕南安康因为适宜的气候条件，最早就是生产贡茶的地方之一。而牛山的光照充足、昼夜温差大、常年多云雾，更是茶树的乐园。于是释通和法师出资请当地乡亲们将它们从山野的荆棘藤蔓缠绕中逐一解脱出来，并集中移栽到一处，经过细心管护，形成了一处“老茶园”。

生长在高山云雾中的牛山茶，其味道勾人魂魄哩！最初，我不以为然。有雅士分享：“在空旷幽静的牛山之巅，看云卷云舒，或在山房中品茶，读书悟道，自是一番独有的情趣和超然的境界了。”我一个茶道的外行，听了甚是觉得有点儿玄乎，却也在心中种下了念想。

后来，我因为帮扶当地发展产业结识了释通和法师，并见识了他精心打造的“朱雀寺红茶”。那次，相约围坐在一起，一边品茶，一边聆听他的茶叶、玫瑰花产业及系列产品开发思路，包括关于牛山乡村旅游发展的思考和建议。他通过种茶、管护、采茶和制茶，为当地乡亲们提供了一条在家门口务工赚钱的路子。由此，我敬佩他的情怀和智慧。

我用心品味了一壶红茶，其汤色黄亮，其味甘甜、滋润、醇厚，香味特别，不易言传。有饮茶者谓之“木香、果香、花香，在口感中层层递进，余味绵长”。我感同身受，还特别记住了一句话：“一般的红茶只能冲泡三五遍，而此茶则可以冲泡十几遍，且味道不淡，喝得再多也不上火。”言下之意，有些红茶喝多了，人的身体就会上火。

深入探究，得知“朱雀寺红茶”的来历也是有传说的，名曰：释和尚美梦成真——

在牛山之巅，老茶树享受爱护，于独特的自然环境中似乎焕发了青春，生长的叶子嫩油油的，散发着诱人的光泽和香味。如此，是将其制作成绿茶，还是制作成红茶或者白茶？朱雀寺的释和尚最初很纠结，那段时间昼夜都在琢磨此事。

这一天晚上，通和法师进入了一个求之不得的梦境——一位茶道仙人约他一起煮茶论道，并谆谆教诲：“看在你的修为境界，千万别糟蹋了牛山原生茶之品质，我有四点忠告，请切记。”然后，娓娓道来。

“第一，必须保护好环境。此地光照时间长，四季气候湿润，无病虫害，无空气污染，孕育期长，叶子干净、鲜嫩、富硒、芳香，色泽翠绿，茸毛多……犹如处子一般纯净。所以，任何时候、任何条件下都不能使用农药，坚持施加有机肥料，呵护好茶树生长的好环境。

“第二，坚持慢工出细活。制茶的一系列手工劳动都是一种快乐，也是一种享受。每一片优质的茶叶都包含了一份精心细致的工艺劳动，切不可因为求快和节省成本而使用机械化等手段采摘和后期加工制作。

“第三，要制作红茶。因为牛山海拔高，生长期长，采摘迟，待到绿茶出售时，市场正处于饱和状态。同时，此山茶叶中的氨基酸、茶多酚、咖啡碱、维生素等营养元素含量高，做成红茶具有天然的原材料优势，而且适合一年四季销售和饮用。

“第四，只推一个口味。不做嫩芽茶，不区分等级，坚持所有的成品茶最后一道工艺都出自一位师傅之手，把握一个工艺标准，就会使成品茶即使畅销，天下也只有一种品质、一个口味。

“如此，对饮者不分贫富贵贱，一律平等相待，其中没有了铜臭味，茶香味和茶品位自然就能够久远。

“如果能够做到以上四点，我还有一个秘方相授：就是在制茶发酵的最后阶段，需要添加一种自然佐料……这个要你亲自掌握操作，不能外传。”

听茶道仙人一五一十指点得真切，释和尚心中一激动，便从梦里惊醒了。他便信以为真，一一听话照做，果然就有了世上独一无二的特色“牛山红茶”。

说是梦想成真，只不过是释通和法师把平时学到的、听到的、感悟到的种茶制茶知识和理念，依托了一个梦综合归纳在了一起。事实是，朱雀寺红茶面世后，的确在国际市场一炮打响，先后获得了国际茶叶博览会特别金奖、一等奖等多项荣誉。此后，在市场上一路持续走红，旺季经常出现茶叶一斤难求的现象。有人说，产量有限，物以稀为贵，此话的道理也不假。

于是，在感谢大自然给予的馈赠之余，让人想到了一种缘分，牛山因为遇到一个人，方才有了一味好茶。

又因为贪恋牛山的云雾之美，至今我都始终改不了一个习惯，包括产自牛山低处的绿茶，我都喜欢呼之“牛山云雾茶”，因为它们的绿叶生长在大地母亲的胎盘里，吸纳了纯正的天地之气，那味道也好像自然地带着一份神奇。而饮者便也似仙人一般呢！

山谷飘香远

“玫瑰谷”并不为当地人所熟知，但它真实存在着。听了这个浪漫的名字我很兴奋，探幽之心急不可待。不承想，此地距离驻地不远，天天都能望见，这就是牛山向西延伸的一条山脉在起步急转弯时形成的一道长长的山谷。我去实地考察了一趟，见到山谷两边曾经都是种植水稻、小麦、玉米等粮食作物的良田，当下已被各种绿色产业和植被覆盖，其中不见一枝玫瑰花，于是想到了一个词：名有虚传！

一个寻常的山沟何以浪得了此名？它是否真的养育过玫瑰？如果有，它们最后都到哪里去了呢？

正百思不得其解，走访询问不得答案时，听到一句闲话说山上朱雀寺大门前的玫瑰花就是玫瑰谷的种子。有了这个线索，我与几位朋友相约，打算去那儿探个究竟。

那是初夏的一日，当我们一行到达朱雀寺时，远处的太阳好像刚起床，正揉着睡眼，打着哈欠，呈现的是一个红彤彤的圆球，光芒十分微弱，山林中的鸟儿陆续亮开了嗓子，听不出寺院内的任何声响。令人欣慰的是，寺院门前确实有许多盛放的玫瑰花，格外引人注目，花朵上的晶莹露珠，颤颤巍巍，欲滴不滴。有女诗人爱怜，顺手便将一枝花轻轻揽入胸前，又是亲吻爱抚，又是窃窃私语。一时间，牛山高处的早晨风光竟也让人陶醉了。大家不约而同地拿出手机纷纷拍照记录。

俗话说，衙门口的棒槌三年成精。多年来成长在寺院前的玫瑰，其灵魂自然也不会落入俗套的。得知一群人寻玫瑰谷之玫瑰而来，一位居士向大家讲述了一个鲜为人知的民间传说，名曰：仙女体香之秘密——

很久以前的一天早晨，阳光和煦，微风吹拂。

天宫后花园的一群仙女聚在一起做针线活儿，这时一股别样的淡淡的清香迎风扑鼻，一阵又一阵，似乎萦绕在大家周围。“哪儿来的特别香味？身边的花草不在开花季节，也从未散发过这种香味。”“谁呀，得了相思病，要迷人呢！”“难道是世外桃源的香味飘到了这里？”“寻寻看，说不定是哪个妹妹身上的香味呢？”……你一言我一语，大家纷纷议论和猜测起来，一时间后花园有了一片嬉闹之声。

循着那种特别勾人魂魄的香味，鼻子尖的仙女发现它来自一位不善言语的妹妹身上。于是，大家围拢过来要这位妹妹说出秘密。姐妹们说了各种好话诱导，但她始终都没有承认自己有什么秘密。

随后，有姐妹细心观察这位散发体香的小仙女，看见她在深春夏初的一个多月时间里，每天总是起得很早，在东方露出鱼肚白之前就不见了踪影，待到太阳发出耀眼的光芒时就匆匆回到了房子。跟踪发现，每日晨曦这一段时间，她都会提着一个篮子，悄悄下凡到金州牛山，在一山沟采摘一种带露珠的奇异之花，然后带回天宫在房间阴干，日常用此花泡水喝，洗花浴，也用花水搽脸、涂体，天长日久，她的皮肤被滋养得格外细嫩、润泽、光洁，身体开始长久地散发出一种清香味。

玉皇大帝得知，小仙女在牛山所采摘的奇异之花叫“玫瑰花”，并且有多种用途时，便命令了一支天兵下凡到牛山，在那山沟里大面积繁育种植玫瑰花，提供给天庭后宫娘娘和仙女们使用。

这山沟背风、向阳，土壤肥沃，空气湿润，温度适宜，种植的玫瑰枝叶旺盛，骨朵饱满，花色鲜艳，香味浓郁，自然阴干保存，以备需要随时取用，其花水或饮或涂，经过多人体验，如灵丹妙药一样，最后成了天庭后宫娘娘、仙女们用来养颜、保健的日常饮品和护肤品。

每年到了花开时节，整个山沟就是一片红色的玫瑰花海，因而人们便给这个山沟取了名字——“玫瑰谷”。同时，玫瑰谷也成了天庭后宫娘娘和仙女们体验采摘玫瑰花的一方乐园。

可是好景不长，没有想到一位小仙女在玫瑰谷遇到了意外。

这一日晨曦间，小仙女穿着白纱裙，单独来到玫瑰园采摘带露珠的玫瑰花，她的眼眸晶莹、透亮，似乎含情脉脉，手指在玫瑰枝头上一起一落的轻盈动作，简直是美极了。此情此景，一个光棍汉看在眼里，早已沉醉了。

“我的娘子呀——”他按捺不住内心的激动，高声呼出了心中所想。岂料小仙女受到了惊吓，当下摔得头破血流。

爱女因在玫瑰谷受到骚扰而严重受伤，为了从根本上消除后患，玉皇大帝下令，将玫瑰谷之玫瑰移栽到天庭后花园。

遗落的几株玫瑰花因无人照管，不久就被荆棘杂草包围，陷入困境而不能发展，多年后被发现并移栽到了牛山朱雀寺门前。从此，玫瑰谷的玫瑰消失了，但是在牛山繁衍了下来。

听了故事，有人担心这些玫瑰花是否孤单？深入了解方知，我们的担心多余了。

看到牛山珍贵的玫瑰，朱雀寺释通和法师别出心裁，在推动慈善牛山、生态牛山建设中，以成立农民种植专业合作社为抓手，吸纳当地农户和劳动力参与，通过苗木嫁接繁殖等方法，大力推广栽植玫瑰，目前在当地已经发展形成数百亩的规模，不仅使玫瑰花成了乡村旅游的一大亮点，而且通过产品开发和技术深加工，让玫瑰精油、玫瑰香水、玫瑰月饼、玫瑰花茶等牛山玫瑰花系列产品走俏国际市场，为广大消费者特别是时尚女士所青睐。在偶然的一次聊天中，无意间得知一个细节：这些系列产品所用的玫瑰花原料非常讲究，要求工人在清晨的第一个时辰内，只采摘带有露水的玫瑰花，露水消失后便停止采摘。而这，也成了老顾客喜欢此产品最浪漫的理由。他还主导在茶园中套种玫瑰花，让茶叶吸附玫瑰花的天然香味，让牛山茶有了特别之香。

一次朋友邀约，我品尝过以玫瑰花为原料制作的玫瑰花酒，观赏其酒水犹如玫瑰花一样的粉红亮色，闻之犹如玫瑰花原生态的香味，一杯下肚，唇齿生香、沁人心脾、穿透灵魂。于是，人们就自然而然地贪杯了，甚至还乐意痛痛快快醉在其中。

那以后，喝花酒，我便只喜欢了玫瑰花酒。

如此，我便畅想这一地域之未来，如果把传说中的牛山玫瑰谷还原成为现实版的一方“人间乐园”，集玫瑰花休闲观赏、采摘、育苗、推广和系列产品生产加工、展览、消费等于一体，打造一张亮丽的乡村旅游名片，这是一件多么好的事啊！想象到那时候，在山谷万顷的绿色世界中，一群群游客，深入一片红红的玫瑰花海，赏景游玩、打卡拍照，或分别聚在花海中的各个凉亭下，看着花景，闻着花香，喝着花茶，吃着花饼，饮着花酒，唱着花歌……这是何等愉悦的生活享受啊！

我还想好了一句代言词：“玫瑰谷里飘香远，山水人间一世缘。”

饮水思源

在那山上生活了许久，发现饮用的自来水，装在桶里可照见人影儿，烧水壶天天用，却也不见壶内结垢，一年后摸着了这水的脾性，春夏季节温、润、柔，秋冬季节变得生、硬、冷，不变的是味道始终有点儿甜。作为外乡人，我既不知其故，便也有了好奇。

最初知道，这股水流沿着草庙梁何家房背后一条废弃水渠铺设的管道而来。从远处看，这条干水渠像系在山腰上的一条带子，歪歪扭扭，看不清头儿有多长，具体又在哪里。有一天，我拿着买来的砍柴刀，顺着这条干渠探索，沿途披荆斩棘，终于在牛山北峰下的林荫深处找到了源头——一个形似大浴缸般的圆圆的沁水泉。因我天天饮用，又问了八旬长者，知其清流长年奔涌，从未干涸。树大根深，山高水长。在秦岭山脉中遇到这样的好水或许并不让人感到稀奇，令人稀奇的是它的名字——“美女泉”。幸好未费力气，便得知它的来历就藏在一个美丽的民间传说中，名曰：山鹰引导仙女寻水喝——

很久以前，天宫爱美的娘娘和仙女们都想讨到一个好方子，能够养颜保健，让青春芬芳、容颜不老。为此，忙坏了天庭的一伙天兵天将，他们四处打听、多方寻找，但很久都一无所获。

后来，一个小仙女偶然发现，金州牛山带露水的玫瑰花阴干后泡水，喝、抹、洗，均有养颜、护肤、保健等效果，玉皇大帝得知后便下令在此规模种植。有了此种玫瑰花，若有优质的水来配合使用，那么效果无疑会更好。于是，一伙儿天兵天将领命后便到处去寻找天然的好水源，然而找了很久，依然没有找到一处满意的水源。

说来也是，踏破铁鞋无觅处，得来全不费工夫。一日，一群仙女相约下凡到牛山玫瑰谷游玩，不知不觉过了很长时间，都感到心中有一团火在燃烧，口渴难耐，便不约而同在山中到处找水喝，碰巧遇到山中一位采药人，采药人说："找到一棵大桦栎树，就会找到一眼泉水。"再问，采药人不答话，转身走了。

山中的大树何其多，究竟是哪一棵桦栎树？就在仙女们失望之时，一只山鹰飞到了她们的面前，不停地叫着，直把她们的目光吸引到它的身上，它又慢慢地飞到山谷里的一棵大树上，又在枝头不停地鸣叫着，似乎告诉着仙女们：就在这里，就在这里！仙女们追寻而去，果然在大树下看到了一眼山泉，其水清澈明亮，甘甜润喉。那会儿，大家顾不得自己的美女形象了，纷纷用双手捧水喝，或用了山间的藤叶折叠成圆锥状的漏斗舀水喝，饮了此水后浑身爽快无以言表。

仙女们喜不自禁，把这个好消息带回了天庭。

天庭经过取样检测，说此水来自海拔千米森林覆盖的高山，吸收了天地自然之精华，其中含有人体需要的硒、钙、钾、磷等适量而丰富的矿物质和微量元素，水质优，口感好，适合煮饭、熬汤、泡茶、泡花等长期饮用，可谓"上等好水"。由此，此泉之水与牛山茶、牛山玫瑰花就成了最完美的搭配。于是，这里便成了天庭后宫泡玫瑰花的固定取水处。

长期饮用此水，娘娘和仙女们个个都变得越来越漂亮美丽。因而，此泉就被叫作了"美女泉"。

我得知这个故事后，每日饮用着美女泉之水时，便深感生活的诗意、幸运和福报。

乡亲们亦是感激这一眼泉水。20 世纪 50 年代末，县上的水利勘查人员看中了美女泉的丰富水资源，提议将其引入农业生产灌溉和人畜饮用水，得到干部群众积极的支持和响应。1959 年冬，乡政府调集附近 5 个村五六百名劳动力，集体奋战了一个冬季，累计投入 5 万多个工日，修成全长 5 里多的露天水渠，将美女泉之水分别引流储存在七八个堰塘之中，用于需要时灌溉农田，从而让当地的主粮水稻、小麦年年丰收增产。此水曾经浇灌附近 5 个村 1000 多亩水稻等庄稼，养活了男女老少三代人，还将滋养他们的子子孙孙。

在那段非常困难的岁月里，常有居住在川道或江河口岸的人笑话高山上人生活状态的恓惶，而牛山人每每听了则不愠不怒，往往都是这样回答的："住在高山，日子穷是穷，穷得只剩下顿顿吃大米了。"玩笑中藏着底气和自豪，听的人便也觉得尴尬和自愧了。

如今，处在秦巴山区富硒地带，又在全民注重营养丰富的当下，在别人为购买富硒食品而额外付费时，乡亲们说不用花那冤枉钱，"我们天天饮用的都是富硒山泉水，自产的粮食、蔬菜和水果，连人和动物都富含硒元素"。因为美女泉之水，他们有了满满的幸福感。

相对牛山茶、玫瑰花系列产品远销国际市场及其远播的声名而言，我在离开那里时有了一个大大的愿望，与茶、花搭档的美女泉之水，何时能走出当地，福泽更多的人呢？

男人的自信

有一种草本植物名字叫“淫羊藿”，叶片卵形、狭卵形至卵状披针形，顶部呈尖状，边缘有细刺毛，叶色碧绿，手感光滑，花朵淡白色，根茎匍匐。在牛山的灌木丛中经常能够见到，其生命力非常旺盛，初夏割一茬儿，夏秋又会长出一茬儿。年年农闲时节，很多乡亲都会上山去连其茎叶一起采割，晒干后卖给上门收购的商贩。此前，我不知它的药理作用和市场价值，有一天路过，见一位嫂子从山中回来正在门前晾晒淫羊藿。这里的风俗，兄弟与嫂子之间，互相可以说玩笑话，于是，彼此就有了下面一串对话。

“这干叶子能卖多少钱一斤？”我问。

“三四十块钱。”她回答。

“这么便宜，是不是贩子买去给牲口当饲料了？”我故作同情。

“给牲口当饲料，牲口吃了那可能要累死。”她话一出口就笑了，很神秘的样子。

“不干活儿，咋能累死呢？”我笑而不解。

“吃了这东西，肯定要寻活儿干！”

“牲口自己能寻啥活儿？”我没有听明白她话中的意思。

“哎，嫂子说不清，你去问问俺们村上的男人们吧！”她觉得自己的玩笑话对牛弹琴了，有些扫兴。

到了村上办公室，我询问当地一位精干的小伙子：“淫羊藿叶子有啥用？”

“你用这叶子泡水喝上几天，保证天天晚上都能把老婆伺候得不要不要的。”

“有这么厉害的效果？”

“不相信，你看看我们村里的老少男人，个个阳刚之气十足，就是经常用这叶子泡水喝。”

“那这东西岂不是成神药了？”

“淫羊藿、肉苁蓉，天天泡水喝，夜夜威风不倒。”

“你这是卖假药做广告呢！”

“不是卖假药，只奈此物藏在深山人未知呀！”

…………

这两次玩笑话，我都没有在意。

在乡村生活，大家劳动工作之余聚在一起，乐于逗趣，惹来阵阵欢笑。合适的人碰到合适的时间、地点，彼此不用提前打草稿，即兴就起了话头儿。这一次是傍晚散步，遇到一位懒汉酒后谈梦想：“有谁能帮忙出个主意，啥时候把咱山里的淫羊藿高价卖出去，家家户户都会发财，多省劲儿！”

“想卖高价，那得有一个让人信服和掏钱的理由呀！”

“有！只要能宣传出去。”

为了证明淫羊藿的珍贵，醉汉煞有介事地讲起了一个民间传说，名曰：有个少妇莫名死了——

很久以前，村里有个漂亮小媳妇儿，长得白白胖胖、结结实实，干屋里屋外活路都是一把好手，从来没有听说患有啥疾病，有一天早上却突然死了。

这事儿在村里传开后任何人都不敢相信。这个小媳妇儿既没有服毒，也不是上吊，更没有遭受任何意外，亦非得了暴病……此前，一家大小也没发生什么矛盾，他们的和谐幸福，左邻右舍都看得清楚着呢。她的男人也是支支吾吾说不出个所以然来。

事既已出，按照民俗，婚后的女人死后要给娘家人报丧。娘家人听了情况后非常怀疑："好好的一个人突然死掉了，说不清原因，其中肯定大有隐情。"于是，决定报官。

官府派人侦查后发现，死者面色安详，肤色正常，身体无一点儿外伤。通过技术检测，排除了投毒、暴力、疾病等他杀、意外和自杀三类情况，此外亦是无法找到答案。

这种结果不能服众，娘家人以为女婿在背后花钱买通了官府，派侦查人员来和稀泥、抹光墙呢。

官府人员面对大家的不满情绪，亦是感到委屈和羞愧。因为他们并没有贪赃枉法，胡作非为。但是究竟是什么原因呢？他们也感到很奇怪，于是决定重新审问这女婿，要他把最近的夫妻关系尤其是头天夜晚的事一五一十细细招来，连一根头发丝儿都不能放过。

不料此次审问，这女婿不是紧张害怕，而是突然羞红了脸，继而吞吞吐吐如实供述了近期夫妻间的房事，瞬间案件真相大白。

原来，他们婚后多年未生育，夫妻生活一直不和谐，因此导致媳妇的脾性越来越差，平时经常莫名生气、抱怨甚至发火，而他则是一肚子的苦水无处倾诉，找许多大夫寻了很多方子，但都不管用，为此苦闷的他曾经觉得活在世上没有啥意思，想过一死了之。

在那个绝望的晚上，他做了一个梦，一位白发老人爱怜地告诉他："小伙子呀别灰心，夫妻关系就那么点事儿，我有一个土方子，牛山上到处都能找见的淫羊藿，用它的干叶子泡水喝上一段时间后，你们两口子就会很快好起来的……"

他听得真切，抱着试一试的态度，按照白发老人的说法就地取材，悄悄地喝了一个多月的淫羊藿叶子水。果然，身体的情况逐渐有所变化。碰巧那几天晚上感觉非常明显，不承想让媳妇连续折腾了几宿。

最后一个晚上，媳妇要了还要，天快亮时，他因特别困倦而睡得深沉，却不知一觉醒来，发现媳妇死去了。

此案在大家的尴尬中不了了之。

从此，在当地民间就流传了一个治疗男性病的神奇秘方——经常用淫羊藿叶子泡水或熬水喝，身体就会特别强壮……

此处仅仅是讲一个传说故事，如果需要了解淫羊藿的药理作用，或采用单方治病，那么一定要去咨询中草药专家和医生，遵从医嘱。之所以强调这样的话，是担心有读者因盲目体验而酿出祸端来。

听了醉汉的笑话，当时大家只是一阵乐和，但是引起了我的思考。

根据淫羊藿在牛山的分布和生长特点，经过咨询中草药医生，了解其市场需求和价格等情况，我最后得出一个观点：因地制宜，当地可将发展淫羊藿当作一项亮点产业、特色产业，推广扩大种植规模，同时可进行系列产品科研开发，必然会拥有广阔的前景。我甚至提前想好了一句广告词：淫羊藿水——男人自信的能量液。也想，这种利人利己利社会的事，今天无人做，明天无人做，迟早都会有人做。

我满心期待这项产业早日成功，促进更多男人的“根本自信”，也是响当当的作为。

故事里的风景

牛山朱雀寺院内有一棵古柏，经世千余年，身材高大挺拔，腰杆粗壮达一丈多，树冠枝叶之繁茂如一把巨伞覆盖整个寺院，见识者都称其十分壮观。紧贴古柏生长着的一根长长的古藤，直径尺余，如脸盆般粗壮，牢牢地缠绕着树身，藤随着树枝分杈而延伸生长，把整个大树缠绕得几乎不漏一个枝条。古树名叫“杌柏”，古藤名叫“凌霄”，它们一起呈现的独特美景被人们誉为“杌柏凌霄花”。

自古以来就有藤缠树，但从未见过它们那样粗壮的长相和如胶似漆的相依。藤和树互为景致，每年夏秋时节，在长达三四个月的花期里，藤蔓上总会开满繁密的橙黄色花朵，诗意地点缀在绿意盎然的古柏之上，更是让寺院充满了岁月静好的氛围，其情景美不胜收，吸引着四面八方络绎不绝的参观者。慕名而去的多是青年人，他们欣赏景观是其次，主要是为了见证藤与树的爱情，在心里种下一种期许。

坐在寺院，静气安神，一段美丽浪漫的民间传说便穿越时空，回荡在耳边，名曰：千年藤缠树——

唐朝末年，担任金州刺史的崔伟保家卫国、疾恶如仇、造福一方、担当有为，深得百姓爱戴。加之当年风华正茂、身材魁梧、相貌堂堂、声名远播，所以他被那个时代的青年人当作了心中的偶像。

作为一位优秀的青年才俊和州官，崔伟的身边不缺提亲者和追求者，但是他忙于治理州县，夙夜在公，寝食难安，无暇顾及个人的婚事，因而拒绝了所有的提亲之事，一心只为了一方平安稳定和老百姓能够踏实过日子，这再一次在金州被传为佳话。

可是，爱情来了谁也挡不住。这一年春暖花开之际，崔伟带领官兵多次到牛山剿匪，骑马路过牛山下一大户人家门前，仅仅看了一眼，就相中了那绣花楼上的闺女，于是借故在原地休息，登门与主人寒暄了起来。

话说这家的闺女，此前上门的提亲者无数，媒婆子你不来我来，几乎踢烂了她们家的门槛，然而这闺女就是没有选中一个满意的人家。眼看着闺女年龄一天天大了，父母虽然心里急，但也无可奈何。这一天，在看到骑马的崔伟停在门前的那一刻，她怦然心动，再也按捺不住内心的喜悦，立即起身下楼，不等父亲吩咐，便主动向崔伟送上茶水，两人一见钟情。

主人见自己的闺女与崔伟二人互相有说不完的话，自是高兴万分，便热情挽留，设宴招待崔伟。崔伟没有推辞，席间主人让闺女作陪，一顿饭吃得好不快哉。此后一段时间，崔伟经常带兵往返牛山与州城之间，途中都要在这家人门前歇脚、喝茶、饮马。

很快，崔伟与这家闺女就坠入了爱河，海誓山盟生生世世永不分离。为了见证爱情，他们相约一起到牛山高处，选择了一处风水之地，崔伟植树，爱人栽藤。这树是朳柏，藤是凌霄花，它们在风霜雪雨中日夜相伴相依，彼此越来越紧密，越长越粗壮，越来越茂盛，犹如他们的爱情，互为一道永恒的风景。

后来，金州刺史崔伟因安民有功而被皇上封为“忠惠王”。1354年，惠宗皇帝下旨为牛山土主忠惠王重修寺庙。其时，庙址正好选在崔伟与爱人亲手栽植的柏树与凌霄花藤这个地方，即如今之朱雀寺。

天长日久，看着藤缠树以及每年凌霄花挂满古柏的美景，人们认为“朳柏凌霄花”是崔伟与爱人之间不老爱情的化身。

遗憾的是，此柏与此藤相伴了1000多年，却被毁于20世纪60年代，并由此引发了一个真实的离奇故事。当时，牛山下一姓方的铁匠，贪图享受，擅自将古柏砍伐，请木匠用其做了两副“四块瓦”的上等棺材，结果棺材做成后不久，方铁匠的儿子、儿媳相继不慎跌崖而死，之后是方铁匠本人突然得了精神病，又突然嚼碎了自己的舌头，大量失血，当下暴亡。

古柏没有了之后，那古藤失去了依靠，也彻底死了。

世事沧桑，这树与藤，如今已成故事里的风景，但是有关它们的千古爱情故事还在继续传说。

我相信一棵树成长几十年后自然会有灵气，而一棵经历千百年的古树历经雷电风雨洗礼，吸纳天地之精华，必然有一种福报气场。因此，不难理解乡间对古树的敬畏和期待。

今天置身于朳柏凌霄花曾经生长的地方，山高云低，想象在一棵苍莽的大树下，听虫鸣鸟叫，看花开花谢，任凭春夏秋冬更替，身心皆空阔洞明，怡然自得。只是藤缠树般的千古爱情，依然让许多人羡慕而又奢望。

时光里的重器

当我看到牛山方家坡一处荒野里遗落的一块石头大碾盘时，心里油然生出了许多回忆和感想。

我是吃着石磨下的米面长大的。少年时期，还经常把碾盘当作餐桌、书桌、棋盘和泥巴玩具的加工厂，在碾盘上度过了许多快乐难忘的时光。我的一根脚指头至今没有指甲盖，就是因为小时候在碾盘上玩耍，一不小心被放在石磨上的石锤子掉下来砸伤而留下了残疾。因而，我对碾盘在心中充满了无法言说的特别感情。

虽然来自山中坚硬的石头，但在30年前的山乡农村，碾盘与碾（磙）子、石磨的搭档组合，却是农家过日子离不开的物件，甚至是家家户户的重要家当之一，有了它们，才能把各种粗糙的粮食变成精细的米面和饭食。随着科技的发展进步，直到20世纪80年代之后，它们才逐渐退出服务人们生产生活的舞台，时光距今并不遥远。我以为，在五千年的文明历史中，它们曾经是我们生活中的重器，曾经的贡献不可磨灭。每每想起那些推磨石、推碾子的日子，总是忘不了那被磨石或碾子拉长了的时光和被碾压的人生。

如今，天下的碾盘散落在各处，成了人们眼中的一种风景和回忆过去生活的一个符号。

这一块碾盘厚一尺有余，直径约2.5米，显然是一块大碾盘，无疑它也是当地许多人家曾经共同拥有的生活“重器”，在失去了昔日的作用和风光之后，又给人们带来了妨碍，于是才被遗弃到了这里。当然，这是社会进步的一种表现，无关人们的冷漠无情，就像人走茶凉是必然。相对于更多淡出人们生活的碾盘，尽管它是孤独寂寞的，但它在江湖中有故事传说："古时人间多灾难，天庭派来大神仙，大岩沟里放碾盘，专为穷人磨米面。"由此，它在我心中变得神圣起来。也正是因此而令人十分可慰，在我看来，今天的它虽然处在人们的视线之外，模样早已被人们遗忘，但是它的灵魂依然在发挥着无比重要的社会教育作用，这就是它身上所承载的民间传说，名曰：天降好事不为贪心人——

很久以前的一天，金州牛山脚下的方家坡来了一位脾气、行为古怪的白胡子老人，他走进一户十分贫穷的人家，非要讨得一口吃食才行。

偏偏这家人当日的米缸、面桶，包括所有的坛坛罐罐都是空当当的，实在是拿不出一点儿粮食米面来，正发愁当下该咋样充饥呢，又遇到了一个上门的"恶叫花子"。这家人实诚，一边烧开水给老人喝，一边便在山野里寻找野菜，勉强煮了一碗野菜糊糊端给老人吃。尽管已经很努力了，但是白胡子老人还不满意，责怪不把他当人，又在家里家外细细地查看了一遍，啰里啰唆地问了一大堆情况。这家主人一一如实道来，他们在向财主交了地租之后，剩余的粮食本来就不多，很快就吃完了，青黄不接的时候，只能依靠给财主干活和煮食野菜度日……

白胡子老人在吃了喝了之后，不仅没有离开的意思，还借故说天色已晚要住下来。主人无奈，反正家里没有啥吃的，你要是不嫌弃，喝凉水能饱肚子的话，在我家住多长时间都成。见主人如此真诚，白胡子老人说他去村里讨一点儿米面回来做饭。说完，转身就出去了。不一会儿回来，他手提的袋子里果然装了半升米，让一家人美美地吃了一顿饱饭。

自从白胡子老人来了之后，这一家人每天都有了白米饭吃。过了几天，白胡子老人与主人说："如果村里人能好吃好喝地招待我一个月，我给大家做一个石碾子，保证一斗谷子能磨出九斗米，一斗小麦就可磨出九斗面，让家家户户都有好吃的。”连主人家的孩子听了都哈哈大笑：“爷爷啊，你可真能吹牛！”

孩子们把白胡子老人的话当作笑话，迅速传遍了村里的各户人家。穷怕了也就什么都不怕了，哪怕是上当受骗，又能被骗了什么呢？一位村里的长者心里很在意白胡子老人的话，在背地里与大家一起商议，权当是一次赌博，输了，无非是让老人吃了几顿饭而已；赢了，大家便彻底不用受穷了。最后决定，大家共同负责管好白胡子老人吃喝。

次日，白胡子老人接受了好吃好喝的款待之后，便说去山里寻找打碾子、碾盘的石头，让大家各忙各的，用不着操心给他帮忙。

可是，一连数日，白胡子老人早出晚归，享受着好吃好喝的招待，嘴上却不说一句打碾子、碾盘进展情况的话。被问得急了，回答只是三个字：“包（别）着急！包着急！”

眼看一个月就要过去了，全村人家仅有的好东西都快让白胡子老人吃完了，而他嘴上还是那句“包着急”。村里的长者终于忍不住了，有一天就安排了人悄悄跟踪、暗中观察，只见白胡子老人独自一整天都坐在山中的一块大石头上，除了悠闲地吃烟，什么活儿都没有干。

当晚，白胡子老人回到村子后，大家围在一起，气愤地质问他：“好吃好喝伺候了一个月，你打碾子的事到底咋样了？要不然你就会吃不了，兜着走！”

白胡子老人听了不仅没有愧色，反而笑呵呵地说：“碾子、碾盘都已打好，选个良辰吉日即可安放和使用。”

“明天早上就是良辰吉日！”

“那就明天早上，我给你们在选定的地方安放好！”

次日，村里人都早早地想去看个真假，结果让大家都惊呆了，那块平地上确确实实有了一块崭新的大碾盘，并配好了一个新的石碾子，木架子、套驴的绳索等一切相关物件一应俱全。

待大家回过神来，站在身边的白胡子老人一再叮嘱：“现在就可以磨米面了，但是从今往后，大家都必须讲顺序、守规矩，一家一户轮流使用，任何时候都不能争抢，不能贪心。”叮嘱完这些话，白胡子老人转身就离开了。

果然，用了这石碾子，一斗谷物就磨出了九斗米，一斗小麦磨出了九斗面。这下大家可乐坏了。

此后，村里人再也不欠当地财主的地租，也不用借粮食了。因此，财主十分恼火，但一时半会儿又找不到出气的机会。

不久，村里两户人家一时忘记了叮嘱，为了多占用时间，为自家多碾出一些米面来，互不相让，由吵嘴到打架，结果搭上了一条人命。这让财主抓住了机会，及时禀报县衙，并出了个馊主意。

县太爷得了财主的好处，将计就计，美其名曰“彻底消除后患”，派人将惹出命案的石碾子推到了山沟下，因碾盘太大而难以挪动，便从此荒废在了原地。

失去了神碾子之后，村里人的生活又回到了过去的日子。

在旧社会里，穷人家的日子过得艰难，经常发生食不果腹、衣不遮体的现象。无奈之中，人们就产生了想象——穷人的苦日子连苍天都看在眼里，急在心里，便想方设法帮助大家都能吃饱饭、有衣穿。

如今，脱贫致富早已变成现实。目前，聚焦“两不愁三保障”目标所开展的脱贫攻坚行动，让所有贫困家庭人口在奔上小康生活的道路上一个都没有掉队。享受在现代社会日新月异的新图景中，人人都有了满满的获得感、幸福感。

日子好过了，还要懂得珍惜眼前的幸福美好生活，遵守公序良俗，利人利己。今天和未来都应如此。

每日必修课

除了大风大雨大雪天气，我几乎每天傍晚都要从驻地的村小学散步到马爬坡，往返一个来回六七千步、一个小时，时间与行走里程都合适。一则是锻炼身体；二则是深入大自然，养眼养心；三则算是每天的一次励志课。正是因此，让我体会到世上没有白走的路。

散步到终点马爬坡顶头的一户人家门前，若继续向前走是一段弯弯曲曲长长的下坡路，所以每每便在此止步，看看远处的山河风景和近处的人间烟火，扯些闲话，歇个脚，就可以返回了。如果朝下走也容易方便，一直都是硬化公路，只因没有那个必要，散步舒适即可。如果从下面向上走亦是顺畅和不用费力。然而，50 年前却是另外一种情景，如当地的顺口溜形容："染江河上马爬坡，十里路途岩崖多。上下艰险难落脚，往返不知藏福祸。"由此，可以想见人们曾经行走时的艰难。

顾名思义，"马爬坡"就是连马经过都要爬行的山坡。曾经，这里是安康通往西安盐道的一条必经之路，也是其中最难行走的一道坎儿，只要挺过了，就会顺利奔向前面想去的远方，剩下的坎坷就不算是什么困难了。站在今天的坦途上，打量眼前的这一座被称为马爬坡的山梁，令人还能感受到先人的勇毅，一代又一代人，面前遇到再艰难的路，不畏惧、不退缩，坚持往前走，走出了他们在那个时代的骄傲和荣光。所以，我认为此地是一个励志和浪漫的地方。当然，这种认识还源于此地两个不同版本的民间传说。第一个民间传说，名曰：崔伟牛山除祸害——

很久以前，牛山中有一条蟒蛇修行千年迟迟不得正果，它不能以理智、冷静的态度对待此事，并因而气急败坏，怨气深重，一度丧心病狂，经常出没村庄，祸害乡里，见猪吃猪，见鸡吃鸡……一时让方圆几十里的老百姓胆战心惊，惶惶不可终日。

时任金州刺史崔伟得知此事后，义愤填膺："在我管制的辖区内，岂有妖兽鬼怪横行乡里造孽害人之理？"于是，当即派遣官兵骑马火速赶到牛山调查情况，帮助百姓坚决消除蟒蛇之祸患。

官兵一行数人骑马沿染江河行至牛山脚下，然后向上要走过一段陡而又窄的山路才能深入牛山，当领头的一匹马行至半山坡时，突然前蹄失足跪倒在地，迟迟难以起身，面对前面更陡的山路，此时只有一种选择：必须跪着向前爬行，否则就会跌下悬崖，人马俱亡。

这匹头马似乎很有灵性，既是为了确保自身安全，又是为了官兵们不负为民除害的使命，在原地短暂地喘息后，便跪着前蹄，向前慢慢挪动脚步。看到头马跪着前蹄在爬行，其他马匹便也跟着，一一跪下了前蹄，最终都坚持一起爬上了坡顶，方才进入缓坡路。

在官兵们的齐心协力和英勇奋战下，终于成功斩杀了那条祸害牛山的蟒蛇，消除了老百姓心中的"恶魔"，维护了一方生活秩序之安宁。

当地人们在称赞崔伟和金州官兵的同时，没有忘记那一群战马爬行这一段陡坡路时坚强勇敢的故事，便把这面山坡称作了"马爬坡"。

第二个民间传说，名曰：员外千金追郎君——

这是发生在唐朝末年的事。

时任金州刺史的崔伟，心怀家国之情，经常往返于金州城与牛山之间，了解民间疾苦，关心百姓生活，特别是带领官兵深入牛山消除匪患和猛兽怪物的途中，经常要在牛山脚下一大户人家门前饮马歇息。不承想，崔伟却被这户人家的小闺女从绣花楼上看中，并早已心生爱恋。由此，就有了后话。

这是春意盎然的一日，小闺女看见意中人崔伟骑马路过她家门前没有歇息，直接奔牛山而去，她突然按捺不住内心的激动，一时想见崔伟心切，似乎感到机不可失时不再来，便也顾不得乡间的世俗约束，然后骑了自家的枣红色大马，一路莺歌小唱在后面追赶。

崔伟沿途在前面走访百姓，嘘寒问暖，走走停停，而他没有想到一位漂亮姑娘正在奔他而去。

这大家闺秀没出过远门，没有想到靠近染江河的源头之后要走一段陡峭的山路，当她骑马行走到这段山路中途时，马突然失了前蹄，跪卧在原地，喘着粗气，当下陷入十分危险的境地。进退两难之际，她的马迅速决断，继续前蹄跪地，缓慢爬上了坡顶，踏上了大路。

继续行走不远，便与崔伟在百花芬芳、清风吹拂的山路上幸运相逢。两人一见钟情，由此恋爱并结为连理。

如果不是她的马在这段山路上费了一些时间，她与崔伟在当日就走了岔路，可能永远都不会再相遇。从某种意义上说，是这段艰难的山路和她的马成全了她的爱情婚姻。

沉浸在幸福美满的生活中，她从内心里感激自己曾经大胆追求爱情婚姻的勇气，回忆当初骑马追赶崔伟在经过那面陡峭山坡路时遇到的惊险，更感激那匹马的勇敢与果断。崔伟听了爱妻与马的故事十分感动，随口回应:“那个牛山的马爬坡，我晓得，原来也经常经过，的确艰难。”因此，这个山坡有了名字——马爬坡。

后来崔伟被南宋皇帝宁宗封为“牛山土主忠惠王”，他的爱人在民间被老百姓尊称为“戴花仙娘”。

由此，马爬坡留下了一段精彩的千古爱情传说。

如今，穿越马爬坡的道路，虽然山路弯弯曲折，但是宽畅通达，不再费力难行，而且在主干道之外，还有两条支路分别通往周边的村组，形成了连通家家户户的网状道路格局。附近连片的山坡地已建成了一个百亩茶叶科技产业园，我呼之为“马爬坡绿色生态产业园”。这是“党支部 + 合作社 + 农户”产业发展模式的一块样板田，也是牛山的一道景观。园区中间作种植的桂花树，尽管都还是小苗子，但是开花时节，集体绽放的花香依然随风飘远，沁人心脾。多年以后，这里的茶叶会因为桂花的浸润而身价倍增。届时，来此游玩赏景，一边可以体验茶叶采摘，一边可以继续编排马爬坡的故事，快乐自不待言。

那年月散步马爬坡，我从无厌倦，不光是喜欢这里的山水田园风光，尤其喜欢在烟雨中或山间起雾的时候，站在马爬坡头赏景、拍照。一年四季，这里田野的色彩、动态和乡间烟火组成的自然图景，总是让人看不够，享受不够。

有一天，我去拜访对岸的人家，身居高处，远观马爬坡，看到了与身在其中所感受到的不一样的景致。五茨公路穿越此地时呈现了几个“之”字形的曲线，像一条舞动在山腰的长龙。从过去难行的山路到当下的盘山大道，让人感悟到，要想攀登某个高处，在面对难以克服和跨越的障碍时，绕行一些弯路，不仅是实际、科学、合理的，而且还能享受一种“曲径通幽”般的美丽风景。

在散步马爬坡的时光里，我收获最大的，便是听当地朋友讲述了太多的民间传说，每一个故事都有来头，又常常令人玩味不尽。

一条河的教训与温暖

名字中有“染”，其实绿色环保无污染；称之江河，其实只是一条小河流，或者说只是一条长长的小溪而已。

在牛山高处俯瞰染江河，它与如今的西康高速路像是两条互相贴近在一起、摆动在山谷间的长长的丝带。华灯初上时，从草庙梁的山头上远望，那染江河道高速路上流动的车辆曳着彗尾般的流光，如同一条星河被糅进了人间峡谷，安康高新区的夜空，五彩灯光像一抹云霞染红了天边。常常在此时，我就羡慕了这一条河流两岸的乡亲们，既能望见州城的灯火，感受城市的繁华，又切实处在山村的安静之中，不被时代纷扰并干着自己喜欢的事儿，过着自己喜欢的生活。

很长时间里，我每次散步时都要在山头停留片刻，感觉一下高速路上相向流动的物流、人流、信息流等可以看见或看不见的各种“流”，让自己与外面的世界进行一种联通。同时，感悟一条河的平凡与坚守，你见与不见，爱或不爱，它不管山高水长，不管岁月流深，始终在悄悄地进行着一种生命奔赴，且也只是为了奔赴。

这条河的平凡，可能会让世界觉得可有可无。但是，世界不能少了它。如人，即使再怎么平凡，也能服务和贡献社会，亦会闪耀出自己的光彩。有人说，平凡之人用不着考虑这些，只要生活能够发自内心地快乐，人生就算有了意义。其实，这是一种误会，每个人都应该快乐，服务和贡献社会更是一种快乐。“人老了，不挣钱，也不能干活儿，每天还要吃要喝，简直没一丁点儿啥用了。”每次听到村里老人如此感叹，我的惯常回答是，好好活着，把身体弄好，不给子孙和医院添麻烦，对社会就是大贡献。山村生活处处保护好环境，让自然生态不受污染和破坏，也是不小的贡献。一位乡亲听了此话后，说：“原来我对社会还是有作为有贡献的。”是的，即使是一滴水，即使再怎么渺小，我们都不能忽略了自己的力量。

令人欣慰的是，平凡的染江河不仅是“一江清水供北京”的贡献者，而且始终流淌着一个为人处世的千古教训和一种滋润人心的温暖力量。因而，成了一条有文化内涵和精神内核的河流。在此，列举它的两个精彩民间传说，便可说明一二。第一个民间传说，名曰：牛蹄血染满江河——

很久以前，金州牛山脚下有一条可以行驶大船的清澈河流，源远流长，但是多年无名称。

在这条河流源头的牛山上，富含黄金矿藏，天庭派遣了两头神牛下凡驻扎在此山洞里长期碾金，主要用以补充天庭财库开支，零星的金子可以用来接济当地穷苦人家，所以它们被当地人们称为造福天地的“金牛”。它们碾出来的金子，只能通过山下唯一的一条连接外面世界的河流，用货船将金子运往天庭进行交付。

得知金牛碾金的好事儿，当地财主刘百万便想将两头金牛据为自家所有，盼望从此财源滚滚。这一天，早有预谋的刘百万带了一帮人用了很多美味诱惑它们出山洞，但它们就是不中招。最后，刘百万想了一个狠招——用干草树叶在洞口熏硫黄，让它们睁不开眼睛，然后用绳索将它们捉回家。

这一招果然让两头金牛无法忍受。在烟熏火燎中，求生的本能迫使它们冒着生命危险冲出了洞外。

两头金牛下山之后，顺着河道拼命逃跑，刘百万带人在后面追赶，途中天降瓢泼大雨，一头金牛的蹄子不幸被坚石刺破，鲜血喷涌不止，一会儿就染红了一条河水。这条被染红的河水在流入月河时很久都是血水滚滚，归于汉江后竟然染红了汉江。

从此，人们便把牛山下的这条河称为“染江河”。

幸运的是，当时受伤的这头金牛被附近的乡亲们发现，倾力相救，及时给予了止血和包扎，方才能够行走。另一头金牛在生命面对严重威胁时，来不及照顾同伴，一直向西不停奔跑，逃出了魔掌，但是它们从此走散而互不知音信。

受伤的这头金牛因为蹄子有伤行走不便，加之不知同伴逃到了哪里，于是选择了沿河道逃走，最后越过汉江，逃向了南岸的巴山。刘百万所带的帮凶先后累死在了追赶金牛的路上，刘百万为了抓住汉江上漂浮的一坨牛粪变成的黄金，进入河中当下就被淹死了。

因为这个故事，染江河让人们记住了一个贪求不义之财的教训，而这在当今仍然有警示作用。

如果说染江河是它的小名的话，那么这个小名已经有了久远的历史。如今，它的官名叫“冉家河”。此名的来历，藏在河流的第二个民间传说中，名曰：染江河姓了冉——

300多年以前，从外地移民到金州牛山下染江河岸边的一户冉姓人家，当家人识文断字，耕读传家，带领子孙在河道两岸的山坡开垦良田，播种五谷，种桑养蚕，衣食自足，人丁家业日益兴旺。

后来繁衍的一代又一代的子子孙孙，继承先人勤俭持家、乐善好施的良好家风，不断把土地经营拓展到了邻近的五里、恒口、大河、茨沟等地，良田产业达到了数万亩，又不断添置房屋，各处的大小院落房屋累计达几千间。如此，在当地形成了一个庞大家族。

越来越发达兴旺的冉家人虽然富甲一方，但是没有为富不仁、欺压邻里、称霸一方，而是始终坚持和睦邻里，造福一方，不仅扶危济困，遇难必帮，还热心建设公益事业。那一年，他们在汉江七里沟渡口投放了四只大船，长年累月，免费为两岸百姓往来渡江、运输货物提供服务，既方便了一江两岸人们的生产生活，也促进了经济贸易发展。

因为冉氏大家族的人口众多，分散居住在染江河两岸各处，而且家家户户、男女老少都热情好客、乐于助人。无论多么饥荒的年月，远远近近的人都能在这里讨到吃喝，养活性命。所以，在外地人的感受和口碑里，染江河是一条慈善的河流，一条充满爱的河流，一条河的人家都是好人，一条河的水四季都是温暖的。

久而久之，冉家大家族的各种慈善之举及其美德，不仅传遍了方圆十里八村，而且成了人们教育子孙学习为人处世的榜样，以至于在提到冉家门前的染江河时，因“染”与“冉”同音，便自然地将其叫成了“冉家河”。

称呼的人多了，“染江河”便也成了“冉家河”，也被传成了“冉家的河”。

因为一个家族长期的慈善和社会影响而被人们自然地改了名字，这是“染江河”的幸事。虽然被特别地打上了家族烙印，但它承载的民间传说既是对冉家慈善事迹精神的铭记和褒扬，也是对慈善精神和人间大爱的社会正能量的一种永恒的弘扬。于是，这一条河流不再仅仅是河流，而是真善美的传承载体。

每每经过或望见这条河流，或者在思念它的日子里，我都如沐浴在三月的春风里，而它仿佛一直温暖地缓缓地流淌在我的心间。

正是这种无声的、长期的、有力的滋润，让我在那里的每一寸时光，都被打上了烙印。

一块警世的石头

驾车从安康高新区沿五茨路北上，十多分钟，过了花园社区，就是牛岔湾村，在位于两村界畔的河床中有一只“石船”，这是牛山众多风景中最方便城里人参观的地点之一。

此景在一个十分平常的地方，诗意地说是一处“河岸”，事实上就是染江河边的一处小荒野，对外地不知情的客人来说没有多大的吸引力。本来就是一块普通的大石头，命运造化在这里，不知经过了多少载的风吹雨打、日晒夜露，山洪河水冲击，久而久之，外在被打磨掉了所有的棱角，方才有了人们认可的一种非常逼真的世俗形象，即使如此，一般人见过了之后也会很快从心里忘记。但是，因为它身上有精彩的引人深省的故事，便立时让人感觉到它有了灵魂，并因此不再普通。

我就是在听了关于它的两个民间传说后，才慕名去拜见它的尊容的。不管你是何方神圣，在绿水青山和人间烟火中审视这一块石头，不在于它的模样带给人的愉悦，而在于它的故事对拜访者的灵魂带来的洗礼。第一个民间传说，名曰：歪念头毁了牛二蛋——

很久以前，两头神牛受天庭派遣，来到金州牛山，以当地矿藏碾金为己任，因此人们称它们为“金牛”。

它们根据天庭的计划安排，每月都会按照一定的任务量，将金子用船只转载，经过牛山下的染江河运出，然后交付天庭金库。除此之外，它们还可怜当地的贫苦人家，见到那些在山中打柴的人、放牛的人、寻药草的人，或得知村里谁家有卧病在床的人和孤寡无依无靠的老人，或者遇到饥荒的年月，它们会在完成碾金任务之余，以各种形式帮助这些人渡过难关。最常见的方式就是，它们会在这些穷人的身边或家门前拉下一些粪便，待人们去捡拾时，这些粪便就会变成数量大小不同的黄金。

两头金牛在牛山碾金和以黄金帮助穷人的事，最终还是在当地被传开了。一些贪财的混账人听说这种好事，便各怀鬼胎，有的想着如何在半途上抢劫，有的想着如何去山洞里偷金子，有的则想着如何把金牛捉回家……然而，他们不知道的是，金牛在碾金、储金、运金、交付等各个环节中，天庭都分别派遣各路天兵天将，在暗中一直跟踪、监督和守护着。

得知这种好事后，月河岸边一位财主名叫牛二蛋，担心丧失了机会，立即就着手行动了。他带着家丁驾驶着自家的船只，来到染江河走了一个来回，观察了解情况，严密计划抢劫运输金子船只的地点、时间等方案。牛二蛋原以为自己老谋深算，一切都准备得很充分，却不知他的想法和行为早已被监督金船运输安全的天神看得清清楚楚。

这一天，牛二蛋带领一帮人驾驶船只来到染江河一狭窄处隐藏了起来，因为前面的河道连续有多个拐弯，此处不易被发现，且船行至此，驾驭不当则非常危险，因而无疑是打劫的好地方。不一会儿，在山头放哨的人告诉他们，牛山那运金子的大船马上就下来了。然而，正在他们得意将要实现大发横财的美梦之际，霎时，乌云笼罩，大雨倾盆，山洪暴发，河水暴涨。牛二蛋和他的帮手们来不及逃跑，都被滔天的洪水裹入了大浪中，忽地就不见了踪影。

牛二蛋妄想发横财的歪念头没有得逞，结果不仅搭上了自己的性命，还搭上了帮手们的性命。

雨过天晴，染江河恢复了平常，金牛还在继续完成它们的任务和帮助穷人，人们发现财主牛二蛋用来抢劫金子的船只却没有被洪水冲走，而是在那河岸上变成了一只无法搬动的“石船”。

从此，这只石船每天都在讲述着牛二蛋的故事，让他因此臭名昭著。

这个故事的道理很简单：但行好事有天保佑，贪求发横财的歪念头不能有，偷盗抢劫之坏事更不能干，否则就会受到相应的惩罚，还会让后世的子子孙孙蒙羞。俗话说，君子爱财，取之有道。这就是，依靠正当途径、遵法守纪，谋求合法利益，赚取良心钱。

关于石船的第二个民间传说，名曰：金船翻在了高桥沟——

很久以前，有两头神牛受命天庭派遣，在牛山利用矿藏碾金，虽然每日产量可观，但是山高路陡，运输交付压力大。

玉皇大帝得知情况后，当即安排了专业工作队，要求限期排除牛山脚下的河流障碍，与月河、汉江贯通，使用船只运输牛山产出的黄金。

这支航道清障工作队来到牛山下的河道施工不久，便被这里的自然山水、特色美景、美食吸引住了，于是只顾了游山玩水、品尝牛山民间美食，导致施工进度逐日减缓，以至于把正经的事当成了业余的事。

距离交工时限临近，某一日，天庭安排了一位天将来此突击检查，施工队领头的这才从牛山生活的美梦中惊醒，担心实话实说会被玉皇大帝发落，便贿赂来检查的天将，与之一起谎称，河道的所有障碍和隐患已全部消除，行船畅通无阻，择日可投入使用。

“施工进展快、质量高，可以通航了，这个很好嘛！”玉皇大帝很高兴，给每位参建者发了奖赏，又命他们当即进行试航。

接到试航的通知后，这个工作队在仓促之际，日夜加班加点对河道的问题进行了一次简单全面的应急处理，他们侥幸地认为，不会发生什么安全事故。试航当日，他们驾驶装满金子的大木船，从牛山下的河流源头出行，顺利行至一个名叫高桥沟的地方附近，突然遭遇天降大雨，偏偏是此处河床狭窄，河水暴涨，激浪汹涌，船只颠簸摇晃不定，他们慌忙靠岸，弃船逃生，保住了性命。顷刻间，船只就被卷入大浪中没了影儿，随之这一条河流从此往下飘荡着满河的金光。这便是染江河、月河、汉江一带出产金子的缘由。

河流恢复正常之后，如何处理此次试航事故，他们一起讨论对策，首先放弃了打捞船只，并称那是一只小小的木船，其中也仅仅是装载了一点点黄金而已；其次认为这是一次自然灾害导致的不可抗力的事故，与提前的各种准备和防范是否充分没有关系，然后若无其事地回到天庭禀报情况。

他们没有想到，事先准备的花言巧语不仅没有蒙混过关，反而因为弄虚作假、欺上瞒下而惹怒了玉皇大帝，全体参与航道清障施工和试航者，当下被一一革职查办，永不得另行起用。

试航的这只大木船，最后在出事地的不远处找到了，玉皇大帝让把它永远摆放在原地，经常让一些天兵天将组队去参观，但不是让大家去欣赏景色的，而是要大家了解事件真相，吸取教训。

许多年以后，这只木船幻化成了一只“石船”。

这个民间传说警示人们，如果有当官、当差的机会，就要坚决抵制各种诱惑，一心一意、忠诚履职、积极作为，不能因贪图享受而忘记了职责；要踏实干事，善于干事，能干成事；针对重要事项，要有应对突发情况的预案和处置能力。面对已经发生的问题，要实事求是，敢于负责和承担后果。

先人为了教育子孙拿石头说事，幸运的是，这块石头承载了先人们的愿望，延续到今天，教育和警示了一代又一代人。

善待下苦人

不让下苦人流血流汗再流泪，已成为一种社会公德。

目前和今后，引导和帮助城乡剩余劳动力就地就近转移就业、创业和劳务输出，依然是促进家庭经济增收的主要途径和方法。我所驻的草庙村，全村有三分之一以上的人口都是务工大军成员，他们用事实证明，只要务工的血汗钱能够按时拿到手，不被克扣和拖欠，生活光景每年就会更上一层楼。

在这样的大背景下，我特别关心身边是否存在拖欠农民工工钱的现象。村里成立了一个合作社发展香菇产业，围绕如何组织村民务工和支付工钱的议题，我列席参加了他们的一次全体股东会。让我感动的是，他们对待下苦出力人的积极友善态度，像对待自家人一样。会议结束时，法人代表反复叮嘱工地负责人："凡是来干活儿的，把账记好，按月给人家付工钱，家里有急用或有困难的，还可以根据情况提前预支工钱。"

我问法人代表："对待当地乡亲这么好啊，要是外地人来务工呢？"

他没有直接回答问题，而是给我讲了一个民间传说，名曰：恶意断水水更流——

很久以前的一个时期，牛山连续多年发生旱灾，因此居住在山脚下的乡亲们生活陷入了极度困苦之中。为了祈求风调雨顺、安宁稳定，穷苦人家不约而同地上到牛山朝拜天神，希望天神保佑实现愿望。可是，多少次朝拜都不见效果。

这一次听见民间叫苦连天、怨声载道，天神再也无法熟视无睹，坐视不管了，如果再不援手帮助，那是会要了很多人命的。

为了活命，无计可施的乡亲们每天还是把希望寄托在天神身上。这一天，他们朝拜天神返回途中，突然发现一条干涸的山沟里飘起了一缕缕云烟，以为是山中失火，便急忙走近了看，发现云烟不是火烟，而是水烟，来自一个“莲花池”，池中莲花五颜六色，紫、红、黄、绿、橙、白，争奇斗艳。再仔细看，满池的荷叶随风摇曳多姿，荷叶间水波粼粼。

大家都认为是天神显灵了，当即跪在池边，再次磕头拜谢。

此莲花池水常年盈满，一年四季人畜饮用、浇灌田园，用之不竭，从此当地乡亲们种瓜得瓜、种豆得豆，粮食蔬菜都有吃的，男女老少身体健壮、很少生病，穷人家的日子一年年逐渐殷实起来。

乡亲们感恩天神赐给的莲花池，让穷苦人家都有了好日子。可是，当地的财主一家心里恨透了，因为自从有了这个莲花池，他们家的地租和借贷等收入大大减少了，包括给他们家做工的人也少了很多。

在一个月明之夜，趁村里人熟睡的时候，财主领着家丁和长工，带着锄头等工具，想偷偷毁掉莲花池。

财主却不知，他在做，天神在看。

他们迅速挖土填埋了莲花池，但是很快发现，从莲花池的下面又涌出了一股水，流到不远处，便开始在原地打转转，不一会儿工夫就形成了一个大大的深潭。因潭深水呈现乌色，人们便将其叫作了“乌潭”。

特别诡异的是，又过了一会儿，从乌潭里涌起了一股浓浓的黑烟，顿时笼罩了财主一帮人。

财主被吓得掉了魂魄，当下就瘫痪在地，身子骨绵软得扶不起来，被长工们抬回家里后，生了一场大病。

次日，乡亲们像往常一样到莲花池挑水，不见了原来的莲花池，却在下面现出了一个“大潭”，其水依然清澈、旺盛，汩汩奔涌，向外源源不断流出，在山沟中形成了一条小河。

这一条小河因为发源于“乌潭”，所以被人们称作“乌潭河”。

财主作恶未果，在身体康复后，却又患上了心理疾病，不仅继续拖欠长工、短工们以往的工钱，还经常找理由克扣或拖欠眼下的工钱。有一个长工为了给母亲治病，跪在财主面前讨要工钱，结果工钱未讨到一分，却讨到了财主的一顿毒打。

母亲因为无钱治病而早亡，长工因此抱愧而上吊自杀。

财主的无人性惹怒了天神，决定要好好折磨一下他。日后，财主常常噩梦不断，家中怪事连连，他的心也逐渐腐烂，浑身散发恶臭。

由此，当地就有了流传——恶意断水水更流；昧良心、亏待下苦人，最后不得好死。

看来，他们的言行是受到了这个故事的深刻影响。他们在小时候把这类民间故事听过了一遍又一遍，所以无形地在心中播撒了善良的种子，并逐渐成长为他们内心坚守的一种情怀和戒尺，任何时候都要善待下苦人。

所幸的是，随着国家治理欠薪机制体制的不断健全完善和清欠力度的不断加大，欠薪现象在不断减少，劳动权益逐渐得到充分保障。如此一来，只要肯出力流汗，就会得到可靠的经济收入。

对于今天的企业主或雇主来说，大家对劳动者从灵魂深处都有了切实的尊重和关爱。这是以心换心、感同身受、时代文明的表现。要想把事业发展壮大，就要坚持以人为本，善待下苦人。

其实，任何关系之间，善待别人就是善待自己。

保持前行的定力

经常听人感叹，啥事都没有弄成，多半辈子就过去了。其实，很多人之所以感到辛苦了多年而没有做成一件像样儿的事情，主要原因在于缺少理想追求，或朝三暮四，“三天打鱼，两天晒网”……用现代观念说，就是目标意识不强、精力不集中，不能锚定目标、持之以恒发力，甚至遇到一点儿困难就轻易放弃目标。

所谓的理想和目标必须是适当的，奋力跳起来能够摘到果子。否则，就属于好高骛远、自不量力、不着边际。理想无论大小、目标无论远近，关键在于要及时付诸行动去实施、实现。这便是当下常说的要有“执行力”。行动的过程中，可能会受到各种因素的干扰、影响和阻力。但是，不管千难万难，关键在于信念要足够坚定，意志要足够坚强。“任尔东西南北风”，咬定目标不放松。如此，任何因素都影响不了你，动摇不了你，阻挡不了你。

古今成大事者的人生经验告诉我们，在确定理想的奋斗目标之后，就要坚定不移地勇敢追求，不因任何挫折、艰难而退缩或放弃，不因任何风景、诱惑而转移目标或放慢了前进的脚步，而是要集中力量去实现。只要不放弃，每天坚持、再坚持，努力、再努力，如果没有遭遇天灾人祸等意外，就一定能够实现心中所愿。所以，一个有梦想的人，不会做思想上的巨人、行动上的矮子，而是排除万难，勇敢追梦。

这些道理似乎很好懂，但是践行起来往往不容易。

在驻地，曾经为乡亲们谋划了一些事，每每吃饭喝酒的时候，大家在一起讨论时说得慷慨激昂、斩钉截铁，表示明天就办、立马就办，可是几年时间过去了，仍然没有实质性进展。由此，让我想到了当地的一个民间传说，名曰：一名天将被罚为畜生——

很久以前，天庭有一神牛擅自下凡到金州牛山，采金谋取私利并久久不归，玉皇大帝得知后，当即下旨将其捉拿归案，从严从重处罚。

派遣到牛山的各路天兵天将始料未及，使尽招数，怎么也捉拿不了这头神牛，有的被神牛用尖角顶下了山崖，有的被牛角戳得穿肠破肚，有的被牛蹄踢踏得骨头断裂、皮肉流血……

面对此种情况，后来谁也不肯领命，因为领命去牛山，则意味着送死上门，或者主动去遭伤害。

看到玉皇大帝的尴尬，太白金星及时献上了一计。玉皇大帝听后连声称赞："好主意！好主意啊！"

此计谋的主要执行者是北方值日的一位天将——室火猪，尽管他的本领并不高强，但他是神牛的克星，让他化身一头野猪，便可以迅速拱下牛山，捉拿神牛归案，若完成任务必有重赏。

听到将有重赏，这位天将信誓旦旦，领旨后立即下到牛山，化身为一头猛烈的大野猪，在搞清神牛采金所在的位置后，确定了拱山的角度和时间进度表，随后每天起早贪黑，拱山不停，而且速度日益加快。

室火猪的拱山诡计很快被神牛识破，根据其嗜好，神牛使用了一条美食计来麻痹他的行动计划。

针对室火猪每天的拱山路线，神牛在路边沿线种植了一种叫"葛藤"的植物，这种植物生根发苗快，能长很长很长的藤，藤上生长着密密麻麻的圆圆的叶子，藤蔓和叶子的味道都是甜甜的。自从尝过了一次，室火猪便从此每日早中晚三餐都离不开它了，而且越吃越上瘾，吃饱之后就犯困瞌睡，睡醒之后又想吃，拱山之事便自然慢了下来。

天庭经常询问进度，他每次只是回答“快了，快了！”事实上，他每天沉迷于享受牛山的美食，饱腹之后或者舒服地睡去了，或者欣赏自然之美妙，不知不觉把拱山的事情当作了儿戏。如此，多年后也没有多大进展。

在多次督促后，天庭派出一个秘密调查组下到了牛山。经查，这位天将在牛山期间被美食、美景利诱，贪图享受、玩乐丧志，且一而再再而三，不听劝告、不做改变、不见效果，依然我行我素，最终导致拱山捉拿神牛的行动计划落空。

听取汇报后，玉皇大帝盛怒：“你贪婪牛山的美食，耽误了天庭要事，那我就成全你，让你永远待在牛山，好好享受吧！”于是，惩罚其变成了一头可繁殖又可食肉的大母猪，使其子子孙孙任人宰割，随意烹饪。

因而，牛山农家从此就有了黑毛色的肉猪，当地称之为“黑猪”“本地猪”。

最后，还是天庭的牛魔王捉拿了神牛归案服法，并没收了全部的违法盗采的牛山金子。

经年后人们发现，室火猪仅仅把那面山坡拱成了一条槽，因此便称之为“母猪槽”。

同时发现，当年神牛种下的葛藤，在牛山繁殖得满山都是，其叶是肉猪非常喜爱的，当地人称其藤为“母猪藤”，称其叶为“母猪蔓”。由此，成了如今山村养猪取之不尽、用之不竭的自然绿色好食物。

故事中的“母猪槽”，处在汉滨区五里镇白庙村与张光石村交界处的那面山坡上。若放在巍巍大秦岭中来看待，这一条山槽连秦岭的一道小皱纹都算不得，更别说令人印象深刻了，而它在当地却广为人知，缘由是它承载的民间传说意义深远，普遍教训是：“要想弄成事，就不能学了母猪槽的母猪，被美食利诱，贪吃贪睡、贪玩享乐，竟然忘了自己是谁，要干什么！”

我很喜欢这个故事，它的积极意义启示人们，时刻要铭记初心、拥抱理想，紧盯目标，保持定力，坚定步履，克难奋进，不因任何客观因素、任何利诱影响而放松、放慢甚至淡忘前行的脚步。

从故事回到现实，针对一项计划或目标的落实，我很喜欢这种有力行动：“抓紧抓实，一抓到底，抓出结果，抓出成效。”而不能拖拖拉拉、磨磨叽叽，有人若过问了就发个声、表个态，事情还是原模原样，遇到下次催促时又是如此，让所做之事始终都处在实施过程中，就是迟迟得不到想要的结果。在各种鸡零狗碎的小事中，也要做到今天的事今天办，决不能找借口推诿或延迟。事再小、再容易，也要“马上办”“即时办”，这样才能有好结果。

切实努力了，即使事与愿违，也没有理由后悔。

牛山探幽

人生总会有一些奇遇，比如遇见想不到的人和事，邂逅想不到的山水风光。

对于牛山和乡亲的遇见，的确在我的意料之外，尤其是让我得到的意外收获太多了，多到目及之处皆是画，身到之处都可捡拾不同的精彩故事，体会不同的自然风光之美，获得别样的生命体验和精神享受。第一次成功登上牛山峰顶，我油然感慨道："亲眼所见、亲身所感，永远比想象具体、实在、丰富，有说服力。"

此前在牛山脚下生活了多日，天天望着牛山，近在咫尺，却不知道牛山高处究竟有什么样的景观，于是在心中充满了好奇。询问村里人，他们中很少有人登顶，只知其然不知其所以然，大多数都是身边最熟悉的陌生者。为了全面了解牛山，从而真正地认识、懂得和融入，是日，秋高气爽，我和老李与村里的老陈相约，吃过早饭，请他带路一起登山。

老陈年已七十有余，却兴致盎然。我们从草庙梁的牛门起步，走过五六里的长长的山梁，山势便越来越陡峭起来，继续沿山中的小路向上行走，直至前面的小路消失，前头无路可走之后，我们学着老陈的样子，开始拄着木棍在树林里左冲右突，东倒西歪，摸索着向上爬行，每一步都走得艰难，前面不是有荆棘挡道，就是经常有风吹倒地的树木拦路。听老陈所言，原来通往山顶是有一条大路的，由于长时间没有人走了，路便消失了痕迹。攀爬不长时间，我和老李就已大汗淋漓，湿透了后背，双脚沾满了泥土，浑身上下沾满了败叶、枯草，不停地喘着粗气，全然丢了所有的斯文。看我们的狼狈样儿，老陈反而感到亲切，就故意讲了一些乡间粗野的笑话。在远离人烟的茂密树林里，在毫无顾忌的放松状态中，老陈的笑话像给人打了鸡血一样，具有很强的鼓舞性，似乎还有消困解乏的作用。听他一边聊，跟着一边向上爬。

正当折腾得腰酸腿疼时，在陡如峭壁的山坡上突然现出一块几亩面积的平埫地来，顿时让人彻底放松下来，我们席地而坐，或直接仰躺在地上，沐浴着微微的山风，欣赏穿梭在山林间的斑驳阳光，听鸟儿唱得欢，甚是觉得人世间的纷扰烟消云散，在小我的世界里就剩下心灵的愉悦之声。老陈说，此地名叫“小卧牛埫”。

在小卧牛埫休息片刻，吃零食、喝水补充能量，然后继续登山。一路上，不时可见野猪等动物的活动踪迹，依然不见人走的路。老陈沿着目标的大致方向在前面探路，用手中的棍子不时地挑起障碍物，我们跟在后面经常要猫着腰，才能通过一个又一个荆棘藤蔓之门。幸好那天携带了一把砍柴刀，尽管途中麻烦和阻挡不断，但是一路所向披靡。途中老李打了几次退堂鼓，尤其面对最后那一段上山路，虽然距离目标不再遥远，我也实在走不动了，便也不想再坚持，想到若是放弃不知何时才又能成行，也不知何时方才能登上山顶，于是我假装坚强，给他也给自己鼓劲儿。最鼓劲儿的还是同行的老陈，虽然年龄大我们 20 多岁，身体素质看起来比我们差很多，但他一直挺身在前，从未轻言放弃，言行可见其明显的军人作风。坚持了大约半小时，登上了第二处平埫地，这一处面积要比“小卧牛埫”大很多，老陈说，民间称之为“大卧牛埫”。

再次坐下来歇息时，老陈煽情地讲述了两个地名来历的民间传说，名曰：牛夫妻之浪漫——

很久以前，一对神牛夫妻领玉皇大帝圣旨，下凡在金州牛山利用当地的矿藏碾金，以供给天庭之用。

这对牛夫妻，长得高大健壮，浑身毛色金光发亮，一年四季好像都有使不完的力气，每日坚持碾金从无间断，默默无闻不知疲倦。它们每月进食一次，而且唯一的食物叫“神仙草”，又称“无根草”。这种草生长在牛山北边山腰的一处草地上，而且特别奇怪的是，只生长在那块百亩草地最中央那么一坨土壤非常肥沃的地方。因了这种美丽的神仙草，当地人便把神仙草所在的这面山坡称为“丽草坡”。

它们工作勤劳踏实，也会享受生活。在每月完成碾金任务之后，它们会选择在有月光的明亮之夜，相伴着从山洞出发，赶到丽草坡去进食、饮水、休闲。尽管每次吃的都是一种草，但每一次它们都吃出了不同的美味。每次返回途中，它们总是习惯性地要在山上的大堳地或小堳地卧下来，聊聊天上人间的是与非，或在此地悠闲地转一转，或远远地欣赏天上的月亮，或看看人间近处的夜景，互相做一次灵魂安抚。

无论月夜的生活如何浪漫美妙，它们从不贪恋，五更天时分明亮的月光消失之前，它们会按时回到山洞，投入碾金劳动之中。

后来，“丽草坡”被人们称为神牛夫妻的“食物园”，大堳地和小堳地被誉为它们在劳动餐饮之余休闲赏景的“后花园”，又因神牛夫妻喜欢经常卧在两地休息，所以分别被叫作了“大卧牛堳”和“小卧牛堳”。

老陈的故事吸引我在大卧牛堳转悠了一会儿，除了在山林中见到了一些不知名的奇花异木之外，还在心里平添出许多奇怪来。第一怪，此地如果种庄稼那就是一块肥沃的土地，可是为什么旁边有那些坚硬光滑的石头参差不齐地往高处无限生长，形成了一道乱石山梁呢？很多山石突兀地自成一景，既有傲然独立的风骨之美，又有失去棱角的圆润世故和孤独之美，它们又是从哪里、怎么来到这里的呢？第二怪，很好的一块大大的平堳地，草木旺盛，正好适合各种野生动物休养生息，但是找不见它们的任何踪迹。或许是此地的环境太舒坦了，从而让野生动物失去了生存挑战的乐趣，也或许它们认为环境太好了，反而可能潜藏了各种陷阱和意外的威胁。第三怪，在那些挤挤挨挨、重重叠叠、互相拥抱的山石间竟然长出了许多遮天盖日的树木来，它们是如何在艰难乃至不可思议的生存境况中克难向上的呢？第四怪，历史的、近代的、现代的各类名人，竟无一人在这里的山石上留下半点儿墨宝，或许都不曾游过此地，而这对于久负盛名的古金州四大名山之首的牛山似乎显得不公平。多么美的一群山石呀，应该有一处石刻或崖刻、有一个故事来点缀，然而恰恰都是空白。或许，正因此空白，才让这里至今还保留着原生态之美。

再坚持努力向上，大约半小时，当你忍不住想要哭爹喊娘，感觉看不到希望的时候，目标却近在眼前，绕过一道大石梁，就到了山顶最高处的“望京石”。在收获“一览众山小”的诗情画意之后，转身低头，忽见先前来过的游人在地面插了几面蓝色的小旗子，上书“牛山秘境”，可见他们已不是第一次登峰了。我感同身受，以为所言极是。人在高处，这时再看周围，所有的群山都低矮了下去，目及之处壮阔无边，于是山下的凡间烟火，包括猪哼哼、狗汪汪、牛哞哞等在内的所有生活嘈杂之声，一时都不见了踪影。

在享受美景的陶醉中，同行的老李说：“但得酒中趣，勿为醒者传。”我回应：“别人不来体验，我才懒得分享呢，我若是主动分享，别人听了还以为我是献殷勤讨好，在瞎吹胡侃呢！”

此行言称牛山探幽，其实也只是略见一斑。

一块石头的造化

这块石头是真实存在的。

从安康高新区沿五茨路一直向北，行至染江河牛岔湾不远处，在高桥沟口的河边上可以看到一块大大的印章模样的“四方石”。此石，既是牛山的著名景观之一，又是一块可以带给人好运的吉祥石头。

世界上有各种名贵的石头受人青睐，还有各种奇石被许多人收藏鉴赏。石头与石头之间，产地、质量和用途不一样，其价值则大相径庭。这块四方石，既不名贵，也不奇特，本来就是一块大而无用的石头，甚至是影响河道泄洪的一大障碍，长期静卧于偏僻的山沟一隅，无关人们生活之痛痒。可是在有了名气之后，就变得神气而不再普通，在人的面前便产生了尊严。它的名气，在我看来与其本身的质量和功能作用没有一点点关系，而是因为它外在象形的一副皮囊及其来历的民间传说，名曰：天帝玉玺遗落染江河——

很久以前的一年，恰逢王母娘娘百岁寿诞，天庭要筹备一次规模宏大的蟠桃盛会，预算的各项费用数额较大，而天庭金库的库存明显不能满足开支需要。为了筹集足够的金银，促进一切准备事项顺利进行，保证盛会按时圆满举行，玉皇大帝想了一个法子，但不便公开安排此事，于是秘密委托一位天庭大员：“朕把玉玺交给你，带领 100 名天兵，前往金州牛山调运特别用度黄金若干两，凡是不听从命令者，由你处置，不用禀报。”

“为王母娘娘举办蟠桃盛会，可喜可贺，我们大力支持！”受命下凡到牛山负责碾金的两头神牛，面对玉皇大帝的玉玺和旨意自然不敢怠慢，它们服从命令，积极配合，让众位天兵立即着手行动，整理打包所碾的黄金。

仅仅用了几天时间，天兵们按照所需，如数将黄金装满船只，随着天庭大员一声令下，押运的金船从牛山脚下的染江河源头出发，顺流而下，计划经月河、汉江运出。可是，行至高桥沟口时，突然乌云遮天，顿时大雨滂沱，随之两岸的山洪倾泻而下，江河上游的巨浪滔天般滚滚而来。原以为一切顺利，这时才发现事先考虑不周，没有提前考察河道安全和观察近期天气等情况。

危在旦夕，保命是上上策。因而，天庭大员果断决定——弃船、舍物、保命。

命令刚发出，众位天兵们待船还未完全靠岸，便不顾德行，纷纷争抢着跳船，一时场面慌乱无序。

幸运的是，天兵们都安全上岸，逃离了危险。然而，在转眼之间，那装载黄金的船只就被卷入了冲天巨浪之中，立时不见了踪影。带队的天庭大员在惊恐中缓过神来，方才意识到自己已是两手空空，刚在惊慌失措中，将玉皇大帝的玉玺遗落在了船上，连同所有黄金被一起卷入了洪水之中。

此次意外事故发生后，民间不知带队的天庭大员，当年是如何向玉皇大帝交差的，并受到了怎样的处罚，都没有下文。

经年之后，在这一带的河床上人们发现了当年掉落河中的玉皇大帝之玉玺，可是已经变成了一块“四方石”，尽管如此，大家还是觉得它无比珍贵，昵称之为“金印”。

人们认为，既然是玉皇大帝曾经使用过的玉玺，所以这块石头就一定带有神气和福报，所以一传十、十传百，最终传成神话一样——谁要是用手摸了之后，谁的官运就会亨通，不当官的就会财运亨通……总之，不管谁用手摸了之后都会交好运，好事相连、万事遂愿。

摆在我眼前的这块石头，人们认为来自天上，无比珍贵。我说，一块石头甩上天，总是要落地的。即使是天上的一块石头，掉落在了人间，经年风吹雨打之后也会变得平常。

我感动于当地民间对一块石头的欣赏和爱护，更赞赏民间的集体智慧和艺术创造力，赋予了它一个十分动听的故事。一块石头能够给人们带来好运，无非是一种积极的心理暗示，本质是人们对它的一种情感寄托。对石头而言，这便是它的造化和幸运。

而这个故事的实质要义，无非是想告诉大家：执行重大使命或完成上级交代的任务，要按时保质保量完成，必须确保万无一失，不能出现任何纰漏或节外生枝之事故。故事中，因事先考虑不周，遭遇大雨洪水翻船和玉玺被弄丢的事，无论如何都不应该发生，也不能被理解和原谅。

做事缺少周密谋划，行动中没有风险可控措施，结果往往会以失败告终。

管好自己的情绪

龙是中华儿女的图腾，也是人们最喜欢的吉祥物之一。千百年来，有关龙的各种神奇传说数不胜数，而且在故事中龙一般都是正义、力量、祥瑞、成才等积极意义方面的象征和代表。但是也有例外，在陕南安康牛山的传说中，当地就曾经存在一条“坏龙”。

传说中的这条龙曾经住在牛山庙的一眼泉水中，人们称它是一条有本领而无德行、作恶多端的“坏龙”，对它痛恨到了骨子里，它也因此成了老百姓教育子孙后代的一个典型的反面教材。那么，这条“坏龙”为何而坏，坏到了何种程度，结局又如何呢？……一连串的问题，答案都包含在这个民间传说中，名曰：一条龙的彻底失败——

很久以前，金州牛山有一条黑龙，身壮体长，游走呼啸如长风，每年盛夏时节外出活动最为频繁。由于它性情暴躁，容易情绪化，遇到稍微不顺心的事情，当下就会不计后果，不分场合发泄不满。后来，它的情绪化表现不仅没有收敛，反而愈演愈烈。

闹情绪不影响他人也无所谓，问题是，它如果闹情绪，老百姓就会遭殃。由于它的情绪化表现程度不同，当地会出现或打雷闪电，或狂风暴雨，或地动山摇，或山崩地裂等不同情况。天长日久，老百姓在屡屡受害中苦不堪言，而它却以此为乐。

能够来到牛山，本来是玉皇大帝给它的一次磨炼性情、改变脾气的机会，它应该珍惜机会，并以克服困难、造福人间为修行。它自幼受到溺爱，一直成长得比较快，在多次本领比赛中都获得了名次，受到大家称赞，因而它的傲气越来越盛。偏偏是，它在最近天庭组织的一次任用选拔赛上名落孙山，遭到了大家的笑话和鄙视。从长远看，一次比赛之输赢是一件平常事，而它在此次大赛中输得很惨，全在玉皇大帝的意料和安排之中，就是为了不让它一帆风顺，专门要让它遭遇挫折和委屈，而它若能从中振作起来或不受影响而继续练就本领，方可逐渐培养并重用。可是，它却认为受到了天大的不公平待遇，一时愤怒，毫无顾忌，大闹了一回天庭，谁劝说都不听。这让玉皇大帝感到更应该继续磨炼它，于是，当即把它贬到了金州牛山。

尽管被贬到了牛山，但是只要它能及时认识到自己的错误，努力改掉坏脾气，根据它的本领，玉皇大帝在不久后还是会创造机会重用它的。而它却从此破罐子破摔，任性而为，情绪化更为严重，不顾自身和天庭形象以及凡间影响，变本加厉地胡作非为，从天庭一位有本领、可担当大任的青年才俊变成了一个凡间人人厌弃的恶魔。

如何管控住这条情绪化的黑龙，使得当地老百姓免受因它带来的各种灾害，天庭采取了多种措施，但是都收效甚微。

这一年的牛山庙会期间，它又一次因为一件小事而发怒，顷刻间狂风大作，暴雨倾盆，大量良田、房屋被毁，灾害严重。当地老百姓无可奈何，只得烧香磕头，祈求它息怒，保平安。

面对此情，天庭四面八方的神仙纷纷表示愤慨：“本是十恶不赦，还逼迫人间跪拜？天地之间难道没有正行了？”“如果让黑龙继续受到人间敬奉，那天上和人间还要不要道德、伦理和良心？假如不果断严肃处理它，那将是真正的无法无天！……”

在听到各路神仙的议论纷纷和强烈不满后，玉皇大帝紧急召开天庭会议，亮明态度，并拿出了彻底处罚黑龙的果断措施。

在牛山黄龙、白龙等鼎力协助下，把黑龙引诱到“白石龙头”来玩要之后，早已等待在此的天庭擒拿法师一举将其圈定在一眼水泉之中。同时，玉皇大帝降旨，让它永居于方寸之地，不得外出。此水泉便成了黑龙终身的牢狱之地，人们称之为“黑龙泉”。

重建牛山庙时，寺庙住持在黑龙泉上放置了牛山土主忠惠王金身塑像。牛山土主忠惠王是各路妖魔鬼怪的克星，有他牢牢坐在上面镇压黑龙，人们就彻底不用再担心曾经作恶多端的黑龙有机会再次作恶祸害百姓了。

此后，牛山再也没有出现过黑龙兴风作乱祸害老百姓的现象。

故事中黑龙的彻底失败，皆因它不能正确面对挫折，被坏情绪控制了自己，又进入了坏情绪循环。如果它能够控制住自己的坏情绪，遇到不顺心的事，忍一忍，再忍一忍，盼望想要的结果，等一等，再耐心等一等，也许会迎来另一个春暖花开的世界。

在当下，此故事的启发是，一个人若是管控不了自身的坏情绪，任其发泄，为所欲为，甚至失去道德操守，损害他人和社会，必然会为人所不爱、不尊、不齿，也必然会遭到强烈谴责和应有惩罚。如此，即使有再大的本领、再多的机会，也难以成就任何事业，往往还会因此而毁掉当下的前途和幸福。古今之成大事者，往往都沉着冷静、行为稳健，喜怒不形于色，在奋进中不悲不喜、不卑不亢。用如今流行的话说，越有本事的人越没有脾气，越成功的人越是和蔼可亲，对待任何事都能拿捏住。

从某种意义上说，管住了自己的情绪，就掌控了自己的未来。

家里有老是块宝

孝敬父母、关爱老人是中华民族的传统美德，任何时候继承和弘扬这种美德都不过时、不落后，永远正当时。

羊有跪乳之恩，鸦有反哺之义。古今最为出名的事例当数“孝感动天”“戏彩娱亲”“鹿乳奉亲”“百里负米”“亲尝汤药”等24个经典孝亲历史故事。人人都是父母生养的，知恩图报、孝敬父母、关爱老人是义不容辞的责任，容不得商量、推辞或打折扣。父母养我小，我养父母老，这是良心。若是养儿不能防老，生儿养女又何必？孝敬父母、关爱老人，就是让他们生活有保障、情感有温暖、患病有治疗、起居有照料，吃得饱、穿得暖，快乐无忧。如先人所言：“孝子事亲，不可使其亲有冷淡心，烦恼心，惊怖心，愁闷心，难言心，愧恨心。”“亲所好，力为具；亲所恶，谨为去。”“亲有过，谏使更。恬吾色，柔吾声。”孝敬不在于一时一事一举一行，而在于年年月月如一日。

在安康牛山也有一个孝老敬亲的民间传说，经常被村里人当作家风家教的事例说道，用来启发或教育那些在孝敬父母、关爱老人等方面做得有欠缺的人。其名曰：神牛送福——

很久以前，金州牛山脚下有一户贫穷人家，只有孤儿寡母相依为命。儿子名叫王宝，年龄20有余；老母亲70多岁，常年卧病在床。

母子相依为命的日子，主要依靠王宝一年四季打短工、种庄稼、砍柴为生。尽管生活过得很清贫穷苦，但王宝对母亲却是十分孝敬，从来没有嫌弃和厌烦。为了早日治好母亲的疾病，他四处寻医问诊找方子，不怕山高路陡，在山里挖药材，细心为母亲煎药、喂药；为了给母亲养身体，他倾尽所有，变着法子，做好吃食，一日三餐端饭、送水到床头；为母亲梳头、洗脚、剪指甲，伺候大小便，一样不落；空闲了，陪母亲唠嗑，说东家长西家短，说猪儿肥、牛儿壮、小狗跑得欢……就这样，王宝孝敬母亲的故事，在十里八村被传为佳话。

人人都夸王宝好，年轻力壮、勤劳能干、孝敬母亲，可是他因为家贫，以至于成了大龄青年还娶不到媳妇。这一切，在牛山金洞里碾金的两头神牛看得清清楚楚，它们不忍心继续看到王宝的可怜，于是商量，以适当的方式给予帮助，让王宝和母亲过上好日子。

有一天，王宝在山中挖药材累得满头大汗，正想稍微歇一会儿，转眼忽然看见附近有两头膘肥体壮、全身散发金光的大黄牛，仰起脖子朝他哞哞叫了起来，起初他并未在意。此后接连两三天，只要他在山中，就会听到牛的哞哞声，叫声一天比一天大，一次比一次长。奇怪的是，这种叫声其他人却听不见。

在多次听到牛的哞哞声之后，善良而老实的王宝意识到：是不是谁家的黄牛在山中走远了而不知道回家的路，或者是这牛遇到了什么困难、受了什么伤害，呼唤人去救助它们？此时，又听得一头牛似乎发出了一声长长的哀叹声。于是，他再也顾不得多想，便放下手中正在挖药草的活路，循声急匆匆赶去，担心去施救迟了，可能会耽误了牛的性命。

王宝一心只顾了赶路，眼看就要靠近不远处的黄牛身边，两只脚不小心踩在了一堆新鲜的牛粪上，脚底猛地一打滑，当下摔倒在地。当他从地上费力爬起来时，两头黄牛在他的眼前已消失得无影无踪。再看自己浑身上下沾满的黏糊糊、臭烘烘的牛粪，包括地上的牛粪，全部变成了闪闪发光的金子。由此，人们把王宝摔跤的这个地方称之为“黄金地”。

后来，王宝用那些金子为母亲治好了疾病，还了乡邻的所有欠账，还新盖了砖瓦房，娶到了漂亮贤惠的好媳妇，生养了一对可爱的儿女，真正过上了老少三代其乐融融的幸福美满生活。

十里八村羡慕王宝运气好，却不知这是王宝孝敬父母的福报。

这个故事告诉人们，孝敬老人不吃亏，如果你因为孝敬老人而在现实中得不到的一些东西，上天会悄悄地帮助你实现愿望。反之，你若忤逆不孝，上天就会惩罚你。所以人们说，家里有老是块宝。

由故事联系生活思考，一个家庭中，老人健康快乐，家庭和睦幸福，难道不是我们求之不得的一笔无形财富吗？俗话说，子孝父心宽。父母长辈心情好、身体好，生活能够自理，不生病或少生病，即使不能够帮助子女什么，只要不需要每天伺候吃喝、照顾起居，从某种意义上说，这一种情况就是为子女在省钱和挣钱。同时，他们的心情好、身体好，才能老有所为，哪怕是精神上的鼓劲儿，对子女的事业发展也是一种有力帮助。

从传承家风家教的意义来看，古今常言："孝顺还生孝顺子，忤逆还生忤逆儿。""孝子亲则子孝，钦于人则众钦。""人人亲其亲，长其长，而天下平。"孝敬老人的德行薪火相传，将是一个家庭或家族取之不尽、用之不竭的精神财富。孝敬父母不是小事，其榜样的光辉照亮的不仅仅是一个家庭，还有子孙后代。不孝父母，奉神无益。在家敬父母，何必远烧香？

我见证了很多事例，一个家庭孝老敬老的氛围越浓郁，那么这个家庭往往越和谐、越幸福、越顺利。

恩泽流长

俗话说吃水不忘挖井人，做人要懂得感恩和回报。这是古今人之常情，亦是一个老生常谈的话题。

人世间，有养育之恩、救命之恩、帮扶之恩、知遇之恩，等等。在陕南牛山脚下，闲暇时光经常与乡亲们拉家常。在他们的观念里，别说是这些大恩大德，就是在生活困难时期他人借给的一勺盐、人生灰暗时期他人给予温暖鼓励的一句话，甚至在饥渴时候他人给予的一口凉水，他们都一一记在心间，难以忘怀。当地人有吃浆水菜的习俗，浆水菜最初需要有引子才能变酸，尽管需要做引子的浆水只是一丁点儿，但是离开了此引子，就做不成浆水菜。而家家户户的日常都有借邻里的浆水做引子的经历。所以他们常说，做人不要忘记了自己的浆水是从哪儿酸起的。否则，就是过河拆桥、忘恩负义，忘记了自家的浆水菜是怎么酸的。乡亲们朴实的处世德行就是，念人好处、看人长处、帮人难处。

在教人要知恩感恩方面，此地流传有一个生动的民间传说，以春雨润物细无声的力量长期影响着人们的德行，名曰：金牛报恩——

很久以前，金州牛山一洞中隐藏着天庭派遣的两头神牛，因它们每天专职碾金的活儿，人们称之为“金牛”。

“快快快！别让它们逃走了！”有一天，它们在山洞中突然听到附近的喊声距离它们越来越近。如果待在原地不动，遭遇的情况肯定是凶多吉少，于是它们果断决定，抛弃洞中的全部黄金，迅速逃走。

它们原以为逃出山洞后就会脱离危险，岂知刚刚逃出山洞走了不远，便发现一队兵马从后面匆匆追赶而来。那是一群穷兵贼寇，在抢了洞中所有的黄金之后，还想捉拿它们。

在被逼无奈之下，两头金牛只好沿着牛山脚下的河流方向，一路向南狂奔而去。其时，又偏偏遭遇天降大雨，由于山路崎岖泥泞，在慌忙奔逃中，一头金牛的蹄子不慎被尖石扎破，血流不止，疼痛难行，不得已只能慢下脚步。眼看在劫难逃，另一头金牛无法照顾同伴，便独自向前逃走了。

幸好，受伤的这头金牛被附近善良有爱心的穷苦人发现，并及时把它请回家里，对它的伤口用盐水进行了止血消毒，又敷上红伤药后做了伤口绑扎，并使它顺利避开了追赶，侥幸逃过一劫。

当它被乡亲们照顾和治疗好了蹄伤，准备起步去寻找同伴时，却因为那天的雨夜天黑，无法辨认同伴逃走的方向，从此与伙伴走了岔路，由此，人们便把它们走岔的地方叫作“牛岔湾”。

常言说，滴水之恩当涌泉相报。为了报答救命之恩，帮助当地的穷苦人家不再受穷，这头金牛想到如果以后来此报恩，不知会在何时，又担心若是错过了机会将后悔莫及，所以在离开牛岔湾时，它一边走，一边在路上不断拉着粪。救它的人们远远地见了之后，以为它的身体生病了拉稀，便想留住它，继续待在村里治病、养身体。可是，当大家在后面跟着它，走近了看时，却发现凡是它走过的地方，一路上都撒落着一堆又一堆的黄金。

“金牛是在报恩呢！”大家纷纷明白了是怎么回事。在捡拾了金牛撒落的黄金之后，大家的日子便不再受苦受穷了。

从此，当地人们相信“好人有好报”，并把金牛报恩的故事流传到了如今。

传说中金牛得救的地方——牛岔湾，如今属于汉滨区五里镇辖区管辖，是安康城区到牛山或草庙村途中必经的一个地方。我在驻村期间，每次路过这里都会油然想起其名来历的故事，亦常常感动不已。

由此，我便更加理解了当地脱贫群众多种形式的感党恩。走村串户，日常交流和观察，我以为他们过年的春联内容最能表达心意："精准帮扶摘穷帽，沐浴党恩住新房。""万众一心打好脱贫攻坚战，千方百计引导精准致富路。"又如"没有共产党就没有我家的好日子，有了帮扶队就有了一村的新希望"等，他们是言由心生，发自肺腑的。

记得在庚子年年底，我邀请省城的书法家到村里去义写春联，有一家户主自拟内容，张口就来："共产党脱贫攻坚政策好，帮扶人真情付出效果好。横批：一心为民。"在数九寒冬里，现场的氛围，立时暖意融融。

我的眼眶一时竟也润湿了。

远去的爱情与婚姻

逛牛山赏风景，白岩道是少不了要去的一个地方。作为一条山路，它本身就是一道独特的风景。白岩道也是当地人们所称牛山的一方区域，境内有很多的石头、树木、花草、山泉等或象形或奇异的自然风景，更为吸引人的是它们的身上都有耐人寻味的传说故事。

我写此文要介绍的是其中的庙和泉。在这里的一面山坡上有两座“娘娘庙”，彼此相隔不远，一座叫“老娘娘庙”，一座叫“新娘娘庙”。两座庙都极其简易，分别用石块和石板垒砌而成，几尺见方大小，历经沧桑风雨，现在已经破败不堪。两座庙旁边分别有一眼水泉，一个叫“老娘娘泉”，一个叫“新娘娘泉”。在岁月的烟尘中，两眼水泉或许是山中人家畜饮用取水的地方。在秦巴山脉间，过去像这种小庙小山泉可能不计其数，因而你也许会说，它们算不得什么风景。可是对于当地人来说，它们的组合不仅是一道特别的风景，而且有一个为人们所津津乐道的关于爱情婚姻的民间传说，名曰：大老婆争风吃醋——

唐朝末年，金州牛山李姓财主家有一个小闺女名叫杏儿，貌若天仙、聪明伶俐、心灵手巧，谁人见了谁人爱。

话说杏儿到了谈婚论嫁的年龄，对选婿非常挑剔。为此，她的财主父亲费尽心思，发动亲朋好友，把方圆几十里地的青年才俊齐齐地都筛选了一遍，然后把他们认为各方面条件都比较优秀的青年分别招上门来，让闺女逐个见面与挑选，但是不知何故，杏儿就是没有选中的。上门主动提亲者亦是踏破了门槛，仍然没有一人能够打动她的芳心。

殊不知，杏儿的芳心早已暗许。其意中人是金州刺史崔伟，此人是一位英俊潇洒、风流倜傥、文武双全的青年才俊，有事业、有追求、有地位、有形象，为民造福担当做主、敢于作为，深得老百姓拥戴，人人夸赞他是一个稀罕的“好男人”，用现在时髦的话说，属于大众“偶像”人物。

当年，崔伟骑马带兵经常从金州城到牛山一带剿匪、消灭祸患，每次都要路过李财主家门口，杏儿在第一次看过崔伟之后，便在心中种下了相思的种子，此后便对其他任何小伙儿都瞧不上眼，每天在绣花楼窗口守望，盼望崔伟每天路过她家门前，能在她的窗口下停马驻足。

在望眼欲穿的等待中，这一天机会终于来了，崔伟骑着一匹枣红色大马，奔着牛山而来，路过家门前时，情痴的杏儿一时喜上眉梢，将头探出窗外看望心中的郎君，却不料，身体失去平衡，一个“倒栽葱”，从绣楼上摔了下去，不偏不斜摔在崔伟的马前，当下香消玉殒。

见此情景，李财主悲叹：“可怜世事作弄人呀！”

得知具体原委后，崔伟惋惜地表示：“既然杏儿对我如此痴情，又偏偏死于我的马前，这也算是一场缘分吧！”

当即，崔伟在众乡亲们的见证之下，言明将杏儿纳为侧室，同时令随从用花轿抬着上牛山，将其安葬在牛山白岩道一处风水之地，并令人为她修了一座小庙，人们称之为“娘娘庙”。同时，在庙的旁边修了一眼水泉，以表达他对娘娘的深情如山泉之流水绵延不断，人们称之为“娘娘泉”。

岂料，崔伟的做法让去世的老婆在阴间打翻了醋坛子：“生前做牛做马一样任劳任怨，伺候一家人吃喝穿戴，支持你读书做官，孝敬公公婆婆，照应家里所有的事务，你都没有如此待我，听了一个故事，就将一具女尸纳为侧室还不算，还为其修了娘娘庙，又修娘娘泉……”于是，每日晚上她回到家里，时而在厨房里弄得锅碗瓢盆当当响，时而夜半在房间莫名哭闹，搅扰得崔伟日夜心神不安。

经人指点，崔伟命人在娘娘庙不远处为大老婆也修了一座小庙，命名为“老娘娘庙”，并在庙旁边也开了一眼水泉，命名为“老娘娘泉”。从此，他的大老婆才安宁下来。

随后，人们为了区分两个庙与两个泉之称呼，便把先修的娘娘庙改叫了“新娘娘庙”，把那娘娘泉改叫了“新娘娘泉”。

这个故事告诉人们，此地埋葬了古时代的悲剧爱情和婚姻：一个女人渴望爱情婚姻自由，在面对心仪的人时却只能选择单相思和等待，不能大胆地说出来和勇敢地去主动追求。而另一个女人面对自己已死亡的婚姻，去羡慕嫉妒别人所谓的爱情婚姻，这是人之常情，还是无奈之中的心有不甘？故事也或许想告诉人们，爱情和婚姻从来都不是完美无缺的。

如今看来，在那个旧时代两个女人的命运都是十分可怜的。他们的爱情婚姻早已随风远去，我们需要明白的，就是从旧时代中吸取教训，珍惜时光和眼前人，活好当下，让爱情婚姻不分离，让身心跟着幸福一起，不给自己留遗憾，不为后人留笑话。

别见不得他人好

我很喜欢这两句话——“全面建成小康社会，一个不能少。”“共同富裕路上，一个不能掉队。”也想，人人都一定喜欢。

共同富裕是全体人民的富裕，是人民群众物质生活和精神生活都富裕。共同富裕是社会主义的本质要求，是中国式现代化的重要特征，也是中国人民长久以来的共同期盼和人类的共同夙愿，亦是一种历史发展之必然趋势。共同富裕需要大家共同努力，而不是单打独斗，在政策制度的有力推进之外，需要人人坚持风雨同舟、互帮互助、携手共进、互利共赢。如果家家户户都过上了好日子，那么我们就会早日实现共同富裕。人人好、家家好、共同好、一起好，才是真正的好。所以说，一人一户富，一少部分人富，都不算富。这些话好像都是大话，可就是这个理儿。

其实，关于共同富裕，先人们很早就有了这种愿望，而且自古至今，人们都一直唾弃先富者的自私自利、为富不仁和贪得无厌。出自安康牛山大岩沟河道中段河岸上的一块石头及其不远处另一块石头上的牛蹄印，它们的民间传说就表达了人们追求共同富裕的渴望和反对狭隘偏见、见不得他人好的社会情绪。名曰：恨人穷恨不到头儿——

很久以前，隐藏在金州牛山一洞中碾金的两头神牛，看到山脚下的一户穷苦人家面黄肌瘦、艰难度日地煎熬，不仅得不到比邻而居的胡财主一家的帮助，还经常遭到这一家人的笑话和各种欺负，实在不忍心目睹这户穷人家的可怜状况，便想找机会给予救助。

这户穷人家主人叫王五，有了神牛对他们的默默帮助，全家人每天有了米汤喝，慢慢地每顿饭的米汤也能由稀变稠了，不再忍受饥寒，一家人的日子逐渐有了光景，脸上遂也有了笑容。邻居日子好过了本来是一件求之不得的大好事，可是惹得胡财主一家人非常不高兴："穷日子过得好好的，怎么突然就好过了？"王五一家在有了温饱之后，连走路时的腰杆子都挺直了，不再惧怕胡财主的欺负。

胡财主家拥有的房屋、良田等财产应有尽有，在当地巧取豪夺霸占土地、收取高额地租和借贷利息、压榨长工短工，啥好事坏事都让他占尽了，但他就是希望周围人继续穷下去，因为只有周围人都穷，他们一家人才有利可图，才能独占风光。尤其是见不得邻居王五一家喝上了稠米汤的那种满足感和幸福感。邻居的日子越穷苦、越难过，他的优越感就越强、心情就越好。见了邻居吃上了好的、穿上了好的，他的心里就特别不舒服，甚至还很生气。

"这狗日的东西，是不是在哪里做贼了？"胡财主怀疑王五得了不义之财，于是令人在暗中悄悄观察，然后发现了一个秘密。原来，山上的神牛每次在明月之夜用船运输金子时，会请王五一家大小都去帮忙，干完活儿后会送一些小金豆作为酬谢。穷人家得了这等"天上掉馅儿饼"的好处，而他们家却一点点光都没有沾上。

"不行，若不断了王五的财路，他日后或许不认识我胡爷爷是谁了！"于是，胡财主谋划在神牛运输金子时伺机偷盗或打劫。经过沿河道实地勘察，他认为染江河大岩沟河道一带，两岸沟壑纵横、河流湍急，不易发现埋伏。果然，胡财主带领一帮人第一次在此实施打劫，顺利取得了成功。

其实，对于胡财主第一次的打劫行动，天庭看得非常清楚。为了将更多见不得穷人好过的贪恋财主和恶霸"一网打尽"，天庭让天兵们继续采取睁一只眼闭一只眼的态度，放纵他们的打劫行为愈演愈疯狂，为所欲为，后来附近所有的财主和恶霸都先后参与了其中，欲大发横财。

这一天，当神牛运输金豆的船只慢悠悠地行至牛岔湾河段时，早已等待在那里的胡财主和恶霸们喜出望外，肆无忌惮地纷纷靠近了金船。霎时，天空乌云遮日，狂风暴雨大作，河水暴涨、大浪滔天，所有参与抢劫金子的财主与恶霸们，一起和运输金子的船只被卷入了滚滚洪流之中，眨眼间就不见了踪影。他们岂知，此次船上装载的只不过是一堆石头而已。

“见不得别人好，自己最终也好过不了！”神牛一声叹息，离开染江河时在地上重重地跺了一下脚，说了一句人话：“恨人穷何时是个头啊！”

胡财主死后，其家道从此败落。

雨过天晴后，在此处的河岸出现了一只“石船”，与在洪水中沉落的那只运输黄金的船只一模一样，当地人们称之为“金船”。同时，在“金船”不远处发现了神牛跺脚时落下的一只深深的脚印，人们因神牛专司碾金之职称其金牛，将其蹄称为金蹄，将其脚印称为“金蹄印”。

这个故事对人们而言是一种启示，也是一种警示。我与乡亲们聊天，身边人都比自己过得好，你想好过就变得很容易，即使暂时过得不好，迟早必然也会好。身边的人家都好过了，你若是遇到急难的时候，寻求帮助既方便也容易。人人都有一碗饭吃，你的饭碗就不会被别人抢。身边的人如果都是穷人，你即使好过也难得心安。你本来就好过，身边的人由艰难变得好过了，你才能安宁好过。所以，不要见不得别人好。常言道，三富夹一穷，想穷都不得穷；三穷夹一富，想富都不得富。你好，我好，大家好，才能真正好起来。

在经济社会飞速发展和全球化的今天，和平、发展、公平、正义、民主、自由，已成为全人类的共同价值追求。由此，再来看待全国脱贫攻坚和乡村振兴建设，让人人都过上小康生活，不让一个人掉队，这是多么宽广的胸怀和伟大的壮举啊。而我作为其中的参与者、亲历者、见证者，深感幸运和荣光！在这种时代环境中，面对任何利益，岂能容得哪一个人独自霸占或者多占呢？同时，岂又能容得下“只允许你吃肉，而不能让别人喝汤”的情况存在呢？时代大势不允许，现实生活也不允许。如果“见不得别人好”，终将会损害了自己。你的心不好，一切的结果怎么会好呢？

因而，站在“金船”和“金蹄印”跟前，我甚是觉得“共同富裕”这个理念是多么英明睿智而又有深远意义啊！

用修为赢得尊敬

牛山有许多与龙有关的景点，比如黄龙寨、青龙寨等，比如黑龙泉、白龙泉等，而且它们都有传说故事。如此，便十分吸引人，乐意去观赏与探访。

在如今朱雀寺大殿前方的左右两侧，原来分别有两眼水泉，泉口均为一米见方，深不见底。两眼水泉，距离不足十几米，因传说分别住着白龙和黄龙，于是左边的泉叫“回龙泉”，右边的泉叫“黄龙泉”。这两条龙在民间被誉为“好龙”，它们的共同特点都是帮助穷苦人家解疾苦、渡难关，保佑那些心怀苍生、为民请命的官员要风得风要雨得雨，仕途顺畅，一生平安，因而深得人们爱戴。

带着疑问，我认真听了它们的民间传说，精彩动人，寓意深刻。名曰：一双做好事的龙——

很久以前，金州牛山在一段时期内频频发生自然灾害，让乡亲们的生活经常处于焦虑恐慌之中。

有一年夏季，当地发生了连续一个多月不见一滴雨水的干旱灾情，其时的太阳就像个大火球，土地被晒得四处冒青烟，乡间处处似乎都在蒸笼里，山下的河流、小溪几乎断流，眼看秋季的庄稼禾苗一天天都干渴死了，人畜饮水也越来越困难，老天爷好像摆出了一副要断了牛山人命的架势子，丝毫没有降雨的迹象。因而人人都惶惶不可终日。

为了向天求雨保命，当地老百姓自发集结在一起，跪拜山神，请求上奏天庭，保佑苍生，及时降雨挽救一切生灵。玉皇大帝接到禀报后，降旨由负责雨水的龙王带队，当即深入牛山实地调查，根据灾情进行施救。

这一日晚，村里的一位长者做了一个梦，惊喜地从梦中醒来，心中却是着急万分而又无计可施。

他也想既有此梦，按照龙王在梦中的指点试一下又何妨？于是，他在清晨起床后就早早地赶上了牛山庙，上香、磕头之后，把事先准备的一只空瓶放进庙前左边的水泉里。接下来奇迹发生了，这只瓶子从左边的水泉漂流到右边的水泉中，会装入适当量的水。当他取出水瓶正疑惑不解时，突然乌云密布，一阵电闪雷鸣之后，大雨倾泻而下，之后中小雨连续下了三四天，彻底解决了当地旱情，亦是挽救了人畜一次性命。

有一天，在山上放牛的一个牧童发现，从左边的水泉中游出了一条白色的龙，在外游走了一圈之后，不久又回到了此泉中。然而，在他到此泉中去寻找时，却又不见了踪影。这是上天派遣到牛山管水的白龙神住在了这里。从此，人们便将此泉称为“回龙泉”。

不久之后，牧童又发现了一条黄色的龙游入右边的水泉中，依然是在泉中寻不见，也未发现其外出。这是因为牛山面积大，上天为保佑这里所有的老百姓都不受干旱灾害，又增派了一位协助管水的黄龙神，由此，人们便将右边的水泉称为“黄龙泉”。

自从牛山住下这两位神龙以后，只要遇到干旱情况，方圆十里八村的人们就去祈雨，从左边水泉中放入水瓶、从右边水泉中取出水瓶，瓶中水有多高，降雨后的土地墒情便有多深，每次都不多不少，刚好可以解除旱情，保证庄稼生长需要，又不会带来雨涝洪灾。

特别让老百姓敬佩的是，两位神龙邻里和睦、坚守德行，互相从不靠伴、推诿或拆台，相互配合、彼此成就，共同保佑老百姓，有求必应，因而当地年年风调雨顺、五谷丰登，家家户户吃喝有余、无病无灾、四季平安。而且，它们严于律己，从不表现坏情绪祸害人，更不在乎老百姓烧了多少香、磕了多少头，一如既往，不改初衷。

不仅如此，有一年，当地老百姓为感恩县太爷造福一方、主持公道、清正廉明，祈求白龙和黄龙联合保佑县太爷身体健康、步步高升。结果十分灵验，这位县太爷两三年就上一个新台阶，最后被提拔到朝廷去做了大官。

由此，这两位龙神用修为深得民间推崇和爱戴，被誉为“一双做好事的龙”。

听完故事，我有两个感受：只有一心为民，担当作为，才能获得老百姓的肯定、尊敬和拥戴；你的真心真情付出在哪里，你的威望和收获就在哪里。要想得到一方老百姓的拥戴和祝福，那么就要爱护百姓、真诚务实、担当干事、主持一方社会公平正义。

联系现实思考，若是不受人尊敬，一定是我们的品德修为不够，那么就要反省和修正自己。当然，受人尊敬也需受之无愧，如果感到受之有愧，或者他人不是发之于心，那么也需要自我检视和加强修为。总之，要用修为赢得别人的由衷尊敬，而不能令人迫于压力和世故，心不由己地假尊敬。那种假惺惺的尊敬，不要也罢，因为会让人觉得可怜。

故事中的牛山庙，即如今位于汉滨区五里镇牛山上的朱雀寺。其大殿前方的两眼水泉已不复存在，但是在此地聆听了传说故事之后，给人留下了丰富的想象空间，便觉得观赏景点、享受自然山水之风光倒是成了其次，重要的是接受了一次精神的陶冶和心灵的洗涤，浑身好像变得十分清爽起来。

世间自有真情在

我在一个山梁上，它在对岸的山坡上。当初的第一印象，它就是一只积极奋进的乌龟。尽管处在一面陡峭的大山坡上，但是它保持着拼搏向上的姿态，甚至能令人感觉到它浑身在持续发力。

时值初夏，站在五茨公路草庙梁何家门上的大路边，望向对岸牛山黄巢谷下面的山坡，满眼流泻的绿色中凸显出的一块灰白色图案，俨然一只栩栩如生向上爬行的大乌龟。当地人说，那图案其实是一块自然露天的巨大的磐石。定睛仔细观赏，越看越觉得这只乌龟特别有灵气，好像从眼前的山林中要飞出来。由此，大自然的鬼斧神工和精巧用意实在让人叹服。

因为最佳观赏位置距离村部咫尺之遥，所以在驻村的日子里，每天都会有意无意地看到它几次，或者说，它的存在及其突出形象让人的眼目每天都无法绕开。不用涉足远行，就可以随时欣赏天然之美景图，获得一份怡然自得，便也常常羡慕当地乡亲，一方山水赐予了一方人之福上福。乡亲们也因此很自豪。每逢有了外地客人造访或上级来人了，村支书经常用发纸烟一般的乡俗见面礼，会在第一时间热情引领客人去参观它。这种招待，客人一般也不推辞，省时、省事、方便，又文明。多年中，我记得村支书在向客人介绍它时最得劲儿的一句口头禅是："看，像不像一只上山龟？"而客人往往会连连称赞："像，像，太像了！"

除了自然的象形之美，我还特别喜欢关于它的一个动人的民间传说，名曰：老实的大神龟——

很久以前，玉皇大帝云游于金州，看到牛山许多老百姓生活穷苦不堪，于是派遣众位神仙和天兵天将下凡，分赴各地，救苦救难。

玉皇大帝以上率下做榜样，于是大家都纷纷参与到凡间的救苦救难活动中，对缺吃者送米面，对缺穿者送衣服，对疾病者送良药，有什么困难就解决什么困难。在这种情况下，一只万年神龟利用自己的优势，主动承担了到牛山的交通运输任务，按照安排和需要，负责从天庭仓库向凡间各户穷苦人家运送各种救济物资。

万年龟把每天的日程都安排得十分紧凑，往来日行千万里，把每户穷苦人家需要的救济物资按时送上门，事无巨细，不曾有一次失误，不曾有一日懈怠，任劳任怨，所以它被大家称为“老实的大神龟”。

这一年，牛山遭遇了千载不遇的洪涝、干旱和瘟疫等各种灾害，救灾救济量大、面广、紧迫，万年龟总是担心延误运送物资时间会让遭受灾难困苦中的老百姓忍饥挨饿，被疾病折磨，所以它坚持放弃休息时间，昼夜不歇，不辞劳苦，帮助老百姓渡难关。

“你想成仙应该早都成了，你熬了一万年也没有成，就是把牛山救苦救难的事情做得再好，成仙也轮不上你！”天庭的那些天兵天将都纷纷劝它注意休息，以保重自己的身体为要。而它却不以为然，只顾做自己想做的事：“我们活在天上，再怎么辛苦和困难，都比凡间那些穷苦人的日子好过。我们努力多做一点点，就会多救一条人命！”

“凡间遭遇穷苦急难的人那么多，你无论有多大的能耐，即使再活几万年，也不可能帮到所有的人，而且永远也帮不完……”看到它的辛苦付出和日渐消瘦的身体，很多天兵天将都心疼他，再三劝说和安慰它。

面对好言劝说，万年龟常说：“实在不敢停下来，尤其是那些孤苦的无依无靠的老人和孩子，可怜极了……能做一点儿是一点儿吧！”

万年龟终于因为长期劳累造成体力严重透支。这一天清晨，在将一部分救灾物资运送到牛山后，它没有来得及和大家打一声招呼，就趴在原地悄无声息地睡着了。这一睡，就再也没有清醒过来，且睡姿还保持着向上爬行的姿势。

听了万年龟遇难的消息，玉皇大帝眼眶都湿润了：“好样的，一个老实的万年龟，硬是把自己累死在了救苦救难的路上！”他当即召开天庭大会，宣布万年龟在原地化身成仙，让它永世逍遥自在。

经年累月，这只大神龟的躯体幻化成了一块大石头，因其头向天空，又似一副将要飞翔的模样，所以人们称之为“飞天金龟”。

由此，大神龟一直活在人们的传说中。

面对此景与它的传说，令人感想到，一块大石头不说话，但它的故事却历久弥新地诉说和证明着神龟的品格和奉献，也在向人们传递着一种天地之间的大爱。

救苦救难是民间传说故事的主题思想之一，也是古今老百姓所推崇和赞赏的优良传统之一。在有着丰富民间传说故事资源的牛山脚下，如今的父老乡亲迎来了一次千载难逢的机会，党和政府下派了一大批帮扶工作队员进驻各村，一对一进行精准帮扶，在实现精准脱贫和小康生活之后，正在推动乡村振兴向前大步迈进。各级干部在服务群众中，不是亲人胜似亲人，全身心、大力气、有效果地帮扶，着实让乡亲们像做梦一样，似乎民间传说在现实中显现了一样：“神仙真的下凡来了！”

由此想，这只“神龟”多么像奋斗在脱贫攻坚和乡村振兴工作战线上的那些指战员，一心一意为了让群众过上好日子，劳心费力、不舍昼夜、担当作为、无私奉献，甚至献出个人宝贵的生命。

行善也不能任性

亲眼所见、亲耳所闻，全域面积 2 万多亩的牛山国家公益生态林保护区各种野生动植物品种繁多，还有很多山、石、洞、崖、泉等奇景，境内山水自然风光之美，春夏秋冬各美其美，亲身感受它确是陕南安康的一块风水宝地，让生活在牛山脚下许久的我，总也欣赏不够、探究不够。

当我发现，每天都生活在牛山的自然风景之中，无论吃什么，喝什么，见什么人，做什么事，听到什么故事，遇到天晴或者下雨，开花或者结果，所有的一切都是令人幸福的，尤其对于一个热爱生活热爱写作的人而言，这种经历和感受是十分幸运而又无比曼妙的。

最让我感动的是，这里的每一个景物故事不仅有趣，而且给人思想之启发堪比教科书。那一天，从牛山北峰走南边的路下山，经过位于朱雀寺西北方向大约三公里的一处山肩，蓦然发现一个深潭，潭边立一石碑，曰“白龙泉”，其泉面积四五十平方米，圆圆地，如镶嵌在高山的一面明镜。水色乌青，似乎深不见底。微风荡漾，明媚的阳光随着山林间的树叶摇曳不停，水面便泛着粼粼波光，此时，令人心中充满了诗情画意。若是阴冷天气里，独处这里时，令人就有一些惧怕了。在白龙泉外边两三丈的地方建有一座小庙，石头垒砌、石板覆盖而成，约两尺高，其中仅容纳一个牌位，上书“白衣菩萨庙”，看起来都已经十分破旧了。牛山人说，其庙虽小，但所驻之神不小，功德不小。

处在人迹罕至的高山密林里的一泉一庙，因何而来，两者之间又有什么关系？听了关于它的民间传说，深感在此处看风景别有一番情趣。名曰：做好事不落好的白龙——

很久以前，天庭有一位白龙，别无二心，勤恳踏实为民间做事，但个性耿直，不善于圆滑，不屑于阿谀奉承，更不愿意耗费大量精力去搞好与上级和同僚之间的关系，它以为自己只要优质高效完成了天庭任务，让凡间的老百姓受益和喜欢就可万事大吉。

白龙心里想，成绩摆在面前，谁也夺不去，于是坚持不懈，努力干事，希望用耀眼的成绩获得领导的肯定与赏识。可是它的直接领导白上龙并不是如它所想的那样，甚至它干得越好，越让白上龙心里来气——你白龙对我一副无所谓的态度，即使本领再强大，把事情干得再好又能如何？永远休想得到提拔！

“我是凭良心为凡间老百姓做事，而不是为了巴结领导做事。”在感受到领导白上龙的态度之后，白龙更是无所谓——我尽力做事，不负光阴，不负苍生，问心无愧，不升官、不得奖，那又如何？

正是因为白龙对上级关系的冷漠给自己带来了无尽的麻烦。后来，它在凡间一直默默地干事，而白上龙却一直在背地里悄悄地搜集它的问题线索，欲把它好好教训一番，还在私下放话说：“不相信你白龙没有瞌睡打盹的时候，总会有你犯错的时候，一旦犯错，看看我怎么收拾你！”

白龙压根儿没有想到自己会犯错误。

这一年，金州牛山发生大旱，当地老百姓连续多日虔诚祈雨，当时天庭的各位神仙和他们的领导都在周游世界，吃喝玩耍，享受逍遥之乐，没有谁理会凡间这等闲事情，负责凡间牛山救灾的白龙看在眼里，急在心里，眼看庄稼禾苗都要干涸死了，面临秋季绝收，时间紧迫，它等不及向主管领导请示，就自作主张，当即就向牛山普降了一次雨水，及时挽救了庄稼收成，老百姓依靠瓜果蔬菜勉强还能维持生活。

白龙因此次降雨在民间广泛赢得名声，可是消息传到它的领导白上龙那儿，说它无视天庭规矩，擅自作为。白龙担当做了一件好事情，本来需要事后向领导汇报说明情况，但他没有。听了白上龙谗言的玉皇大帝，本想听白龙说几句软话，敲打它一下即可，而它却摆出了一副要杀要剐丝毫不在乎的态度，于是只好按照天庭纪律给予从重处罚，命天兵在牛山高处修了一个冷水泉，令它在其中闭关思过三年，须臾不得离开。

未想到，白龙不但没有求情，反而欣然接受。它独自待在牛山的方寸之地，却享受着逍遥之乐。老百姓只要祈福求雨，它就想方设法满足大家的心愿。因为白龙的护佑，当地风调雨顺、五谷丰登、衣食无忧、康宁平安。

在天兵天将们看来，白龙对牛山的各种善意行为都是戴罪立功，是反思悔过后的积极思想进步表现。事实是白龙的秉性使然，如果一日不行善造福，它就感觉似乎缺少了一点儿什么。它有一句口头禅："习惯了做好事。"

又一年夏秋季，牛山再次发生了大旱，老百姓虔诚祈雨，白龙再次做主降雨，不料这一次降雨量严重失控，导致了几百年不遇的洪灾。当时的山河洪水之大，让牛山各个山头的土地爷、财神爷、药王爷等都受到了惊吓。

这一次，白龙遭到意外把好事办砸了，也终于让它的领导白上龙抓住了把柄。

有白上龙在背后指使，天庭的一些好事者怂恿牛山当地的土地爷、财神爷等各路小将，联名将白龙上告。玉皇大帝一时生气，亦借机杀鸡儆猴，召开大会宣布："白龙在牛山反省期间，不思悔改，屡次擅自做主降雨，此次降雨失控导致牛山发生大灾难，错误的本质在于它个人英雄主义十分严重，一心为了逞强，不顾程序，做事缺少周全考虑，给天庭造成严重负面影响，将它收回天庭做仓库保管员，永不再重用。”

对于玉皇大帝的处罚，白龙依然没有表达委屈和不满。

白龙离开了，人们将它曾经受天庭约束所在的牛山上的冷水泉称为“白龙泉”。

同时，人们并没有因为白龙的一次过失而忘记它曾经做过的许许多多好事，也没有影响对它的感恩与铭记，将它敬奉为“白衣菩萨”，并在白龙泉边上修建了“白衣菩萨庙”。

这个故事反映了一种性格与命运，白龙发自心、发乎情，积极救苦救难，勇于担当、造福民间，它尽力做事不是为了沽名钓誉和谋得好前程，更不是为了讨好它的领导。面对处罚和不公待遇，它从未表示情绪，内心从容安静。老百姓敬重它的品德操守，没有因为它的过失而否定它先前的种种好，更没有因为它被天庭处罚而有所不尊敬，且修庙表示纪念，说明了“公道正义在民间”。

另外，故事中的白龙给人以教训，尽管为凡间做好事、干实事、行善事，但也要讲究方式方法，需要处理好各方面关系，履行必需的程序、手续，照顾到各方面的感受，防止因此带来负面影响。做好事、干实事、行善事，也需要收敛自己的个性和坏脾气，不能因此出力不讨好，反而还害了自己。要把好事办好，把实事办实在，确保不出事，让各方面都满意方才最好。

所以说，行善也不能任性。这便是，要把善事办得恰到好处，而不能办得过头了，否则就会怂恿一些人“等靠要”和好吃懒做，或者会因此讨好了一部分人而又得罪了另一部分人。“升米恩，斗米仇”说的就是这个道理。

山水也要人潮

因为海拔相对高，草庙梁的春天比靠近汉江边上的地方要迟到半个月。牛山顶的春天又会比草庙梁的春天迟到半个月。因此，就有了牛山一种特别的美丽景致。

在仲春时节观看，牛山从半山腰自然一分为二，上下两部分形成鲜明的层次感，下半截都绿成了一片碧海的样子，上半截还在萧条着，似乎还沉睡在冬季里，只是从近处看，那枝条才现出芽苞，往往要再等上半个月的好天气，山体的全身上下才能变成浑然一色。冬天里也常常有类似的景观，一大早起来，外面冷得石头都能被冻破似的，但是并没有一星点儿的风和雪花，只见牛山上戴了一顶白皑皑的雪帽子。有时候，大白天下雪，半山腰以上雾蒙蒙一片，几乎笼罩了整个山头，而山下只是雪花飘零。夏天的雨，有时候也以这样的形式呈现，先在山头大下，只听风声雨声响，然后转移到山下时就成了小雨，时而光是天暗上一阵子，风和雨都会落了空。无论怎样的四季和天气变换，在这里最突出的感受就是，平常遇到的空气好像洗过了一样清新，任何时候都令人处于醉氧状态。

驻村时间长了，发现牛山的景致是多样的，山、水、石、泉、池、洞、谷等各自与众不同，各有各的特色，各有各的传说故事，共同点是它们的故事都充满了正能量。这里丰富的自然和人文资源，如果不合理有效发挥利用，岂不是白白浪费了。正是带着这样的愿望，我多次攀登了牛山。

这一次相约一行人，从草庙梁登山出发时，我就告诉自己要带着一双发现的眼睛。事实上，沿途一路看见的景致都是前人早已发现了的，我只是跟着向导一路走、一路听、 一路看。我体谅向导比我们累多了，腿困、脚乏、腰酸、身子疼，还要不停地向我们介绍情况和回答疑问。然而年已 70 岁的向导似乎一直精神饱满、乐此不疲、滔滔不绝。就这样，被向导鼓舞着，穿越在荆棘、树林、峭壁中，缓缓向上攀登，直到腿发软、眼发痴，想铺盖着温暖的阳光，在一处平坦的树林里席地而睡时，猛然间发现了一处荷塘。池中央露天的清水，好像一只乌溜溜的大眼睛，深邃而又有神采，周围铺满了一层层碧绿的莲叶，一片片莲叶簇拥着一朵朵莲花，粉红的、深红的、粉白的、鹅黄的……深情陶醉在这风景中，我正有联想，这时向导又开腔了，讲起了相关的民间传说，名曰：山上有个娘娘池——

很久以前，听说天宫的王母娘娘不仅爱美，还很讲究生活的浪漫，特别喜欢泡露天温泉。

得知王母娘娘有这一喜好，那几个想讨好玉皇大帝而找不到机会的天兵，像抓住了救命稻草一样喜出望外。于是，他们把走捷径的方法选在了靠近王母娘娘之路上。思谋在凡间修建一个舒适而别样的露天温泉赠送给她，一定能够博得她的欢喜。

主意商定之后，为了早日做成此事，他们便发动了各种关系，但几乎寻遍了凡间的山川平原，都没有找到一个合适满意的地方。眼看天庭选贤任能的时日越来越近，如果不及时与王母娘娘搭上关系，找不到一个可靠的推荐者，那么他们就可能会错过当下的机会。因此，他们不舍昼夜，穷其心计。

突然，一个天兵想起他曾经云游过金州牛山，便主动提出，愿意亲自到牛山考察一次，大伙儿都无计可施，便将计就计，将希望寄托在了他身上。

这个天兵把牛山的各个旮旯都仔细地查看了一遍，认为北峰的一山腰上可以修建温泉，然后大家在一起合计后，便请了当地一帮好工匠、好劳力，日夜轮流施工，一刻都不懈怠。功夫不负有心人，就在工匠们打磨最后一块石头时，只见那池壁上的石头缝隙自然渗出了水，遂慢慢地涌出了一股温热的清流，一经出世便从不断流。不久，池边又野生了姹紫嫣红的荷花，常年盛开。此处，四季都是蓝天白云，清风和畅、花香鸟语，堪称一处世外桃源。

当他们把这个好消息转告王母娘娘后，王母娘娘表面一副无所谓的样子，其实内心早已激动不已，怕他们说了假话，当即便要一探究竟。当她被引导下到牛山，实地查看并亲身体验后，十分喜欢，一个劲儿夸赞几个小兵小将对她用了真心、出了真力。同时告诫，此温泉为她专用，消息不得外传。

从此，牛山高处就有了一个王母娘娘的露天大温泉，人们称之为“娘娘池”。

玉皇大帝得知后，为了刹住这股歪风邪气，安排天庭财库如数向几位操持此事的小天兵支付了在牛山修建温泉的全部费用，但是他们并没有因为对王母娘娘的特殊用心而得到特别照顾，反而受到了严厉批评。此外，为了打消他们的疑虑，天庭针对他们的专长，安排了一次公平的大比武，他们通过自身过硬的本领比拼，分别实现了被天庭的进一步重用。

后来，牛山又修建了一个露天小温泉，人们便将王母娘娘使用的温泉池改称了“大天池”。

故事的道理和启发很明白，教人强本领、走正道。

在故事之外，因为眼前真实具体的存在，令人十分信服大自然的神奇与力量，山有多高，水就有多高。观察这一个池塘，发现它处在不可能的地方，竟然有水深流，盈满而不溢。当日恰是蓝天白云，在人间高处，在温情的微风中，遇见一池五颜六色的荷花，便是十分幸运。此刻，有人想象：若有一位风姿绰约的少妇，宽衣解带，沐浴在此池中，池边有长发飘逸的女子在弹奏琵琶，那该是一幅多么美妙的意境啊！至少，画面的情景在天、地、人三者的交相辉映中就会显得十分灵动有趣了。

熟悉了地形后才知道，从牛山朱雀寺向西北方向行走 3 公里多，或者从北峰绕道走小路，都可到达南峰山肩上的大天池，相比我们那一次会节省大量体力和时间。而我们那次是有意而为之，为了探幽，绕了一大圈，偶得此景，在付出了艰难的跋涉之后，深感值得。

最后，我还是发现了一个很大的遗憾，就是许多美景和故事“藏在深闺人不知”，需要更多的分享才会有意义。在山脚下的三四年时光，每天都浸淫在自然美景之中，心情总是愉悦的。每一次见识牛山的新景，聆听牛山的故事，我都是兴奋的。但是，也有一种惆怅，缺少人的点缀或者观赏，任何风景都是黯然失色的。这就如同女人的美，如果没有他人的欣赏，那是多么的不可思议。显然，牛山的美景是需要天下皆知的。

于是心间忽然就有了一句话：“山要水潮，山水也要人潮。”

好事要守成

知道我对牛山的爱，忙乎着收集牛山的风景与故事资料，一文友操心，用微信发来他人书中的一段话：“据记载，金州百里一名山，两山巅有大小各一‘天池’。”究竟是什么资料记载，具体又在何处，均不得而知，但我知道了牛山有一大一小两个天池。此后，先是见过了大天池，其美一直留在心底。然后，便是向往小天池了。

择周末的闲暇时光，在当地乡亲的指导下，在牛山朱雀寺后面的山垭停车，徒步徐行三四里，置身牛山南峰的山肩，看到一处形似乌龟龟壳的小山梁。走近了看，在那乌龟背上有一池水，人们称其“小天池”，与北峰的“大天池”遥相呼应，似乎一对孪生兄弟。民间传说，此池因了大天池而来，名曰：仙女池里开莲花——

很久以前，几位天兵操持在金州牛山修建了大天池之后，王母娘娘就频繁地来这里享受温泉之浴、欣赏风光。每一次，她都乐不思返，经常一待就是一整天，这可让身边的仙女、丫鬟和侍卫等随从，在旁边都等待得十分着急。说是着急，其实都是担心，害怕待的时间长了，难免会有疏忽，如果让王母娘娘受凉感冒生病了，就会惹了麻烦。

在得知丫鬟和侍卫的忧虑后，陪同的一位敢于仗义执言的仙女便向慈善贤惠的王母娘娘说了实话。

王母娘娘听了仙女的贴心话，感动身边各位随从、丫鬟和侍卫对她的关心，考虑到大家每次在等待中的枯燥和焦急，她把一个想法告诉了玉皇大帝。玉皇大帝觉得可行，便命此前操持修建大天池的天兵，迅速在牛山再选一个点，并请来原班工匠人马，另外修建一个小温泉，专门提供给随从王母娘娘的仙女、侍卫、丫鬟等轮流使用，一则让大家分享牛山之高山自然温泉，二则以消除大家每次在牛山等待娘娘泡温泉期间的无聊寂寞。

为了不打扰王母娘娘在泡温泉时的安静，新修的小温泉的地址选在了与大天池相对的另外一个山肩上。此地被称为一块风水宝地——在乌龟背上。不出所料，此池打造完成之后，地下就涌出了一股细流，四季恒温，满而不溢。人在池中，眼前群山逶迤，风光无限、美不胜收，一时身心的享受便愉悦无比了。

相对于王母娘娘的大天池，这个小温泉就叫了“小天池”。

有了此池后，王母娘娘身边的仙女、丫鬟和侍卫等，每次都争先恐后随她下凡到牛山，其快乐自不言说。

可惜的是，因为没有安排天兵专门值班看护，此池最终被毁于一次意外的破坏。

这是许多年后的一天，三个仙女结伴悄悄下凡到牛山，一路欣赏着风景，一路唱着小曲。当她们感到走得累了，浑身有了汗水，想带着一身疲惫泡在温泉中好好放松一番。可是，当她们来到小天池边上，正准备宽衣解带时，忽听池中有搅水之声哗啦响，惊诧之余，观察发现一头不安分的大公猪潜在池中正疯狂戏水作乐，好不悠闲快哉！

面对此种尴尬，仙女们顿时扫兴而去。此后，再也没有仙女下凡到小天池休闲沐浴了。

待到人们发现时，已是高山上一池“接天莲叶无穷碧，映日荷花别样红”的风光，荷花四时常开，美色撩人。

听了这个故事，我感言：“好事要守成！不能因为某个环节的疏忽而让其毁于一旦。”有人补充：“防止一不小心就被猪拱坏了！”

如今，身在此处，看不到昔日高山天然温泉的风貌，也不见了传说中四时姹紫嫣红的荷花，眼前只是一处荒凉的沼泽之地。于是令人幻想，如果传说中的景致能变成现实，或还原成一个天然温泉，或还原成满池的莲花，都将无疑是当下牛山高处的“一朵奇葩”。如此美景，必然招蜂引蝶，又惹人花前月下忙，亦会吸粉无数。

因了故事，丑陋不堪的它让人神思飞扬，想象无边。返回下山的路上，也不再觉得无聊无趣，一起都乐呵呵的。

生财有道

古言说，君子爱财，取之有道。这句话，在过去、今天和未来，无论何时，是放之四海而皆准的一条真道理。这有道之道，是人间大道，是正当途径，是光明之路。

在充满诱惑和纷扰的情景中，牛山脚下的乡亲们拿得稳，挣该挣的钱，发该发的财。不羡慕别人富有，守好自己的内心。他们说，所获得的一分一厘的钱财来得明明白白，没有昧良心，不伤天害理，用之才能安心。穷一点儿不可怕，不做异想天开的混账人，不怕半夜鬼敲门，吃得香甜，睡得踏实，也是一种富有。

我想，他们的秉性和人格的形成或许与长期浸淫在当地的民间文化中不无关系。这里的乡亲们教育子孙发财要守正道，不走邪门歪道，莫求不义之财，每一代人从小到大都会经常听到许多相关的民间传说，其中有一个传说妇孺皆知，名曰：刘百万捉神牛——

很久以前，牛山脚下有个财主，绰号叫“刘百万”，十分贪财和奸诈。

在乡亲们的眼中，刘百万住着深宅大院，有妻还有妾，家畜满圈、牛羊成群，良田数百亩，所有农活都由长工、短工打理，一日三餐有肉有酒，生活可谓“油和面”，一家人的日子滋润得简直无话可以形容了。

可是刘百万贪婪成性，永远不知满足。当他得知牛山隐藏有两头神牛以后，日思夜梦地琢磨着如何把这神牛逮住，然后圈养起来，为他家天天碾金，那么他家就会日进斗金、黄金满仓、永世富贵。

经过秘密计谋，这一日，他带领妻妾儿女和全部长工，围堵了神牛所在的山洞口，用提前准备的柴草等东西，在洞口烧火熏烟，希望两头神牛被烟熏昏迷后，将其捉住，牵引回家。

正在洞中忙着碾金的两头神牛，见到洞外突然飘入一股浓烟，浓烟呛鼻子、辣眼睛，导致头脑开始发涨、意识下降，浑身出现无力感。

生命危在旦夕之际，两头神牛誓死一搏，冒险冲出了山洞，逃到牛山脚下，又一路顺水向南逃去。

就在神牛冲出洞口的那一刻，刘百万身边的两个人就被当场撞下山崖摔死了。此时，已经鬼迷心窍的刘百万，仍然嚷叫着其他人迅速在后面追赶。

两头神牛在逃跑中遭遇大雨而走岔，一头逃往了四川方向，一头沿着流水方向，一路逃到了汉江。

待到刘百万追赶到汉江边月河口时，仅仅剩下了他一个人，其他人已经先后累倒在了路上，而贪财的他，一心妄想捉住神牛，完全忘了身边人的死活，只顾向前冲。然而，在他的眼前，一头神牛刚刚上了渡船离开岸边。

此时，渡船上的艄公一边在抱怨神牛的窝囊——咋有这么多的牛粪拉在了船上，一边用铲子在清理船舱里的牛粪往江里倒。艄公浑然不知，刘百万却看傻眼了，只见艄公倒进汉江里的全是金子，随之满河泛着金光。

万分激动之中，刘百万忘了自己是个“旱鸭子”，慌忙冲上前去，想捞取河中漂浮的黄金，然而迅疾被江水淹没，再也没有上岸。

艄公后来发现，舱板上没清理干净的那一点儿金子，刚好是他应该收取神牛的摆渡辛苦钱。

渡过汉江的神牛，终于安全地逃出了魔掌。人们看见它上岸后，经过了金州城西关里的一个巷子，从此便把这个巷子称为“金牛巷”，多年后被误传成了“金银巷”。当它朝向巴山深处继续逃去，在翻越一座山岭时，因为奔跑用力太重，留下了一串牛蹄印——从此人们便把这座山称为“牛蹄岭”。之后，它又躲避在一个山湾里吃草喝水歇息，人们便把这个山湾叫作“金牛湾”。再之后，人们便不知道了它的去向。

神牛逃生了，刘百万留下的却是一堆千古笑话。

刘百万梦想发不义之财、永世富贵，最终因他的贪念和愚蠢行为而毁了一家人的性命。

这个故事告诉人们，莫贪求不义之财。一心想占有不义之财是糊涂的，最终将是鸡飞蛋打、得不偿失。

现实生活中，每个家庭都离不开金钱，每个成人都需要努力多挣钱多赚钱，以不断改善和提高生活质量，但是途径和手段都必须是正当的，不能涉嫌违纪违法甚至违反道德，否则得到的财富所带来的不是幸福快乐，而是无尽的灾难和伤害。因而，任何时候都应秉持“生财有道”。

牛山传说故事中涉及的地名及风景，只有金牛巷、牛蹄岭、金牛湾三个地方，跨越了汉江，处在巴山之中，距离秦岭山系中的牛山百里之遥，其余都在牛山及其支脉的地域上。因其典型性、趣味性等特点，刘百万捉金牛的故事并没有受到地域的束缚，而是在更广泛的范围内不断流传，至今仍被人们津津乐道。

南山名流

牛山最高、最长的流水，当数黄巢练兵场附近的“金桶水”。其水出自海拔1400多米的高山之上，自一山洞中涌出，一路流过饮马池、响水洞、大阴沟，途经冉家河、月河，绵延百余里，而后汇入汉江。所以，当地人自豪，南水北调，一江清水供北京的水，也包含他们的贡献。

这一股水的前进之路，就像身子骨瘦小的山里娃，所处的环境条件差，在崇山峻岭中，既没有先天的平坦的笔直大道可走，也没有后天的各种优势可以借力，出门的路就坎坷曲折、凸凹不平，但它不卑不亢，始终默默地张扬着生命的顽强与律动。在沟沟坎坎、跌跌撞撞中，随缘就势，不择环境，一路克服各种障碍，努力向前。在高山密林中，百鸟唱和，让人听得见它一路走向远方的欢笑声、歌唱声，还有生命奔腾的呐喊声。大山的艰险和路途的遥远，没有挡住它奔赴理想的奋进脚步，在沿途服务人们生产生活中，尽管没有多少人知道它、记住它，甚至完全被忽略的，但它坚定地追随洪流，汇入大流，奔向远方，无怨无悔。

第一次相逢，我便注意到它在走出原生地的那一段艰难中，特别是在牛山两座山峰间呈现了一道并不引人注目的风景线。之所以这么说，是因为它在最初突围时的那种挣扎和坚强，往往不能被人明显感知和体会。环境的苛刻逼仄，令它不得不委屈自己，时而行走在乱石下，时而穿越荆棘中，时而融入泥沙里，时而又挂在悬崖峭壁之上，左冲右突，弯弯曲曲、时隐时现，简直像极了爬行在山间的一条水蚯蚓。它一路在经受牛山给予的磨难，一路也在接受牛山给予的营养，因为它的生命本来连接着牛山的每一根草木的血脉，每一根血脉日夜都在吸纳着天地之精气。所以说，它一路经历着艰难曲折，也一路经历着有意义的成长，亦是一路散发着生命的光华。

在拼搏向前的风光背后，它的身世也有一个精彩的民间传说，名曰：妖兽被斩黄巢败——

唐朝末年，黄巢起义军兵败长安后，一路退向秦岭南麓，沿途招兵买马，最后选择在金州牛山屯兵，盼望东山再起。

自从驻扎在此后，黄巢兵马队伍日益发展壮大。朝廷闻讯后，命令金州刺史崔伟限期剿灭，彻底消除隐患。

崔伟领命后，多次带兵马到牛山，与黄巢起义军交战，但常常都是失败而归。因而，他再也不敢轻举妄动。

对于如何完成朝廷交付的重大任务，崔伟没有停止思考和行动。他一边加强练兵，提高官兵素养和作战能力，一边悄悄地研究战略。有位名号“太白山人”的修道高人，感动崔伟促进天下安定的决心，在详细了解崔伟和黄巢的生辰八字后，进行了一番圈圈画画，然后娓娓道来，黄巢的星宿命其实是一条“黄妖兽”，他带兵马隐藏在牛山，本身就得了地利之助，所以很难打败他，如果斩了山中的黄妖兽，黄巢必败无疑。

黄妖兽在哪里？又怎么斩杀？太白山人一一指点给崔伟。

崔伟按照秘密指教，安排众位士兵化装成农夫，潜入黄巢屯兵之领地，在黄巢的一处命门穴位悄悄开挖山洞，昼夜不息，很快就挖出了一个大洞。

是日，崔伟带领官兵上牛山与黄巢起义军交战时，果然有一只黄妖兽从此山洞中突然蹿出，向崔伟扑来，此时有一把宝剑从空中飘到崔伟手中，不等崔伟舞剑，那妖兽便径直撞向宝剑，当下头破血流身亡。随之，从此洞中涌出许多条小长虫腾空而出，随后迅疾消失在丛林中不见踪迹。

当日，黄巢起义军被打得惨败，从牛山逃走后销声匿迹。

崔伟因此立下了不朽功勋，受到朝廷的充分肯定和老百姓的称赞。时隔了几百年后的宋朝嘉定五年（1212），朝廷为褒扬其功，追封崔伟为“牛山土主忠惠王”。

黄巢败走牛山后，人们发现，崔伟安排人工开挖的那个如水桶一样的山洞，在出现了黄妖兽和妖虫之后就涌出了一股金黄色的水流，日夜不间断，在高山上形成了一道小溪。于是，人们便将此洞称为“金桶”，将山洞之涌流称为“金桶水”。

故事中的情况是否在牛山真实发生过不得而知，但在牛山“忠惠王碑”记载内容中可见一斑。其中的启发是：行大道、走正路，永远是正确的。得道者得天助。也深感，在一个安定、祥和的时代中生活是无比幸福的。

以这个传说故事做支撑，如今站在牛山之巅，博览群山，在庞大的山脉体系中，与许许多多的山中小流相比，“金桶水”可谓牛山乃至秦岭南山的一支“名流”，在融入和拥抱大江大河之前也算是有故事有身份的“兄弟”。

无论它的“名流”身份能否得到大家的认可，我依然敬佩它的生命激情涌动不停歇，经受坎坷、曲折、委屈而不停步地奔赴远方。

月 亮 下

我喜欢月夜、有意识亲近月亮，是在陕南安康牛山脚下那一段日子里。每一次遇上皎洁的月夜，我都会坐在那个山头上，喝着茶，看着景，听着歌，默默地享受那种无以名状的美好。

其时的境遇，令人感受到，当把自己看得越渺小时，在任何地方都会活得潇洒，任何时候都会拥有一份好心情，风雨来了享受风雨，阳光来了享受阳光，无风无雨也无晴，那就享受现实的平常与平凡。人生的旷达与智慧和地位无关，小人物的生存环境可能逼仄，但思想境界不一定狭隘。因而，在山村的月光下，我思考认识到一种生命奔忙，那就是随遇而安，但不随波逐流；在风雨岁月中不畏世俗“向下走”的低姿态也是一种奋斗与进步。

有城里人躲烦恼，到山村里图清静，月夜里与我敞开心扉，他早年刻苦努力，加之运气相助，因而比圈子里的人有钱，又有了一些社会闲职和名声，可是他的幸福指数却在不断下降，人堆里的是非长短，社会上的尔虞我诈，尤其是那些因为羡慕嫉妒恨而投放出来的暗箭，常常撵着他而来，让人躲之不及。换个地方，远离喧嚣，从里到外，痛痛快快洗个月光浴，把那些自认为不堪承受的委屈，一脚就从心底踢出去了。如此这般，心里除了爱还是爱，生不出恨来。过去的那些似乎容忍不了的事儿，一一都随之烟消云散了。他说，有恨人、整人、防人或者还击人的聪明和工夫，可以用来做多少正经事儿啊！在山村的安详里，他收获了许多人生顿悟。

山村明朗的月夜确实滋养人的性情。我住的那房子，窗外就是山野和田地，打开窗户立即就接通了地气。在春天的月夜里，躺在床上屏声静气，直感觉那土地下有一股向上之气在奔涌，催促万物逐渐复苏，有时候似乎能听见庄稼禾苗的拔节声咔咔作响。此刻沐浴在月光里，不负光阴、时不我待的紧迫感油然而生。在夏夜里，如果月光足够明亮，或在山上散步，或在院子里小坐，可见在微风中婆娑的树叶，还可看到月光下斑驳的树影、人影，还有栅栏的影子，不免让人回忆起孩提时的快乐时光。有那么一段时间，初夜里，山野、田园里经常会响起一阵阵此起彼伏的虫鸣蛙叫声，如在乡村夜晚进行的一场自然交响乐。趁着月光，农家的孩子们也经常要在这时候热闹一会儿。有时候劳累了，干脆就裹着月光入眠，一觉醒来身心还是那么得劲儿。在秋夜里，枕着月光，欣赏窗外的风景，那一片苞谷林、高粱林，风吹叶子呼呼飘、沙沙响，偶尔从林中还会蹿出一只兔子或一只野鸡来，令人一时半会儿就睡不着了。在冬夜里，明月之下，山村常常是万籁俱寂的，静谧安详的，目光所及之处一片清辉，我以为那是纯净的生命的底色。常有冷风吹，人虽在外面受冻，但心里是温暖的。山村四季的月夜之景也难以说得十分清楚，季节交替之时，各种美景经常是你中有我、我中有你。

在宁静的月夜，我有时候也像一个顽童，用手机播放自己喜欢听的歌儿，把音量调到足够大，然后沉迷在眼前的山村图景里，享受一个人在山头的随性，不用担心打扰了附近的乡亲。在他们的纯朴里，有人能闹出一点儿声响来，就明白你是喜兴的，大家也跟着喜兴。如果觉得不尽兴，还可以纵情歌唱，此情此景可能会震撼了那里的山水。如今，村里的青壮年几乎都到外面挣钱去了，很难听到有人高声唱歌了，所以乡亲们不见怪，甚至还喜欢有人能闹腾点儿声响来，不时地给村里添些人气哩。

有时候，在院场那一棵大树旁边静静地坐着，一个人和一个月亮，我们就像患难的知己，是世上最值得信赖的朋友。于是，就幻想与月亮做情人哩，能够懂得我的心思，理解我的难处，体谅我的难堪，支持我去追随诗和远方。便也觉得常常在这个时候疗伤效果最好，遇到剪不断理还乱的麻烦事情，就先将其置之脑后，调整心态、情绪，稳定自己的精气神，等待心气正了顺了，所想所干的事就歪斜不了，也受不了干扰。

偶尔也会觉得无聊，便就着月光下酒，之后醉醺醺地晃荡在乡间小路上，山风吹拂、百花飘香，狗儿在前面跑……浑身那个轻松爽快呀，心里那个美滋滋呀，无以言表。

我常坐的这个山头的院场，过去是庙址，曾经是修行的道场。所以，也让我特别有了一种修为和警醒意识，不能为了享受山村的月夜而无所事事、虚度光阴，更不能因为在山村看不到滚滚红尘而忘记了奋斗。享受休闲是为了充电赋能再出发。因而，我经常提示自己，在前行的路上，不能歇脚松劲，需要坚持“不用扬鞭自奋蹄”。

在山村的月夜中，最是给我带来美好想象的莫过于当地的一个民间传说，名曰：王母娘娘装“光盘”——

很久以前，王母娘娘有一次下凡巡游秦岭，偶然发现南麓金州牛山下的一个大村落，山穷水穷人更穷，多灾多难多疾病。她怜惜此地的贫苦老百姓，于是想了一个因地制宜、一举多得、人人可受益的好办法，在山上安装一个能够发光照射乡间的“光盘”。

经过天庭的技术工匠实地勘测，将“光盘”安装的位置选定在牛山北方一条支脉的山峰上，这样使光线才可以照射到山下更广泛的地方，方便更多的人。自从山上有了这个“光盘”，每当夜幕降临后，它就像挂在大山上的一个圆圆的十分明亮的“大月亮”，那亮光能够照射到周围数公里的范围之内，人们就像处在如今自动控制的太阳能灯光下一样，赶在每晚的亮光关闭之前，可去山泉挑水、上山打柴，可在田间劳作，也可在家里纺线织布，还可聚在一起娱乐休闲。总之，为穷苦山乡老百姓的生产生活带来了很大方便。

不久之后，人们发现这个“光盘”其实就是一块又大又圆的神奇的红褐色石头，夜晚会散发像月亮一样的光，它的形状尤其像月亮，于是就将其称为“月亮石”，而把它所在的这个山崖就称为“月亮崖”。

同时，人们还惊喜地发现，月亮石每月有一个夜晚还会发出五彩的光照，如梦似幻。村里的青年男女们便都喜欢在这天夜晚聚会，于是经常有一对对男女青年就在此时私订了终身大事，因而，这个月亮石还被人们称为“月亮佬”。

让王母娘娘没有想到的是，她家的一位仙女下凡到牛山游玩后，偶遇并深深地爱上了这里的山水田园，还相中了一个勤劳、勇敢、善良、聪明的穷小伙王小贵，当下私自做主与其成婚，过上了男耕女织的夫妻生活。

得知仙女在凡间已成人妻后，王母娘娘十分生气，当即派了管家下到牛山，苦口婆心奉劝仙女不要遭受人间的苦难，安心回到天庭享受天伦之乐。王小贵说尽了好话，妻子亦是向管家断然回绝：“我不愿意享受衣来伸手、饭来张口的无忧日子，乐意过凡间的普通生活，虽然有苦有难，却有滋有味。”

管家费尽口舌，穷尽说辞，而仙女的态度却丝毫都没有动摇，表示死心塌地要与王小贵在一起，相伴到白头偕老。如此这般，竟也感动了王母娘娘派来的管家一行，他们表示“宁拆十座庙，不毁一桩婚”，宁愿无功而返，接受王母娘娘的处罚，也要成全王小贵与仙女的幸福婚姻。

“你喜欢受罪，我就让你受个够！”拗不过仙女的脾性，王母娘娘恼羞成怒，当下施法消除了月亮石的发光功能。

从此，月亮石在那山崖之上就再也没有发过光。

这是一个具有浪漫色彩的故事。现实里，如今月亮崖下的乡村环境不再穷苦，从煤油灯到电灯、太阳能路灯，从羊肠小道到连通世间各地的硬化水泥路，从吃不饱到吃得饱、吃得好，早已变成了一幅美丽的山水田园诗画景象，乡亲们的心里真正亮着一个五彩的幸福“月亮”。

传说中的“月亮石”，在牛山大阴沟深处的一个山崖上，其直径大约两米，呈现红褐色。它与月亮崖的组合，在周围层层山峦的映衬中，凸显出了一道奇特的自然景象，格外引人注目，令人想象无边。源于喜欢月夜，我也就特别喜欢牛山的这一道景观。

爱屋及乌，后来我还喜欢上了有关月亮的名字，比如植物名，月季花、月亮草、月亮树。亦喜欢有关月亮的诗文，比如“月儿弯弯照九州”“今人不见古时月，今月曾经照古人”“海上生明月，天涯共此时”“露从今夜白，月是故乡明”，等等。因为特别喜欢，在一次戏剧创作中，我有意虚拟了一些与月亮相关的名称，比如月亮湾、月亮河、月亮地、月亮泉等地名。也想，温柔如月，那带“月”字名的女人，就更应该漂亮、温柔和贤惠了吧。

说到底，我是喜欢月亮下的安详、孤独和意境。

何处不风光

世上没有完全相同的两片树叶，也没有完全相同的两座山。一座山即使风景无限也有它的天生不足，一座山即使不起眼也有它的独特风景。在安康牛山脚下的生活，让我学会了从缺点和不足中发现美、欣赏美。这种觉悟与当地的一个山豁口有关。

最初我眼里的这个山豁口，远远地看上去无一点儿稀奇可言。群山绵延的秦巴之地，所有的山脊几乎都有大小不同的豁口，甚至一条长长的山脉里有许多个豁口。换句话说，没有山垭子或山豁口，就不会有大大小小的山峰或山寨，除了平地而起的那孤零零的山。认识它是自然而然的事。一位乡亲知道我喜欢水也喜欢山，便推荐我费点儿脚力去看一看。于是，在一次爬山活动中顺便就去了。站在那高处看，牛山向东延伸的一条山脉，绵延犹如一条长龙奔腾而去，在三四里处突然有了一个大豁口，像一条龙的脊背被挖去了一块骨肉，或者说其天生自带了一个缺陷。这个山豁口在谭坝镇新华村高家湾的山垴上，乡亲们称之为“梨树垭”。

在梨树垭上没有看到梨树是其次，我的疑问是，大自然的鬼斧神工为什么偏偏要在此地弄出一个大豁口来？因此，我的第一印象是不美的，听了当地乡亲讲述的民间传说方才释然，名曰：天帝快刀斩乱麻——

很久以前，始终主张天下大一统的玉皇大帝接到禀报，奉命在凡间各处云游的一队天兵们发现，天下突然形成了许多个王国，这些大大小小不同的王国之间常年打打杀杀，一会儿这个王国被吞并，一会儿那个王国被割据，分分合合没有定数。同时，各个王国中经常有人揭竿而起，称霸一方。为此，老百姓不知所向，苦不堪言。

一时间，天下似乎乱成了一锅粥，所到之处民不聊生，生灵涂炭。了解情况后，玉皇大帝拍案而起："岂有此理，十八王子乱当家！"

玉皇大帝召开天庭专题会议，经过大家认真讨论，达成了共识：如果放纵不管，让天下继续大乱，那么距离天庭大乱也就为时不远了。结论是：必须让天下统一。

经过调查分析，天庭认为，问题的根源出在金州牛山，必须从治理牛山、稳定牛山入手，方可安定天下。

具体状况是，牛山不知何时起，先后驻有九条龙，都认为自己是主宰一方的真龙，并且各自占领了一条山脉，各自为政，互不相让，谁也不服谁，谁都想占据整个牛山为自己所有。因而，由牛山的割据混乱引发了其他各处势力参与的争强斗狠。所以，牛山一日不宁，天下便一日不安。

在听了详细禀报后，玉皇大帝笑了："都不过是一条小虫子而已，岂敢以龙自居？"

玉皇大帝当机立断，快刀斩乱麻，在天庭大会上宣布：天下只有一条秦岭属于大龙脉，其他各地的龙脉之说全是无稽之谈，从此以后，凡是在秦岭之外以龙脉论者全部斩除，不论任何背景和任何关系。

因此，牛山东方闹得最凶猛的一条龙被当作祸首，它所在的这一条被称为牛山最大龙脉的山脉，首先就被天庭斩断，成了两截子，于是就有了人们看到的"山豁口"。受此天威震慑，各条龙纷纷低头撤离了牛山，回到天庭等候发落。如此，天下这才彻底安静下来。

随后，天下就实现了大一统，最初的那个时代人们叫"大秦"。

山豁口的故事虽然出现了许久，但是很长时间都没有名字，此后因为长了一棵大梨树，人们因之而名“梨树垭”。

从故事中得到启发，就是生活在一个安定的世界里，只要生命安好，天地本来都是属于每一个生灵的，何以非要去闹腾一个你死我活呢？

跳出故事之外，身在这个貌不惊人的山豁口，就好像站在了人生的某个位置上。相对于高峰，这里是高山的低处，相对于远处的群山，这里却高高在上，而高和低并没有好坏之分，高处有高处的风景，低处有低处的曼妙，各有各的不一样的美好。继而想，天下无绝对的高处，高处也有低，低处也有高，高高低低，全然在自己的内心感受和精神境界里。若是看它高，它低也高；若是看它低，它高也低。好心情是自己找的，尤其是在没有风景的地方，就更需要做心情的主人，自寻其乐。无论何时何地，不管所处的位置高低与否，只要身心自在，其时所在无疑就是人生最好的处境。

随意穿梭在山林间，忽然发现有高山之水流过此地，自然形成了一条小溪。时光正好安静，坐在溪流边上，闻听鸟语花香，它们两相无碍，各美其美，观看飞虫走兽，它们各走各的路，各活各的命，在五彩缤纷、丰富多样、无奇不有的自然界里，它们谁都是这个世界上的宝贝。有了这个感受时，不一会儿，一种幸福的喜悦便在心间弥漫起来。

看着一只大鸟在纯净的天空中自由飞翔，便感觉身边似乎还缺少了一点儿什么，于是眼前就幻化出了仙女将要下凡来的景致。身边的朋友说，此处真是“人间仙境”。一荒野之地，有无风景，全在于待见它的人。你眼里以为的丑媳妇，在别人心中可能是心肝宝贝。

离开时又顿悟：人生何处不风光！在梨树垭有风光，在桃树垭、杏树垭也会有风光。生命的乐观状态也应该是，人在哪里，风光就在哪里。

安 家 神

扶贫帮困、救苦救难一直是中华民族的传统美德，也是民间传说的故事主题和人世间始终存在的一种强大正能量。所以，从西安到陕南安康去参与脱贫攻坚时，我的内心里就有了一种神圣和荣光。有朋友开玩笑，从省上到遥远的山乡里去驻村，就如同天庭下到凡间的一位“大神”。

神，在老百姓心中，那是无所不能的，可以帮助他们挡住所有的祸害、解决所有的困难、实现所有美好生活的愿望。人就是人，再怎么厉害，又怎敢称神呢？更不能自以为就是神。我虽然不是山村的一尊神，但我有神的愿望，希望每个家庭都过上好日子。

作为安康的一个游子，多年来我一直没有脱离与乡土的关系，始终在关心着乡土的发展变迁，从我掌握的情况来看，党的富民政策持续加力，推动举措越来越扎实、越来越细致，在一般情况下，只要干部群众听话照做，抓好各项政策措施的落实，就可以取得改变面貌的明显效果。尽管如此，因为各种因素影响，那时还存在着很多家庭的不同程度的贫困。作为驻村帮扶干部，不仅要从物质层面上切实解决问题，保障他们实现脱贫致富过上小康生活，还要从精神层面上，特别是要帮扶那些青壮年人走出思想藩篱，树立克难奋进的自信心，掌握致富本领，彻底走出精神困境，此项工作被称为“扶志扶智”。为此，除了使用宣传教育等常规工作方法外，我在走访帮扶对象时善于找优点夸奖他们，夸他们勤劳，夸他们是庄稼把式，夸他们家庭关系好，夸他们会待人接物，夸他们如何有眼光，夸他们住的地方风水好……这一招在实践中很管用，你夸他们哪一个方面好，他们在哪一方面就会越来越好，你夸他们家里干净，他们就越来越讲究卫生……

有一次，我夸赞一个青年说："看你这能干劲儿，一年不管干啥，挣上三五万块钱，肯定是随便的事儿！"他叹了一口气说："挣个辣子，媳妇跟人跑了，哪儿还有心思挣钱？"清官难断家务事，婚姻家庭的矛盾，外人说了皮说不了瓤，难以轻易判定是非对错。当时只是安慰了他一番，让他想办法把媳妇找回来。而他却不想找了，说是人即使回来了，心也回不来了。这一类现象和问题导致的家庭没有发展动力，当地俗话叫"家神不安"。

我理解，家神的神，是指一家人的凝聚心，是一家人的精气神。家神安就是一家人同心同德、团结和睦，心气能够拧成一股绳，一起同甘共苦、齐心协力、克难奋进，全力以赴奋斗好日子。

随着深入了解发现，山村的那些贫困户当中，有很多户并不缺劳力，主人也不缺致富本领，根源问题就是家神不安，而又往往不被他们重视并及时解决。具体有三种情况，其一，凡是夫妻不和谐，彼此有二心者，家庭则人心涣散，经常争吵不宁，与自家人和邻里扯穷筋的事儿多，麻烦事儿多，因此投入发家致富的精力少，日子则富不了。其二，男人缺少老婆的鼓励和帮助，那些经常被女人处处数落是窝囊废的男人，就真的是弄啥都弄不成。还有一种情况是，因为缺少另一半，没有干事动力。有的迟迟找不到媳妇的大龄青年，心里觉得没有奔头，就开始混日子了。有的未婚青年，不努力从改变自身的条件做起，却经常梦想天上给自己掉下来个林妹妹。

因而，我就特别关心一些家庭的家神是否安宁，但是如何帮助安好家神，确实令人费思量。在走访中发现，当地有一个民间传说就是最好的教材，名曰：放牛娃心里缠着一个鬼——

很久以前，在金州牛山双乳峰间的山沟口下，一位身材高挑的漂亮姑娘住着两间茅草房，一个人过着粗茶淡饭的简约生活，人们称之为“山姑”。

山姑性格温柔、安静，待人友善、厚道，心灵手巧，样样能干，她平时忙着针织绣花和读书两件事儿，从不主动去交往山下的乡亲，但是不管何时见到哪一位乡亲，她总是一副亲和的笑脸、一副热心肠，只要有求于她，她都是有求必应、有难必帮。遇到谁家缺吃少穿、有病无钱就医等困难，她都尽力帮人渡过难关。天长日久，她在当地落得一口好名声。

可是大家很奇怪，山姑好像年龄也不小了，从来不提谈婚论嫁的事儿，村里的热心人给她介绍了许多大户人家的小伙儿，她都一口回绝了。人们也不知她为什么就偏偏喜欢当地的一个放牛娃。

这放牛娃是山下一个财主家的长工，少小离家只为混口饭吃养条性命，然而遭尽了财主家的各种歧视和虐待。放牛娃小时候在山坡上放牛，偶然遇见了居住在茅草房的山姑后，像是遇到了自己的亲姐姐，经常向山姑聊心事、话忧愁，山姑也像姐姐一样，总是给他安慰和鼓励，还不时地拿给他一些零食吃，教他识文断字明事理，教他勤快干活、礼貌待人和内心坚强，避免在财主家受骂挨打。要他无论如何，都要坚持好好地活着，只有等自己长大了，才有机会、有能力逃出苦海，也教他如何忍辱负重才能成为一个刚强的男人。就这样，山姑陪着放牛娃一天天不断长大。

待到青春成熟时，放牛娃又有了一种说不清道不明的苦在心里煎熬着。他是迷上了山姑，时刻梦想着她能当自己的老婆。

在感受到放牛娃的心思后，山姑便有意识地帮助他出主意，想方法，如何离开财主家另起炉灶，如何娶上一个好媳妇，如何过上好日子，千说万说，什么困难都可以帮他解决，就是姐姐不能给他做老婆。

放牛娃百思不得其解，有一天按捺不住内心的激动之情，闯入山姑的茅草房内，表白了自己的想法。山姑不急不躁，耐心说了很多心里话，姐弟之间只能交心不能交身，更不适合结婚，即使结了婚，将来也生养不了孩子。那会儿，放牛娃怎么都听不进心里去，就认准了眼前的山姑。

就在放牛娃将要强行亲吻之时，山姑将计就计说："姐姐现在答应做你的老婆，但你必须听话，先出去在门外闭上眼睛等我一会儿，我要梳妆打扮一番，将把最美的模样给你，等我叫你时，你才能睁开眼睛进来。"听了山姑的话，放牛娃心里乐开了花儿，当即退出门外，闭上了眼睛。

殊不知，放牛娃正沉浸在幸福的等待之中，突然听见轰的一声巨响，待他睁开眼睛，眼前落下了两块巨石，像两扇大门，完全堵住了山沟，山姑和她的茅草房子都不见了……他这才恍然大悟，曾经与之相处了多年的山姑是一位天仙女。

原来，山姑下凡到金州牛山，在帮助放牛娃走出心灵苦难、成长为一位热血男儿后，便完成了任务，按时回到了天宫。

从此，人们将两块如门扇的大石头称为"关门石"，将它们所在的山沟称为"关门石沟"。

后来，放牛娃按照山姑曾经的指点，顺利娶妻生子，而且过上了衣食无忧的农耕生活，但是在他的心里却藏着一位完美而无法得到的女神——山姑，只是媳妇不知道。而这也再一次成为他的心灵苦难，始终折磨着他。不久，他便患上了一种神经病。每隔一段时间就要发作一次，病来了就到处疯跑，说家里到处有鬼，搅扰得一个好端端的家庭生产生活乱七八糟。请了远近闻名的大夫，花费了所有积蓄，用了很多的方子都不见他的病情好转。

有一年春上，村里去了一位年轻的巫婆，听说了放牛娃的病情后，向其媳妇言称，放牛娃心里缠着一个鬼，所以才得了胡言乱语的疯病，但是她能治好。巫婆说，当天晚上家里所有的人都必须借宿到邻居家里，只留下放牛娃一人即可，还得准备一些酒肉吃食摆放在堂屋的八仙桌上，其他任何人都不得在附近偷听偷看，不得有任何惊扰，她会为放牛娃驱除心魔到黎明时分，然后他大睡一觉后，病就完全好了。

反正是死马当作活马医，也吃不了什么大亏，媳妇就听话照做了。

经过了一个夜晚，不知道巫婆在那个单独的房子里给放牛娃施了一些什么魔法，除了酒肉和好吃的似乎被“魔鬼”吃了不少，其他方面看不出任何痕迹，放牛娃后来什么都没有提及，但确实再也没有犯病。

放牛娃的心鬼被祛除后，家神安宁了，他的身体也好了，往后一家人才算真正过上了殷实、平安、幸福的日子。

故事中的关门石和关门石沟今天依然在牛山双乳峰下，并不为多少外人所知，但是它的故事让人容易记忆，发人深省。

常言道，家穷不可怕，可怕的是家神不安。家神不安，则鸡犬不宁，财神不敢入门，即使闯入也会被踢出门。结婚成家就是安家神，彼此无悔选择，坚守初心，互相谦让，心往一处想、劲儿往一处使，一切好日子皆有可能。人心齐，泰山移。一个家庭永远需要无二心，不胡思乱想，不好高骛远，不身在曹营心在汉，不扯是非，不搞内耗，不惧困难，不怕坎坷，不受诱惑。而未能成婚者，也要安家神，这就是要沉住气、定下心、用力气，把自己培养成为“梧桐树”，有了梧桐树，自会引得凤凰来。如此，只有家神安宁，家庭才有合力，则家业必然兴旺。

人人都希望家神安宁，而这需要自身努力，从接受现实开始，脚踏实地面向未来，以家庭的共同志趣、共同理想凝聚心神，安定家神，但是许多人常把安家神寄托在了他人的帮助上或者把家神不安怪罪到了本身之外的各种因素上。每个人的生活中，都可能会帮助他人或接受他人的帮助，但是切忌得寸进尺，无原则地索取和要求别人的帮助，甚至捆绑别人的人生。异性朋友的他或她，可能就是在你最需要的时候，上天安排来拯救你灵魂的神，并不能做你的枕边人，不能也不可能事无巨细地帮助或参与你的琐碎生活，所以不能因此使其成为一种心魔缠绕着你，更不能使其成为你的一种心灵苦难，进而导致家神不安。作为朋友的处事分寸，也不能以任何名义，打扰乃至破坏别人的家神安宁。

从故事和现实中明白，在帮扶他人中也一样，做好力所能及且是恰当的帮助，不强人所难甚至打扰了别人的家神安宁，让他们去干一些超越思想认识和能力实际的事情。

后来，我放松也放心了，只要这一个家庭的家神安宁，便不愁他们的日子奔不到人前去。

不愧天地

保护大自然生态环境就是保护人类自己的家园。这个道理如今已成为人们的共识。

在过去的一段时间里，人们为了生产生活，为了经济快速发展，不惜过度开发利用生态资源，甚至以牺牲资源来换取短时的利益。我在青少年时期，因为见识少，认为今天砍倒的树，明天就会在原地很快长起来，野生动物赶不尽、杀不绝，针对乱砍滥伐树木、捕食野生动物的现象和行为以为是人之常情。当我们在解决了温饱之后，认识到需要建设一个秀美的山河时，那会儿我在农村的乡镇工作，在落实封山育林、退耕还林和生态保护等政策中，因为各种实际利益问题，经常与不明事理的亲友、群众发生口舌之争和是非矛盾，有些事儿至今都难以忘怀。

斗转星移，时序更迭。当下，在构建人类命运共同体思想的指导下，人们都在生产生活中积极而自觉地践行“绿水青山就是金山银山”的理念。从国家到地方分别出台了公益林补贴、公益林管护等一系列制度措施，在多年来的落实中效果日益彰显，非法开采矿产资源、乱砍滥伐和捕猎野生动物等现象基本消失。正是在这样的背景下，在安康牛山脚下驻村，我欣喜地发现，目及之处呈现了一派山川秀美的景象，所到之处皆令人感觉身在世外桃源，天天都在享受自然的美好风景之中。朋友关心问我在村里生活情况怎么样，我在电话里常调侃：“吃喝自然不存在问题，最幸福的就是每天都处在醉氧状态。”为此，我还写了很多小文章。

经过深入了解得知，保护自然生态之所以能够成为当地乡亲们的自觉行动，既有法规政策的强制约束，还有来自他们内心的觉醒，以及与长期受到民间文化的浸染有关，这便是我以为的当地的一个民间传说或许早已感动了他们。名曰：老娘英雄儿好汉——

很久以前，金州牛山频繁发生自然灾害，老百姓为此困苦不堪，又无计可施。玉皇大帝得到禀报后，降旨天庭派出两位母子关系的神仙，下凡到牛山，负责守护好当地的自然生态不再遭受破坏，持续坚持数年，即可避免各种自然灾害继续发生。

玉皇大帝之所以这样安排，既是为了方便母子在生活上互相照应，在工作上，母亲能够切实指导和帮扶儿子在实践中解决问题，增长本领，有利于儿子更好成长，并在完成任务中顺利培养了接班人。

母子两位神仙化身一大一小两只乌龟，人间分别称为“大神龟”和“小神龟”，他们及时来到牛山，拿出威风，迅速刹住了各种破坏自然环境的歪风邪气，植被很快得到了修复，各种动物和谐相生，生态得到了保护。果然，此后灾害越来越少，大灾害再也没有发生过。

在两只神龟的保护下，老百姓过着风调雨顺的日子。日复一日，年复一年，不知道人间已经过了多少年，作为母亲的大神龟已年老体衰，在决定回到天庭颐养天年时，她要求儿子小神龟陪她最后一次巡逻牛山。然而，在这最后一次巡山中，大神龟因为精疲力尽，当下在一地卧倒不起，再也无法行走，于是顿时百感交集，老泪横流。

大神龟的哭声惊动了身边的生灵，大家纷纷前去看望和劝慰。“您老一生尽心尽力造福民间，无愧于天地，无愧于自己，何来悲伤？”“您是留恋凡间，还是贪恋自己的生命呢？”“您有一个能干的儿子，能够继承您的事业，难道还有其他不满足？”……

听了此话，弥留之际的大神龟如醍醐灌顶，深感自己为天庭奔命夙夜在公，为民间造福无怨无悔，即使回不到天庭，长眠于牛山也是一生之幸事，于是瞬间释怀，转悲为喜。然后，叮嘱她的儿子小神龟持之以恒，继续守护好牛山……交代完这些话，就安详地闭上了眼睛。

大神龟的身躯经过九千九百九十九个日夜，幻化成了一块栩栩如生的“大石龟”，如今静卧在牛山朱雀寺北边一泉水中。

小神龟遵从母亲大神龟的遗愿，矢志不渝，长此以往，护佑着牛山的一草一木、一花一鸟，尽职尽责，从不懈怠，保持了当地自然生态兴旺、风调雨顺，老百姓安居乐业。

光阴荏苒，小神龟也变成了老神龟，他原想着在去世后陪伴在孤独的母亲身边，他也做好了充分的准备，可是当他在山下完成巡护牛山的最后一班岗，开始走向母亲时，却发现体力突然严重不支，费力爬了九九八十一天，仅仅是爬上了一个小山梁，便永远停在了那里。

依然是经过九千九百九十九个日夜，小神龟的躯体幻化成了一块生动的“小石龟”。又过经年，小石龟幻化成了所在的山梁上的一只“龟背”，这个山梁就是牛山朱雀寺南边的“龟背梁”。

当年，玉皇大帝在天庭大会上当众宣扬大神龟和小神龟母子俩的功德，并现场挥毫题词：“老娘英雄儿好汉。”

从此，这母子俩的美名在天上人间万代流传。

听完这个故事，令人想到了“天职”一词。传说中的大神龟和小神龟母子俩下凡到牛山担任“护林员”，自始至终就干了保护牛山生态这一件事，并且很好地履行了他们的天职。因此，再看待当下的生态环境保护工作，就不再普通平凡，似乎有了崇高的天性和荣光。

身处牛山，我经常与乡亲们分享，每天生活在天然生态公园之中，人的精神状态饱满，浑身好像总有使不完的劲儿。所以，我们要珍惜好、维护好，一代人接着一代人都要如此。那一天，众人听我啰唆了一大堆话，乡亲们纷纷回应。一位长者说：“你亏天地，天地就会亏你哩！”他还列举了许多事例。其他人也是你一言我一语：“把一只虫子踩死了，我都会难过半天。”“过春节呢，放一串串鞭炮，我就担心会把空气污染了。”“遇到一只兔子，都舍不得逮。”我大为惊讶，他们用朴素简单的语言，深刻而又通俗地表明了他们的环保理念，也反映了他们的环保实践。

一位见过大世面的乡亲感叹，庆幸生活在当下的伟大时代，无论在城乡何处，身边的生活环境都在发生着日新月异的变化。他说，有时候就像做梦一样，一觉醒来，眼前就变成了一幅人间美景。我感同身受。也想，不用去采访，亦不质疑，我知道在这些美好环境的背后都书写着人们共同的愿望和兄弟姐妹们对自然环境的爱护与奋斗。

此后，“不能亏了天地”这句话便经常萦绕在心。

每个人都有光芒

站在牛山的土地上，我常常出神。

这里的一石一泉、一峰一梁、一崖一洞、一草一木等，往往都有它们各自感人的传说故事，因而也让我深深感受到此地之灵气与滋养，一花一世界，一叶一菩提。

任何时候都不能小瞧了所有的遇见。比如，躺在大岩沟一处小堳地上的一块巨石，如果没有人提前介绍，即使你在此地寻找风景也是难得一见它的。天下的石头多了去，何况是处在荒山野地里的石头，本身又没有什么特别的看头。如果说有一点能够引人注目，那便是它的丑，而它的丑也容易被忽视。可是，当我们在听了别人对它的美言后，却又是那么向往着去接近它、欣赏它，觉得它是那么的老实可爱，又是那么的值得一看。从适当的距离看上去，其形态之逼真好像一只蹲着的癞蛤蟆，因癞蛤蟆又名“金蟾”，所以乡亲们称之为“金蟾石”。在当地人们的心中，大家不仅不敢亵渎它，还十分爱戴它。如此，令人感到它的神奇。

一块大石头何以有如此的尊严和威望？秘密藏在这个感人的民间传说之中，名曰：癞蛤蟆不赖——

很久以前，癞蛤蟆在天庭做门卫工作，它原以为放在衙门口的棒槌三年都可以成精，而自己在天庭门口不知待了多少个三年，并且多年来一直兢兢业业、默默无闻，可就是迟迟得不到提拔。看到各路小兵小将都争相下凡去各地救苦救难，返回天庭后一一都被加官晋爵，前途锦绣，似乎还有享不完的功名利禄，于是它也向天庭主动提出申请，要求下到凡间牛山去做救苦救难工作。

玉皇大帝恩准了它的请求。

是日，癞蛤蟆顺利下凡来到了金州牛山，它以为自己就是凡间的一位大神，无所不能，结果没有人搭理它，它无事可干，也不知道干什么，因为救苦救难的各种事情有很多人都在抢着干、争着干。

在经历过一段时间的观察后，它意外惊喜地发现自己的粪便竟然能让花草变得非常精神，然后就抱着试一试的想法，又将自己的粪便拉在老百姓的田地里，继而发现各种庄稼和蔬菜生长得十分旺盛。于是，它就专门在穷人家的庄稼田地里拉屎撒尿。加之当年风调雨顺，无病虫害，它就专管了施肥一项，所以这一年，牛山下穷苦人家的田地种瓜得瓜，种豆得豆，不管种啥都有了好收成，所以大家都能够凑合填饱了肚子。

此后，因为连续几年的庄稼丰收，穷苦人家也有了白米细面可吃，日子慢慢地都好过了起来，大家口口声声感谢天恩地德，对癞蛤蟆的无私奉献和帮扶成效赞不绝口，也因而对它爱护有加。癞蛤蟆因此找到了在凡间存在的无穷乐趣和意义，完全不在乎了天庭对它的看法、考核和提拔重用，只是把帮助穷人家的庄稼蔬菜施肥这等活儿，默默地干得更加欢实了。

“为啥突然借粮借贷的人家迅速减少了呢？”就在财主百思而不得其解的时候，发现有一只癞蛤蟆每天在半夜三更之际，会把自己变成一群又一群的癞蛤蟆，分别跑到穷人家的田地里去送“肥料”，随后那庄稼就像伺候了好吃好喝的一样，呼呼地往上长。

财主在得知癞蛤蟆隐藏牛山造福乡间的秘密后，便一心想把金蟾据为他家所有，专门为他家的田地庄稼施肥，穷人家没有了收成，他家便自然可以继续借贷给周围的穷人家，收取更多的利息。于是，这一天夜晚，财主雇用了一帮青壮年劳力，手持竹笼等捕捉工具，提前等待在一户穷人家的田地旁边，伺机把癞蛤蟆抓回家。

他们不知道这癞蛤蟆是神仙的化身，看见癞蛤蟆去穷人家的田地送“肥料”后，以为只要堵住它的回路，就可以顺利捕捉到它。待到他们近身的时候，癞蛤蟆早有准备，突然浑身发力，向他们不断喷射出令人迅速发昏发呕的脏水臭气，而且在他们面前跳来跳去，折腾得他们个个躲避不及，不是跛了脚、断了腿，就是折了腰，然后七扭八歪地倒了一地。

看到这个十分尴尬的场面，守在一旁的财主顿时起了杀心，趁癞蛤蟆不备，冲上前去，用铁棍对其头部就是狠狠地一顿猛打。眼看癞蛤蟆就要完全死去的时候，不料癞蛤蟆突然威猛得像老虎一样，嘴巴张成了一个大大的口袋，一口吞掉了贪恋的财主，并在财主闭上嘴巴和眼睛的那一刻，又长长地吐出了一团难闻的恶气。

癞蛤蟆当下牺牲了，牛山当地再也没有了那可恶的财主。

玉皇大帝得知情况后，为癞蛤蟆改名“金蟾”。经年后，金蟾的躯体幻化成了一块大石头，人们称之为“金蟾石”。

即使是做了一块金蟾石，它也始终带着一颗真诚利人之心，当地老百姓在每年的正月里经常去祭拜它，感谢昔日之奉献，祈盼护佑风调雨顺、人寿年丰。

因为癞蛤蟆天生相貌丑陋，天上人间都曾经怠慢了它、偏见了它，在漫长的岁月中，人们在切实感受到它的内心善良和无私作为之后，自然地流传下了一句口头禅——癞蛤蟆不赖。

金蟾，是一种有益于人类和维护自然生态的两栖野生动物。由此传说故事可见倡导对它的保护在民间早有认识。

那天，望着这一块有故事而又经历了无数风雨岁月的金蟾石，我越发敬佩先人的先觉和智慧，他们在创造民间传说中赋予了万物灵性，也以此寄托和传递了那个时代人们普遍的精神追求和价值取向。特别是在信息传播和教育培训手段十分落后的过去，先人们依靠创造和传说民间故事，不断构筑着一个地方人们的精神内核，其作用犹如家风家教一样润物细无声。对于今天而言，这个故事的思想意义和趣味性也并不过时和失色。传说中的金蟾，多么像如今自愿报名、申请下到山乡去驻村的帮扶干部，他们为了实现个人理想、发挥自身价值，积极投身于火热的社会实践活动之中，在帮扶群众致富和促进乡村振兴的征程上，主动担当、积极谋划、勇于作为。

此故事让我受到的启发是，每个人都有自己的光芒，只是热量大小不同、特点不同、作用不同。一个人不怕不会做事，更不怕没有能力做事，只要你用心用情为老百姓做事，总是能够找到自己的特长和着力点。也不怕做事别人看不见，你传递的能量和温暖，受益的人们迟早会感受到，你做出的成绩，迟早能够被别人看见。所以，只管用良心做事即可，只管努力发光即可，不用担心结果。因为，即使是浇灌一滴水给一株花草，其枝叶或花、果都会映照你的良心、你的光芒。

我喜欢这块石头，它承载与传播了一种昂扬向上的价值观。

学养在民间

牛山是一本丰富的故事书，常读常新。

此前，我虽然已经见过了牛山许多景物，也听了许多传说，但牛山于我始终充满了神秘之感。这一天，犹如探险一般，经历爬坡过坎、翻山越岭等艰难，被当地几位朋友带领到黄巢练兵场东面的一处山崖，看到了一个见方两三米、深十多米的石洞，但是洞里洞外无任何奇异和新鲜之处，还令人有一些恐惧。世间的事物多是无奇的，如果觉得奇怪，多是因少见而多怪。所以，见到此洞时令人无所谓欣喜。当我听到有一条黑龙曾经在此修行，并坚持为老百姓主持公平正义，营造了一方良好的社会风气，然后我就有些兴奋了，便故意不屑地说："一个貌不惊人、隐蔽在高山林荫中让人难以发现的山崖洞，哪来这么大的噱头？"

"那你得竖起耳朵，细细地听我说。"同行的老大哥搭腔。于是，我轻松获得了这个山洞的民间传说，名曰：常做善事运气好——

很久以前，天庭选派了一条青年黑龙到金州牛山凡间修行。这条黑龙服从安排，如期下凡来到牛山，并在东峰西面寻得一处天然洞穴住了下来，它坚持每日学习、觉悟和利人，积极主动融入当地老百姓的生产生活之中，在帮助大家解决各种困难和实际问题中逐渐改掉了性情暴躁、做事缺乏耐心等缺点，并以处事公道正派而广受称赞。

黑龙下到牛山的这一年，牛山庙会上发生了一件事。这一天，大师傅在台上激情地讲经论道，教育听众行善积德，多做好事，必有福报。当时，从四面八方到此的男女老少正凝神静气地听着，突然，一名恶徒闯入现场，无视公共秩序和待人礼仪，口出恶语，驱赶听众，不仅不听别人劝阻，还手持尖刀刺伤了多名僧侣。其言行举止猖狂至极，众人无可奈何，导致现场一时哭天喊地乱成了一团麻。

恶徒的胡作非为，刚好被赶来逛庙会的黑龙看到，心中忍无可忍，便在当下就好好地教训了恶徒一顿。

当时处在慌乱中的人们，忽然看到空中急哄哄地涌来一团黑云，朦朦胧胧中变成了一条龙的大尾巴，不偏不倚就在恶徒的头上来回摆动了两三下，只听见恶徒“妈呀——”一声，瞬间倒地不起，半晌工夫后，待他缓过气，从地上爬起来，左右脸面上各落下了一个黑巴掌印，然后人就像被霜打了的茄子，灰溜溜地离开了。

从此，黑龙就把维护当地社会秩序列入修行的必修课，每日巡查，发现问题，该出手时就出手。

牛山有一个青年好吃懒做，经常在乡间偷鸡摸狗，人们称之为小偷，他搅扰得家家户户晚上都不得安宁。这一天晚上，知道小偷又要去行窃时，黑龙便提前挡在了他要经过的路上。突然间，见到一条黑龙气势汹汹地卧在路上，尤其是那一双似乎能够剜掉人肉的眼睛和那一条似乎可以轻易把人卷走的舌头，当时就把小偷惊吓得尿了一裤裆，勉强走回家后，睡了三天三夜才醒来，再也不敢做贼了。

黑龙在修行中也很讲究做事方法，尤其是在启发老百姓惩恶扬善方面，让人感到善恶起心动念当下就有报。

有一户穷苦人家，经常遭遇邻居一家人打骂欺负，想到府衙去告状求公道，一是无盘缠，二是找不到门路，一家人因此忍气吞声，日子过得诚惶诚恐，非常可怜。看到乡间存在的这种现象，黑龙没有直接制止经常作恶的那一家人，而是想了一个关于惩恶扬善的激励奖罚办法。比如，谁一旦起心动念想欺负穷苦人家时，他的脑袋就会莫名其妙疼得厉害，同时家里的米面就会不知不觉地减少很多。相反，受欺负的那一方人家的面缸米桶里就会被添加一定数量，好像米面能自然长多一样。

天长日久，当地老百姓悄悄发现了一个规律，谁作恶一次就会吃亏一次，谁做善事一次就会得到好处一次，谁作恶越多就会吃亏越多，谁做善事越多就会运气越来越好。后来，人们就自觉地愿意做好事，争着做好事。因此，乡间逐渐团结和谐，风气越来越好。

看到乡间一切变好，黑龙在修行期满后放心地回到了天庭。玉皇大帝发现黑龙与过去相比，从里到外有了脱胎换骨般的变化，心态阳光，性情温和，做事有规矩讲方法，而且其形象因为牛山自然环境的陶冶，变成了一个大家都喜欢的潇洒帅气的“龙哥”。

黑龙得到了玉皇大帝的提拔重用，天庭众位神仙心服口服，都认为黑龙在牛山修行不虚。

黑龙因为主持乡间的公道正义，被当地的老百姓称赞为“牛山的‘黑包公’”，并将其曾经生活过的山洞称为“黑龙洞”，此洞被保护至今，没有受到任何破坏。

民间传说中的黑龙，其实是民间用来维护社会公道、压制各种邪恶的一种正义的力量化身和精神图腾。

这个故事无非是为了教育人们明辨是非，要秉持惩恶扬善的作风，相信恶有恶报、善有善报，作恶使坏即使暂时得不到相应的惩罚，但内心因为长期惊恐不安，必然会影响身心健康，导致出现不好的运气。而做善事，由于利他，会得到称赞和祝福，收获来自灵魂的快乐，从而让人的心气正、精神好，那么谋事干事则容易成功，如此就会越做好事运气越好。此外，还告诉人们一个道理，越是心地善良、公道正派、行为端庄、作风硬朗的人，长相便会越来越帅气，或越来越漂亮。

牛山除了黑龙洞，还有许多的山洞，比如金牛洞、流米洞、赁碗洞等，洞洞都有各自的故事流传至今。这些故事和牛山的土地，不仅养育了一代又一代儿女，也滋养着他们的精神成长。此地的民间传说都充满了正能量，鼓舞人，比如，幸福美好的生活需要勤劳奋斗，需要家庭和睦、齐心协力，需要邻里团结、互帮互助，需要持之以恒、克难奋进，需要知足、懂得珍惜，需要维护社会公平正义，需要乐善好施、传递温暖，需要感恩天地、爱护自然，而且每一个传说都有一个不同的题旨。

我为当地拥有这些禀赋资源而由衷高兴，在驻村工作中遇到许多问题需要沟通的时候，常常不用讲多少大道理，把相关的民间故事扯出来，很快就能把情理说得清楚通透了。从另一个方面来看，乡亲们的能言善辩和通情达理，或许与他们脑袋里装满了这些故事和道理有关。

在这里，每天都泡在了故事中，让闲暇时光有了许多嚼头和乐趣。乡亲们讲的民间传说，诠释的都是古今世间的大道理。如此，让人与牛山就有了特别的亲近，尤其是令人深感“学养在民间”。

控制住欲望

人们对人性的贪婪早有认识和警示，但是很多人都难以戒除贪婪心，于是世间就有了各种劝诫贪婪心的故事和歌谣。山村中正下雨，正好欣赏一位朋友微信分享给我的一首明代朱载堉的《不足歌》，内容如下：

终日奔波只为饥，方才一饱便思衣。
衣食两般皆俱足，又思娇娥美貌妻。
娶得美妻生下子，恨无田地少根基。
良田置的多广阔，出门又嫌少马骑。
槽头拴了骡和马，恐无官职被人欺。
七品县官还嫌小，再思朝中挂紫衣。
一品当朝为宰相，还想山河夺帝基。
心满意足做天子，又想长生不老期。
一旦求得长生药，要跟上帝论高低。
不足不足不知足，人生人生奈若何？
若要世人心满足，除非南柯一梦兮。

我没有考证我罗列的内容是否完整准确，但仅此就充分表现了人性永远不知满足的贪婪，生动描绘了一幅人性贪婪的逐渐升级图，表达了人生始终走在贪婪的没有尽头的路上，直到生命死亡才能被迫放下的无奈。

现实生活中，除了存在《不足歌》中所说的贪财、贪色、贪权、贪名、贪生这些现象之外，还经常发生着贪赌、贪酒、贪吃、贪喝等各种五花八门的“贪”，而这些贪心都是不应该有的。在牛山当地，为了教育人们戒除各种贪心的民间传说有许多个，独有这一个题旨和趣味很特别，名曰：贪心小和尚害了一锅汤——

很久以前，金州牛山庙上的僧侣吃饭问题，从来都不用发愁，只要拔腿走几步路，在附近一个山洞中按需取用大米即可。这个神秘的山洞距离膳房不远，就像永远也取不完的粮仓一样。

为了保密和食物安全，庙里安排了一个小和尚专管取米之事，每到做斋饭时，他会按照吩咐的规矩，拿一只竹筐来到此山洞前，先点燃三根香，行叩拜礼，然后用竹筐接在洞口，少顷，洞口就会有一股干干净净的白米流出，又会自行停止。当顿吃饭的人如果增多，洞里流出来的米也会增多，总之每次从洞中流出来的米量不多也不少，刚好够庙上人一顿饭所需。

平日做饭时间和次数相对固定，所以每天去山洞取米也就三次。最麻烦最劳累的是，每逢庙会吃饭的人数多，且做饭的次数不固定，这就需要小和尚不停地往返山洞取米。因而，每次庙会让小和尚感到总是有干不完的活儿。

这一年的二月初二，参加庙会的人数相比以往多了很多，考虑到都是从四面八方跋山涉水，自远路而来，又处在青黄不接的时节，庙上就支了几口大锅不停地煮粥，免费给大家供餐。为此，取米的小和尚一天来来回回要跑好多趟，累得连个喘气儿的工夫都没有。多跑路也就罢了，每次取米时间稍微长一点儿，还要遭做饭的师父怒骂。小和尚觉得，原因在于洞口小，流米速度慢，才导致取米等候的时间长，于是便悄悄找了凿子和锤子，把洞口凿得大了一些，果然洞里的流米量和速度都增加了不少。

见此方法确实管用，又一次遇到庙会吃饭的人更多，小和尚为了取米省时省事少麻烦，避免师父等米下锅着急，也为了让那些远道而来的人不挨饿，能够吃上一口热乎饭，他再次拿了锤子和凿子，想把那流米的洞口凿得再大一些。未承想，这一次，第一锤子敲下去，就只听凿子下面“刺啦”一声响，随着泛起的一阵火星星儿，忽然一股青烟从洞内汹涌而出，待看清楚时，洞口已被完全堵住了。

看到眼前发生的这一幕，取米的小和尚急得哭了，任凭他跪在地上焚香磕头，再怎么使劲儿用锤子敲打，曾经流米的山洞都严严实实的，始终不见一丝缝隙，再也没有流出一粒米来。

小和尚因为又一次的贪婪，断送了庙上僧侣吃米的不竭来源，追悔莫及，但他从此开悟了，彻底戒除了贪心。

至此，当地人们方才知道牛山原来有个“流米洞”，并因此得到了一个教训——干啥事都不能贪心，即使贪心不是为了自己，即使贪心是为了帮助别人，即使贪心是为了世上人好。

我猜测，这则民间传说原来可能出自牛山庙，曾经为了教育修行的小和尚要摒弃贪念和贪婪行为。故事启发人们，无论过去、现在，还是将来，任何时候都要珍惜拥有，懂得知足，更不能在已得到好处的地方不知满足，得寸还要进尺，无限贪恋下去。

故事还告诉人们，即使是以公益之名、集体之名，或以利于他人、社会之名而产生的贪婪和行为，也是不应该有的。即使是积德行善，也要坚持发自心、发乎情，讲究方法，做到恰到好处、适可而止。把好事做好、把实事做实即可，而不能有好大喜功、多快好省等贪心，让实际效果适得其反，背离了初衷，更不能因此而违纪违法。

贪婪是人生幸福的绊脚石，也是人生灾难和不幸的根源。不管哪一种贪婪，凡是贪婪的就是不合理的、不正当的，甚至违纪违法的。古往今来，因贪婪而影响和危害自身、家庭和社会的事例太多了。所以，人的一生中，如果不及时遏制自己的贪心，到了不能自拔或无法纠错改正的地步，就会彻底毁了自己的前途和幸福。人生过程会有许多需要，也应该有必要的追求目标，关键是要把握好需求和得到的尺度，要处理好知足与知不足的关系，万万不可贪婪。从某种意义上说，人生控制住了欲望，管住了自己的贪婪，就把握住了当下的幸福与快乐。

贪婪不是个好东西，它是带给人一时快乐的戴着假面具的魔鬼，它是人生进取路上极具诱惑力的陷阱，它是外面裹着香甜味而最终让人难以下咽的苦果。所以，控制欲望、戒除贪心，是每个人需要一生自修的功课。

把握距离之美

洞还是山洞，秦岭中常见的小山洞，地点在牛山北峰东面的山崖下，其名“赁碗洞”。

之前看了牛山的“流米洞”，听了其民间传说后带给了我许多联想。想是，在那生产生活条件极其落后、物质贫乏的时代，人们由于经常遭受饥饿，便梦想白米、细面等物品能够随时满足需要，于是就有了流米洞有取之不尽的大米这般“天上掉馅饼”的传说。由此，让人联想到赁碗洞，它便是可以向人们提供所需要饭碗的山洞。把二者联系在一起想，可谓上天替人间操心得周全。如今观看此洞，洞内和洞外皆没有一个饭碗之碎片，亦是无令人惊奇之处。只是在这个看不见人烟却是常生紫烟的地方，在它的身上流传着一个令人深受启发的民间传说，名曰：吃鸡蛋不必识母鸡——

很久以前，牛山庙自从有了流米洞提供所需大米以后，无论是过庙会还是赈济灾民，再也没有因为无米之炊而发愁过，只要到了庙上，人人都能够吃到一碗斋饭。

因为管饭不成问题，所以后来每逢庙会或赈灾时，吃斋饭的人数越来越多，一时间没有那么多饭碗，便只能到山下的农家去借碗。借碗是一件十分烦琐的事，要跑很多人家才能凑齐一次庙会所用的饭碗，而且借每家的饭碗是啥样子、啥数量，都要分别记在心上，用完了之后要一一送还上门，如果一不小心打碎了，或碰了豁口，还要给人家赔新的。所以，每次庙会日来临时，庙上的小和尚们最不情愿干的事情，就是下山到各户去借碗。

又一个庙会日快要到了，住持安排了下山借碗的事，一个小和尚不情愿，待了多半天都没有出门。管事的大和尚催促了好几遍，见他迟迟不动身，还不停地犟嘴，索性就给了一顿打。

即使挨了打，这小和尚还是没有出门。见其两三天都未行动，生气的管事大和尚，这一次打得就更凶了。

小和尚被打得生了怨气，在庙里不愿意待了，便背了包裹悄悄往后山走去，一边走一边哭，哭自己天生命苦，哭无父母亲人心疼，哭管事的大和尚心狠手辣，哭那些吃斋饭的人没事儿到庙上干啥……在一个无人的地方，他坐下来，哭得天昏地暗，哭着哭着，就昏睡过去了。

当小和尚一觉醒来时，发现身边暖风吹、鸟儿叫，眼前的山崖边有一片特别好看的紫竹林，这是他从未见到过的非常好看的竹林，阳光照射在上面泛着一层层紫色的光彩。他不由得奔着竹林而去，在竹林深处看见了一扇关闭的大石门。他好奇地来到石门外，忽然一只鸟儿闹喳喳，几乎是挨着他的头上飞过去的。抬头看时，发现鸟儿落在石门上的石坎边，石坎里边有一个小石洞，再进一步探望，发现洞中放了几摞饭碗。

小和尚转而高兴极了，拿了这些饭碗，他就可以安心地回到庙里了。看看四周无人，叫喊也无人答应，于是他用小石头在石壁上划了“借用尽快归还”的话，然后在山中找来藤条做网兜，又找来木棍做了挑担，挑着四摞饭碗顺顺当当地回到了庙里。

庙上管事的大和尚自然是高兴了，在听了小和尚说的情况后半信半疑。既然有这么好的事，那就打发他多跑几趟。次日，他再去那片竹林时，那洞口果然又放了几摞饭碗，他分为几次把那些饭碗又借了回去，其数目刚好满足那次庙会所用。庙会结束之后，他将那些饭碗如数放回了洞口，再去看时洞口是空空的，显然是被人收走了。

来年庙会又有需要，好像有人提前准备好了似的，就会把所需数量的饭碗放在洞口，方便小和尚去借用。就这样，每逢庙会或者赈灾时，可在此洞口如数借取所需饭碗，用后送回原处即可。

从此，这个山洞就有了名字——赁碗洞。

岁月更迭，小和尚长成了青年人，又一个庙会日即将来到，在去赁碗洞借碗之前，他突然有了一个想法，想弄清楚那些饭碗究竟是哪儿来的，那个帮助他的人究竟是谁。

这一天，他守候在紫竹林深处，夜半时分，皓月当空，清风吹拂，听见石门“吱呀”一声开了，从门内走出来一位身穿红色长裙的姑娘，怀抱着一摞莲花瓷饭碗，轻轻地放在了石门上的山洞中，然后转身关上了石门。他惊呆了，但是强忍着咽下了许多唾液，未敢打扰。

当天晚上回到庙上，他怎么也睡不着，就想看看那姑娘究竟长得啥样儿，想问问她多年来为啥一直对他那么好，让他每次都有饭碗可借。

次日晚，他悄悄地藏在石门外。原来不看无所谓，只是这一看，姑娘的美丽漂亮让他按捺不住内心的激动，几个箭步就冲到了面前。

姑娘大受其惊，迅疾一个闪身，石门就“哐当”一下关上了。当下，这和尚被撞得头破血流。之后，这石门再也没有打开过，石门上的洞口再也没有见过一个饭碗来。

只要能吃上鸡蛋，何必要见到那只下蛋的母鸡，更何必去拥有那只母鸡呢？这是我听了故事之后得到的启发。这就像吃了一顿丰盛的美餐，何必一定要弄清楚出自谁的手艺或非要去认识那个掌勺的美妇人呢？在很多时候，享受着眼前的美好就好，不必去探访背后那些不该知道的情况。

在人生的征途中可能会遇到许多美女，有些美女或许是上天派来的，就是我们事业永远的默默的支持者和无私奉献者，并不能做老婆、做情人。彼此之间，保持恰当的距离最为关键，不突破距离就是最美好的事情。那个美女也可能是你遇到劫难时来拯救你的女神，你若贪心，她可能就会变成你的恶魔。所以说，有些时候，与有些人之间，不能贪婪地渴求关系更进一步。走近了，对别人或许是不尊敬、不礼貌，对自己或许就是一种伤害。

修炼精神高度

站在牛山高处，放眼远处的山峦皆是风景。

这让我想起很多年前，到一位居住在城市中心一大厦30层楼的朋友家做客，那是我第一次走上这么高的高楼。入座后，发现他家偌大的房子，窗明几净，几乎一尘不染，刚要赞称主人勤快、讲究卫生时，主人便打断话题后分享说，灰尘飘在空中的最高位置一般超不过20层楼，因而20层楼之上便不会遭受灰尘。听了此话后，我站在朋友家的阳台上向外观望，目及之处，果然发现眼前的一切都非常清明，听不见市井的喧闹之声，也看不见为了蝇头小利而闹得的乌烟瘴气，近处那些杂乱的小巷、拥挤的人流和市郊的荒地等都成了别样的风景。

其时，让我第一次获得人生的一种见识——屁股的位置决定视野，视野决定胸怀，胸怀决定格局。你的位置不在那个高度上，视野不开阔，思维和认识便也难以有高度。你的认识、思想和精神高度，往往不是你想怎么高就能高得了的，而是实际所处的位置高了，所看、所想、所感、所悟自然就高了。

后来读到一篇文章说，在生活的深处，如果没有精神境界的高度，处处都会感到周围被灰尘笼罩包裹着，身心自然会疲惫不堪；如果站在一定的高度上，连看到骂自己的人都是风景和享受。你是整天抱怨生活乌烟瘴气一团糟，还是享受生活给予的风景和阳光，关键不在于你身在何处或现状如何，而是取决于你的精神高度。站得高，看得远，心胸自然宽阔，心胸足够宽阔就能容纳一切。如果你有痛苦，那便是胸怀不够宽阔，精神高度不够。

这一天，与朋友一行站在牛山朱雀寺大门前的塔梁上，触景生情，不由得聊到了前面说的这些闲话。

无可争议的是，一个人的精神高度，不是与生俱来的，而是在学习成长中不断提高的，是在做人处世中持之以恒修炼出来的。精神的高度也是相对的，永无止境，需要一生的修炼。提到这一话题，有人就说了，若论精神修炼，塔梁上安葬的那些大师，他们生前都在尘世里用心修炼了一生，当地的民间传说讲得仔细，名曰：龙须穴上葬高人——

一千多年前，在金州牛山双乳峰间一处盆地里，最早建有一座牛山庙，庙内有各大小殿数间，雕梁画栋，建筑规模宏大，入住修行的僧侣众多，一年四季梵音袅袅，香火旺盛。在这里修行得道的第一个高僧圆寂火化后出现了舍利，这是一个寺庙的荣光和骄傲。

那么，在什么地方供奉舍利最合适呢？

经过多位风水大师细心勘察，都认为牛山有一条龙脉，在“龙须”的前半部分上修塔供奉舍利最为吉利安详。于是，就在被称为“龙须”的这道山梁上有了第一座舍利塔。

因为有榜样的力量，随后在牛山庙修行的很多僧人都陆续成了高僧，最后也都非常圆满，并在圆寂火化后有了舍利，因而在牛山的这道“龙须”上，便先后有了一座座舍利塔。

“龙须”作为牛山的一处风水宝地，不仅是安葬得道高僧的地方，也是许多修行者安放灵魂的理想之地。这个“龙须”地，就是如今牛山庙（已被更名为“朱雀寺”）大门右侧的山梁，这道山梁本来应该叫“龙须梁”的，因其中有舍利塔和墓塔，所以被人们称作了“塔梁”。

而如今的牛山庙所在位置，是在最早的那个牛山庙突遭大火焚烧殆尽之后，易址重建时选择的。按照当年风水师的说法，此处是牛山龙脉的“龙头”穴位。此后一千多年来，牛山庙经过多次重建和修缮，但位置始终未变。

如此，在庙上修行的僧人们，便愿望圆寂后能安葬在庙前的山梁上。因而，随着时光流逝，塔梁就有了越来越多的墓冢。也因此，人们发现了一个现象：龙须穴上葬高人。

当地民间认为的“高人”，不是指身材高大的人，而是指修行得道的高僧，或有修为的僧人。

所以，在牛山人们的心目中，塔梁代表了一种精神高度。

在塔梁上行走，发现塔梁上的很多墓和塔或垮或陷，不知其中主人之名，亦不知他们曾经的修为究竟有多高，我们没有去探究。只是，在聆听了传说故事之后，感觉站在塔梁上，就如同站在了一定的精神高度上。那天在山上逛了很久，华灯初上下山时，极目远眺安康高新区现代都市的夜空景观，当下就令人有了一种时空穿越之感，仿佛一半在世间繁华里，一半在世外桃源中；一半是烟火，一半是诗意；一半是凡夫，一半是神仙。

由此，我得到了一个人生体会：在高处享受风景，既要瞭望远方，也要观照现实；在低处务实生活，姿态不必卑微，精神照样可以高贵。

在双乳峰下

一个景物即使再美，若是天天盯着看，看得久了也会觉得没有啥稀奇了。可是，对于古金州四大名山之首的牛山，我是一年四季里百看不厌，始终充满了好奇，尤其是望着那两座相邻而立的特别凸出的高高的山峰，心里经常涌动着一些莫名的遐想。

那几年，几乎在每一天的傍晚或夜幕里，我都要在这两座山峰对岸的草庙梁上散步。说对岸也不十分准确，应该说，是在牛山主峰山腰间东侧舞出的一只长袖上。此长袖很长，我的驻村工作生活大约就在这只长袖的根部上，我熟悉的也只是其中一段。让人最直观，感到最有冲击力的，就是牛山最具显著特征的两座形似“牛角”的山峰，一个在南，一个在北，可称之为“牛角山”，乡亲们却称之为“牛头山”，不仅因之整体山势长相像“牛头”，还因传说此山是由一头在人间救苦救难的神牛躯体幻化而来。由此，就让人感受到了牛山雄性的一面，有了大爱、担当、拼搏、奉献等阳刚之美。

从草庙梁看上去，两座山峰，一左一右，像极了女人胸前两个丰满的乳房。于是，很多人倾向于将两座山峰叫“奶头山”。理由是接地气，大俗亦大美。称之“双乳峰”，许多人不赞成：“人人都是吃奶长大的，说成是吃乳长大的，岂不别扭吗？”此外，天底下称“双乳峰”的山峰太多了，令人没有稀奇新鲜之感。经常听到有人奶头山、奶头山地叫着，似乎身边有两个吸引人的东西总在面前晃动，让人放心不下，不禁想去探究它们。

细心的人发现，在不同的季节、不同的天气、不同的视角里，“奶头山”便会呈现不同的风景。在我手机随拍的关于牛山风景的照片中，最多而又有不同美感的就是这一双形似“奶头”的山峰了——在春天的百花映衬下，好像女人穿着了五彩缤纷的碎花裙；在夏天浓浓的浑然一体的色彩包裹里，如同女人穿着碧绿的职业装；在秋天漫山遍野、层林尽染的红色中，似乎女人穿着绿与红相间的休闲装；特别是在冬天的时候，山峰上落雪，被笼罩得洁白洁白的，“乳沟”以下不落雪，那情景俨然妇人穿戴了白色的绸缎文胸。无论在任何季节，在皎洁的月光下，那山峰的情景就像女人沐浴后披上了一层朦胧的白纱……如此，牛山让人又感受到了它雌性的一面，给人以温柔、风情等阴柔之美。

关于奶头山之美，我没有更好的词汇来描写形容。我喜欢其四季之景色，心里迟早都是美滋滋的，养眼养心，更喜欢讲它来历的民间传说，充满了理想主义浪漫色彩，名曰：仙女守望亲人归——

很久以前，有一对中年神牛没有生养孩子，于是收养了一个孤苦伶仃的小姑娘，并给她取名叫孝心。孝心在他们的精心抚养、倾心教育下，不仅长得漂亮可人、聪明伶俐，而且识文断字、知书达理，成为一个谁见谁爱的小仙女。父母踏实肯干，孩子乖巧懂事，他们一家的日子别提有多么开心和幸福了。

是年，天庭发现秦岭之南的金州牛山有金矿，但是当地老百姓却很贫穷，于是决定选派德才兼备的天将到牛山碾金，用以补充天庭金库，并救济穷苦人家生活。经过大家一致推荐，这一对中年神牛被选中。接到天庭的命令后，这对神牛非常高兴，为了全身心投入使命，同时考虑到牛山艰苦的生活环境，他们商量将孝心留在天庭单独生活。一则她已长大成人，生活能够自理；二则为她创造一个独立的生活空间，希望她能够自由恋爱，遇到一位如意郎君，早日过上幸福的小日子。

可是得知情况后，孝心非要跟着爸爸妈妈到牛山，一起去照顾他们生活。爸爸妈妈不忍心姑娘一起去受苦，苦口婆心劝说孝心不要担心，天庭安排他们下凡，是让他们享受去了，在那里每天游山看水、吃喝玩乐，生活会很清闲安逸的，让孝心只管照顾好自己，过好想要的日子就好。他们若是想她了，就会随时回到天庭团聚。

孝心含泪告别了父母后，心中充满了思念之情，昔日那一幕幕往事涌上心头——他们总是变着花样儿给她做好吃的食物，用最好的布料给她做漂亮的衣服，不惜时间给她做喜欢的玩具，带着她到处游玩……任何时候，他们总是想着法子，给她讲故事，教她识字，教她唱歌跳舞，让她开心、快乐。

一对神牛肩负使命来到牛山，无论是完成碾金任务，还是在当地救苦救难，每天在牛山都保持勤勤恳恳、兢兢业业的作风，不知不觉过去了很多年。养女孝心一直在思念他们，因为很久没有信息，终于无法忍受思念之苦，便在一天，独自一人偷偷下到凡间，经过多方打听，终于找到了金州牛山。

原以为她的爸爸妈妈在世外桃源逍遥自在呢，却看到他们以矿藏碾金、救助穷苦人的脚步奔忙不停，每日忙碌到很晚才能歇下来。孝心在心里非常敬重爸爸妈妈的担当作为，又对他们的艰辛生活非常心疼，于是为了报答爸爸妈妈的养育之恩，她决定留下来，永远陪伴在他们身边。每一天，爸爸妈妈碾金，她就帮忙打下手，干杂活儿，也陪他们一起下山去救苦救难。他们一起在牛山很辛苦很忙碌，但是和睦亲爱，并在奉献中其乐融融。

时间一晃就是经年。这一天，孝心从外面寻找成熟的野果子给爸爸妈妈尝鲜，然而回到山洞后却发现他们不见了，也不知去了何方，她满山遍野寻找，喊爸爸、喊妈妈，喊得嗓子嘶哑了，始终都没有听到任何回应。询问天庭和多方打听，也没有得到任何消息。

从此，孝心的爸爸妈妈就失去了音信，但是她相信他们不会遭遇意外——他们做了那么多年的好事善事，一定会得到保佑，平安无事的。所以，她决定坚守牛山，等待他们归来。

然而，这一等，似乎地老天荒，她的爸爸妈妈还是不见归来。

等待在山洞门口的孝心，不知时光过去了多少年，待人们发现时，她已成一个传说，胸前那一对青春少女坚挺的乳房早已幻化成了两座高高的相邻而立的山峰，这便是今日被大家叫作的“奶头山”。

当地，也称之为“牛头山”，又名“双乳峰”。

此故事中，一对神牛对养女的养育和爱护可鉴天下父母对儿女子孙之爱心，而养女对待养父母之感恩和孝顺让人感受到了中华优良传统之孝文化，亦体现了养女对养父母的孝心与温情。一对神牛的不知去向，给人留下了无边的想象，养女孝心的等待充满了唯美浪漫主义色彩。

听了这个故事，我就常常思考：人都是在吃奶中渐渐长大的，至少可以肯定绝大多数人是吃奶长大的，因此特别不会忘记母亲的哺育之恩。上帝造人时为女人创造了一双乳房，既是她们抚育子女、繁衍后代的工具，也是她们征服世界的强大武器。所以，赋予此山峰“奶头山”的象形与称谓，不仅让人感到特别亲切，生活在大地母亲怀抱之温暖，享受母爱之幸福，也是对人们要爱护女人、感恩母亲的一种醒目提示。

仰望“奶头山”，我也常常想，它赐予了当地人们源源不断的生命乳汁。这乳汁就是牛山丰富的自然资源和传说故事，既有物质的，也有精神的。因而，保护牛山，就是保护母亲的乳房，保护我们生命和精神营养的源泉。

那些日子，我可以说是很久，经常活动在两座山峰下，但是如果向人介绍自己每天都在“奶头山”下，这显得是多么别扭啊。因而，我支持称之“双乳峰”更好，毕竟还是文雅，符合大众审美，地方历史资料中也有相关记载。如果觉得重名多，可加上前缀“牛山”。于是，我便以“双乳峰”为名，自命题作了此文。

长风破浪会有时

古往今来，人们都习惯把救苦救难的人称为“活菩萨”。在如今牛山朱雀寺后的一面山崖上，有一幅自然形成的“菩萨”石头画，画中一尊菩萨手握净瓶，面容慈祥，端坐于山崖间，似乎时刻在关照着人间冷暖、悲苦、喜乐。神奇的是，人安静地面对着，菩萨仿佛就慢慢地走进了心里。

在牛山自然风景区，我在多次探索中，随手拍了很多自然风景照，望着这幅山中的菩萨照片，不由得常常出神——在菩萨像的周边分别为青色的石头，或麻黄色与黑色的石头，为什么她的全身就十分洁白，有如此圣洁的庄严？许多观望者都认为，这是菩萨自身的造化。

因这菩萨图，这山崖便叫了“菩萨崖”。

菩萨怎么就来到了这里呢？当地流传了一个令人温暖而有力量的民间传说，名曰：先做好自己的太阳——

很久以前的一天，王母娘娘下凡巡游，发现金州牛山的林木花草种类繁多、珍鸟异兽无数、奇石矿藏丰富，偏偏是当地老百姓经常遭遇多灾多难，而且属于物质、精神双重困苦，于是将实情告诉了玉皇大帝。

“天下还有这等事？”玉皇大帝感到万分惊奇，当即命令太白金星立即前往考察，迅速拿出解决问题的方案。

太白金星遵命，经过认真考察，建议菩萨下凡是最佳选择，菩萨以母性特有的慈爱和细腻之心，能够细致服务好牛山，她在凡间既可一心为老百姓消灾解难，又可以母爱之心教化众生向上向善，还可帮助牛山形成一种合力克难、拼搏奋进的良好风气。

玉皇大帝采纳了建议，让菩萨下凡到牛山，救济老百姓生活，解除各种灾难疾苦。同时，为菩萨指明了安身之处。

当日，随着玉皇大帝的金手指一指，当地老百姓只听见牛山庙后的那山崖发出了一阵刀砍斧凿的巨大声响，人们循声追去，但见那山崖中的一块块碎石纷纷掉落，一时漫天烟尘雾罩。不久之后，一位仪态雍容华贵的菩萨便呈现在山崖之上。人们称之为"白衣菩萨"，把其所在的那山崖称为"菩萨崖"。

自从牛山有了白衣菩萨，当地的人们再未遭遇过灾难，老少身体健康、人丁兴旺、丰衣足食、安宁祥和。老百姓发自内心地拥戴白衣菩萨，认为菩萨不仅心怀慈悲，还关照人间无所不能，于是把那些帮助别人家解决生活危难之人也比喻为"活菩萨"。

菩萨的慈善得到凡间的肯定、尊重和敬仰，也得到了天庭和玉皇大帝的称赞。

其实，菩萨说她也是穷苦出身，曾经经历了许许多多的灾难，她也曾指望身边有援手帮助她渡过难关，但最终还是她自己帮助自己克服了各种困难。尽管如此，她从未抱怨命运的不公和周围环境的冷漠无情，也从未改变自己的善良和进取之心，始终坚持默默无闻地学习，修炼品德和本领，一步步让自身逐渐强大起来。

天庭之所以选中了菩萨下凡牛山，关键还是看中了菩萨的慈悲、厚道品质，其次才是她有帮助凡间救苦救难之本领。对于菩萨来说，也正是因为她先做好了自己，才获得了下凡牛山、展现作为的机会。

由于长期受到慈善之感染，当地在获得菩萨各种帮助的过程中，形成了一方有难、八方支援的好风气，最重要的是人们得到了菩萨的点化——先做好自己的太阳，照亮和温暖自己，继而才能有能量照亮和温暖他人。

于是，牛山人后来就有了自强自立的性格。

故事中说菩萨自身也是在受难中成长起来的，由此我想，每个人都应该有一颗菩萨心，即使成不了别人的菩萨，也应该努力成为自己的菩萨，至少不起恶意、害人之心。又替菩萨想，人人渴望自己有菩萨保佑，却很少有人主动去做别人的菩萨。如果人人都能做别人的菩萨，世上还有什么困难呢？世界将会变成多么美好的人间啊！

菩萨下凡的机会不是等来的，而是她在拥有了能够下凡救苦救难的慈悲之心和本领之后，自己赢得了展现作为的机会。这给人带来了另外一个启发，常言道，马有千里之程，无骑不能自往。但前提是，你必须把自己变成千里马。自是千里马，还需要有等待奋发图强、勇于作为机会的定力。这两样，一样都不能少。所以，当你感到怀才不遇的时候，不要着急也不要抱怨，一定要安心，坚持练好本领，坚守道德、理想，保持菩萨的情怀，“长风破浪会有时”，机遇就一定会到来。即使无人骑往，不能千里之行，做自己的百里马，在百里之行上也有逍遥之乐。

面对牛山菩萨崖，我感叹，它不仅让人有了慈悲情怀，还教人明白了许多道理。

泉水叮咚响

“泉水叮咚，泉水叮咚，泉水叮咚响”……想起这一句歌词，缘于身临其境，触景生情。

从山下驱车一路向上，九曲十八弯，绕到牛山朱雀寺后的大平堨停车，然后步行绕道到西南边那山肩上，沿着羊肠小道，去往牛山北面“卧牛堨”途中，隐约可听见泉水叮咚的美妙之音，似乎萦绕在耳边，可是当你驻足欲在周围寻找出处时，只有树林间斑驳的阳光似乎倾泻而下，偶尔有飞鸟掠过，不时地亮几声嗓子，就是见不到一滴水的踪影。就这么一路走，一路看山景，一路聆听自然之交响乐，仿佛人在云中行，伸手就可以摘几朵云彩，如入仙境一般。当地有顺口溜形容此情此景：“高高山峰入云端，好像迎接娘娘要下凡；只听水声叮咚响，十里八里不见泉；谁知这是世间哪处，原是仙女后花园。”

绕了一个大弯子，我要介绍的是安康牛山存在的一种神奇的自然现象——好像满山遍野都藏着“响水洞”，这个“洞”似在牛山某一处，却又不在某一处，充满了魔幻般的浪漫主义色彩。这，究竟是怎么一回事儿呢？在此，先来听一则相关的精彩民间传说，名曰：九龙合奏山水乐——

很久以前，金州牛山因为土地贫瘠和经常遭遇干旱，导致庄稼年年歉收，老百姓经常吃不饱饭，遇到灾荒之年生活更是难上加难。玉皇大帝在得知情况后，为了彻底解决根本问题，当即决断，派遣九条龙下凡入驻牛山，要求各执其事，并相互配合，以降雨和生水滋养黎民百姓。

九条龙领命来到牛山，利用各自优势特点，共同发力，一年四季普降及时雨，从此让当地庄稼雨水充沛，森林土壤蓄水充分，山沟有了自然流水，各个村庄有了山泉，于是五谷丰收，老百姓吃喝不愁。

不久之后，牛山就形成了一幅山水田园美景和幸福祥和的人间画面。王母娘娘得知后，打算带着最小的仙女下凡到牛山去游玩一次。了解到这个信息，九条龙聚在一起商量合计，觉得这正是博得王母娘娘母女欢心的好机会，要齐心协力做好接待，确保不出现任何失误。

但是，具体该怎么做才算完备呢？

经过充分讨论，他们想到了一个稀奇的好主意：九条龙分别在山中不同位置，以滴水的方式各自奏响一个不同的音符，并按照一定的规律和节奏，合作完成一首山中滴水之美妙音乐。

果然，王母娘娘与小仙女到牛山游览时，听到这种美妙音乐，心情非常愉悦，直感叹不虚牛山之行，享受到了大自然无比神奇无比美妙的交响乐。其实，她们哪里晓得这是九条龙为她们特意设计的节目。此后，她们母女就把牛山当作了天庭的后花园，不定期下牛山，享受自然风光之美、山水音乐之美。

当然，这是九条龙的专利节目，只表演给王母娘娘和小仙女。此外，在表演时，凡间只有未满十二周岁的孩子才能够听到，一旦有了尘世的浮躁之心，便再也听不到这种美妙的山水音乐了。

后来，修行的人和积德行善的人，在安静的时候，用心也能够听到这种山水音乐，便也认为山中一定有个“响水洞”。

可是，许多年来，人们不停地在追问：响水洞究竟在何处？却始终没有一个精确的答案。

每每被外地人问得着急了，当地人就回答：在人的心中。

看来，欣赏响水洞的叮咚自然音响之美，需要修炼一颗无欲无求的清净之心，不带任何杂念才可以听得到。

针对这种现象，相关专家说，根据科学推测，人们听到山中泉水的叮咚响声，很可能来自其地下的暗河。同时，在目前山中存在的多个“响水洞”中取样检测，发现其泉水中含有人体所需的锌、硒等矿物质和微量元素，且水源富足。所以，我就想，无论是从乡村振兴的角度，还是从企业经营开发的角度来看，“牛山矿泉水”都具有充分的开发价值和无限潜力，广告词还可以这样写：牛山的矿泉水，是有故事的水，带有龙的传说、仙女的灵气，它是安康水、锌福水、富硒水。因而，也必将成为秦岭矿泉水之名牌。当然，这里的水还有更多的开发利用途径，就等有眼光的人去调查研究了。

源于这一次美妙而又难忘的旅程，从牛山归来，我的耳畔便经常回响着叮咚叮咚的山水之音……

三块石头一块田

梨树垭作为牛山一个有趣的豁口，本来就已呈现了一大景观，而在这豁口里存在的一条自然溪流又算是景观里的一道景观。

这小溪流无名，可是边上矗立着两块有名字也有名气的大石头，其中一块五六十米高的庞大奇石，酷似一只引吭高歌的雄鸡，当地的乡亲们称之为“金鸡石”“公鸡石”，也有人称之为“鹰嘴石”，因为它旁边还卧着另外一块大石头，相比较而言，我认为将这块称为“公鸡石”更加贴切。公鸡石旁边侧卧的这块大石头之状态，酷似正在孵化小鸡的母鸡，于是被人们称为“母鸡石”。两块大石头一公一母，互相既有牵扯和帮衬，又各自独立成为一景，彼此组合在一起便是一对壮观的“夫妻石”景象。如此，在这里可谓景上添景。

在当地乡亲们的传说中，这两块石头都是有来历和故事的。与它们的命运紧密关联的，还有一块卡在不远处的山崖下的缝隙中的石头，其形似一杆土法制造的“火枪”，因此被大家称为“石枪”。再进一步了解，原来这三块石头的来历与此处的一块庄稼地又联系在了一起，共同构成了一个完整而神奇的民间传说，名曰：余大头枪打叫鸣鸡——

很久以前，玉皇大帝斩断了牛山一处龙脉而形成了梨树垭，也不知何时此处修建了一座寺庙，有众多住持和僧侣，他们在寺庙周围开垦了很多亩土地，自食其力维持生活和庙里的香火。

突然有一天，这里飞来了一公一母两只神鸡，栖息在小溪边的树林之中，互相陪伴，似乎很享受也很快乐。尤其是公鸡每日黎明前后的鸣叫声，完全打破了此处的宁静，那“喔喔喔——喔喔喔——”的鸣叫声，在山中回响悠长，一声未停，一声又起，不大一会儿就唤醒了新的一天。

自从这两只神鸡到来之后，寺庙的僧侣们作息时间有了新的规律，而且这里年年风调雨顺，万物生机勃勃，田地里的庄稼长势格外旺盛，连年喜获丰收，所以寺庙的粮食自给有余，遇到老百姓遭受饥荒时还会及时开仓救济。

为了抓住时机，争取获得更多的储粮，寺庙的住持便对种地收粮的农活抓得一天比一天紧，要求年轻的小和尚们每天在公鸡鸣叫第二遍时便要起床下地干活，人人不得偷懒，对待好吃懒做者将给予戒尺的惩罚。

后面发生的事，任何人听了后都直呼太神奇。

有一年，小和尚们突然发现，他们常年耕种的这块田地，鸡叫头遍时下地播的种子，待到一周后的凌晨鸡叫二遍时就已出苗；再过一周的凌晨鸡叫第三遍时，就需要及时除草；再过一周的凌晨鸡叫第四遍时，庄稼就要成熟了；等到第四周后的一天，天明大亮后，再去查看田地里的庄稼，就已经全都熟透了，需要抓紧收割。相比以往生长期七八个月的麦子，此时一个月的时间就是一季庄稼，这可让大家高兴坏了。只要勤劳，种得越多，就收得越多。于是，这个庄稼地就被称为了“神仙地”。

但是，问题也来了。这以后，可累坏了寺庙的小和尚们，他们整天忙碌得连轴转，连拉屎尿尿都要抢时间。虽然大家因为紧张的劳动很劳累，但是又因为收获累累也很快活。

日子久了，有几个受不了劳苦的小和尚，便在私下里一起寻思——公鸡如果不鸣叫，我们就彻底轻松了，能够少干很多活儿。可是，有什么好办法呢？其中一个叫余大头的小和尚因偷懒曾经被老和尚用戒尺重重地惩罚过，因而他在心里最为急切地想除掉这只公鸡。

余大头主谋几个人一合计，便决定立即去实施除掉公鸡的计划。

这一天，余大头偷偷溜到山脚下，借故寻得一杆装满弹药的火枪，在夜深人静时，一个人偷偷爬到公鸡鸣叫时所处的对面的一处山崖上，将枪口对准公鸡鸣叫处，在听到鸣叫时迅速扣动扳机，随着“砰”的一声响，那只鸣叫公鸡的鸡冠就被打掉了一半，从此失声也不再鸣叫。

那只公鸡失去鸣叫声之后，寺庙周围的田地种植庄稼的生长情况又恢复了原来的模样。

余大头扔掉火枪逃走了，下落不明、生死未卜。

多年以后，人们在那个地方发现了一块形似鸡冠有缺陷的“公鸡石”。同时发现，在其旁边也有一块形似母鸡的“母鸡石”，两者不远不近、不离不弃直到今天。那杆被余大头扔到山崖中的火枪，幻化成了一杆“石枪”，至今还在那夹缝里。

于是，此地就有了“三块石头和一块田”的景观——公鸡石、母鸡石、石枪、神仙地。

这个故事中讲到的三块石头和一块田地，如今或许早已不是当初的模样，故事中的人、事也早已化作了一缕云烟，令人无法辨别真伪。现在能看见的风物形象，像也不像，不像也像，总归都是石头，令人感受到的都是心灵的风景。

在陶醉和享受景中景之后，其故事传说留给人长久思考的是：救助人间者得天助；苦力劳动也是一种修行，受不了劳苦，便也成不了器。

深秋闲游

深秋时节，陕南最美的景色当数漫山遍野的红叶。可以说，心中藏着诗情画意，穿行在秦岭山水间，眼前步步皆风景。

常言道，近水楼台先得月。在秦岭南边的牛山脚下驻村，自然有了赏红叶之方便。那是一个无事的周末，我邀请了两三好友，选择从北面的山坡登牛山。因为此前的一年秋季，我在牛山高处注意到，其北面山坡的红叶似乎稠一些，色彩也格外浓烈一些。远远地看去，红叶铺满了山间，满眼的殷红中点缀着星星点点或丝丝缕缕的绿，犹如过去村姑绣在红色鞋垫上的美丽图案。上山可选择的路有很多，我不知道它们的大名和小名，但我知道这面山坡上的各条小道都属于谭坝镇新华村地界。随性遇到公路边红叶显眼的一个山弯，便把车稳当停靠在路边，找到一条隐约可见的小路开始爬坡。待人上到山梁上，我们就成了大红被子中的一个小点点。

在清新、空旷和秋色如画的山野中，很想吼一段秦腔、信天游或者汉江号子。虽然，这样的曲调我喜欢听，但是一样儿都不会哼，而这并不影响心情的惬意和豪爽，一时竟也找不到美妙的词儿来生动形容。我们正陶醉在山坡的美景之中，突然发现路边有一位七十多岁的放牛老汉。看不见他的牛，牛在红叶间寻草吃，它的毛色几乎与树叶融为一体了。老汉亲热地与我们搭话。山中有人说话，惹得身边的鸟儿好像都活泛了起来。

“天天待在这里看景，也不过三五个月就厌烦了！……”

“每天悠闲地在山坡上放牛，晒太阳，看风景，多么美的事呀！”

“美什么呀，年轻人都到外面闯荡去了，留下我们这些老汉在老家种地，没有牛儿牲口可不行呀！”

这让我想起小时候，山乡的庄户人家星罗棋布，分散在坡、沟、梁、弯、垭等高低不同的地方，所有的农家院落，一年四季都有袅袅升起的炊烟，到处都能听见牛羊的哞哞声和咩咩声，家庭不论贫富贵贱，孩子们总是不自觉地聚在一起，整天都是一片欢歌笑语。那时候穷，吃得不好，穿得不好，但是人人似乎都不知道什么是忧愁和烦恼，也从来没有意识到所处的生活景况是一幅乡村美景图。后来从山村出走，在经历了多年的城市喧嚣生活之后，再次回到山村，发现山村景色增多了变美了，但是缺少了炊烟和欢乐，太清静，以至于在山坡上遇到放牛的老汉，让人觉得很稀奇。

当然，我们对老汉而言也是稀奇的，因为极少有人去那里观景。往日，砍柴人、放牛人、采药人，包括过路人等，在山中经常见到。而如今在秦岭之南，有红叶之美的地方太多了，很少有人知道此地的美景，更无人会花费精力到此赏景。再则，当地的儿女常年在外，老家的客人就更少了。有时候，他们找个说闲话、陪着喝酒的人都找不到。年节里和山村人家遇到的白事场还有一些人气。所以，老汉成天就希望能看个人影。

我们一行人安慰老汉，住在大自然公园中，山前屋后的风景不收费，空气洁净无污染，吃喝的都是绿色食品和天然矿泉水，饿了吃，累了歇，天黑了就睡，放牛就像城里人养宠物，生活真正自由自在的。哪像我们这些人，每天忙得像一条狗，累得像一头牛，往往不知道自己真正需要什么，看风景也是忙里偷闲，其实并不知道风景就在每天的柴米油盐中。

“照你们这样说，我就是山中的神仙哩！”

“你不是神仙，谁是神仙！”我们异口同声。

“那你们……是找神仙来了？”

“我们不是找神仙，是遇到了神仙！”

我们与老汉聊天，他的牛似乎通人性，就在附近的山坡寻草吃、晒太阳，安安静静。得知我们的目的后，老汉便主动为我们做登山的向导。人生路上遇见了太多的陌生人，不知从什么时候开始，往往会惯性对陌生人产生的警惕心戒备心，此时不仅没有，而且觉得面前的陌生老汉不是亲人胜似亲人。在老汉的引导下，一路欣赏风景，一路扯淡话。登上一个山寨时，大家浑身都有了汗水，腿脚也有些困乏了，于是各自就选了石头坐下来。老汉说：“在这儿好好歇一会儿，这儿让人焕发精神呢！”然后，兴致勃勃地给大家讲起一个十分吻合情景的民间传说，名曰：养精神的好地方——

唐朝末年，黄巢起义军兵败长安后，带领兵马一路退向秦岭南山，直到金州辖区汉江北岸不远处，正想谋划攻下金州城时，被早有准备的金州官兵们打得措手不及，再次落荒而逃。

被逼无奈，黄巢带领兵马只能沿傅家河而上，一路向北逃走，从黄石滩转而向西，选择了上山，途经雪岭，上到了山肩上一处塆地时人困马乏，于是就地暂时歇息了下来。

黄巢观察发现，此地不仅让人心旷神怡、精神爽快，而且让他感到这是上天送给他的屯兵之地——居高临下，此地三面皆悬崖峭壁，且山势险要，易守难攻，只有一条他们走过的崎岖小道可以往返山下，别无旁径，属于“一夫当关，万夫莫开”之地。同时，这一处塆地中间还有一个天然大水塘，可供人马饮水，如果在此开垦土地，耕种庄稼和蔬菜，就能够养活几百人马的性命。不由分说，黄巢决定在此临时安营扎寨，再择更好的地方。

随后，黄巢就带领大家在这里建临时住房，开垦土地种蔬菜庄稼，修防御围墙，形成了一处牢固的山寨。

得此地利，黄巢的兵马队伍的精气神很快得到恢复，并不断发展壮大。多次与金州官兵交战，黄巢屡屡占据了优势，从而守住了此地。

后来，为了寻找更加有利的屯兵之地，继续壮大兵马队伍，经高人指点，黄巢选择在牛山最高处的山窝里驻扎下来。登上牛山顶峰处，回望曾经在山肩屯兵的地方，他在心中不禁感慨："真是个养精神的好地方。"

最终，黄巢彻底兵败牛山，从此销声匿迹。

作为曾经的屯兵之地，此寨因处在山中相对较高的位置，所以被人们称为"高寨"。

故事中的高寨，其实并不高，它处于牛山主峰向北延续的一条山脉上，海拔 1200 多米。传说无疑是为了说明此地曾经是一个养活人的好地方。如今，在现场可见到周围用石头修砌的寨墙遗址，还有一道寨门的遗址。包括那些乱七八糟的石头，它们都是此地发生过战火烽烟的见证。

在和煦的阳光下，一边听老汉绘声绘色地讲故事，一边欣赏陕南高山秋天的景色，只感觉生活在当下，没有战争的祸害和背井离乡的凄苦，也不会被追赶，不会被人抢，不会被贼偷，每天都有老婆孩子热炕头，想吃就吃，想喝就喝，衣食无忧，想去哪里就去哪里，这是多么幸福的图景啊！

我们称赞老汉故事讲得好，他就更来劲儿。在山中转悠，乡村的故事就似乎顺着他的嘴巴在流淌，风趣幽默的笑话，逗得大家一阵阵嘻嘻哈哈。老汉是大方人，也是有情趣的人，平常喜欢独个儿喝几盅酒，只是辛苦了老婆，即使每天只有一顿饭都会给他炒两个下酒菜。他说："好酒要让人分享，喝着才有趣，好故事要有人愿意听，讲着才有趣。可是现在的人，即使有空也都不愿意喝别人家的酒，更不愿意听他人说闲话。”在他的言语中，我感受到了当下乡村与幸福相伴的一种孤独。听他讲故事、拉家常，不知不觉间，深秋的暮色说来就来了。

下山途中，老汉发现他家的牛不见了，大家便一起帮忙在附近寻找，可是怎么也找不见。“哞——哞——哞——”老汉的呼唤声在傍晚的山野里显得格外悠长而又无比亲切，声声似唤小儿郎，只是迟迟听不见那黄牛的回应。找不到牛了，牛还在山野里，而人在山中若是发生了啥意外，那就成了大事。于是，我们顺道陪老汉回家，打算给他帮腔，让其老婆放心，人安全啥都好，次日上山再继续找牛。

看见老伴儿浑身上下好好的，又跟着我们一起说笑着，老婆打趣说：“牛自个儿先回来一会儿了，我以为牛把人弄丢了！”

从心出发

牛山在西南方伸出一条支脉，紧接着来了一个大拐弯之后，一直延伸到安康高新区。通过视频俯瞰，这条支脉亦如一条舞动的长龙。在这条长龙的身上呈现了一座座如骆驼背一样大大小小、形态各异的山包、山峰或山垭，而且它们分别都有龙的传说，于是整个山脉让人觉得都有了灵气。

那三四年，我在当地驻村期间，进城开会、办事或回家，每次往返途中都要沿着这一条如长龙似的山脉，从头走到尾。时间长了，仿佛行走在这条路上的人都是一条龙了。把自己当作一条龙，就得有龙的精神、龙的情怀。龙不能与虫子比大小、比实力等，否则，遭笑话的不是虫子，而是龙自身。当然，如果自己是一条虫子，也应该有龙的梦想和奋进精神。经常走过这里，让我总是想象、思考不断。比如，在路过五里镇药树垭村时，便会想起其名由来的民间传说，而每一次回味都会令人受到思想启发和心灵洗礼，名曰：道行从利他中来——

很久以前，有一条黄龙在南海潜心修行，努力多年不得正果，某日受到一位大神指点——只有放弃优越的生活条件，在艰难困苦的环境中久经磨炼，才能有脱胎换骨的变化，修成正果。

此黄龙听信后，便在天南海北重新寻找适合修行的地方。一日，它云游在秦岭之南的牛山上空，看到一条山脉上有个凸起的小山头，植被茂密，生活环境条件艰苦，于是便决定在此驻扎修行。

虽然做好了充分的心理准备，但是从南方到了北方，让黄龙最不适应的是气候的差异，北方冬天寒冷。同时，这个山峰上的活动面积太小，甚至容身都显得不是很宽余。然而为了修成正果，它选择了坚持忍耐再忍耐，慢慢地适应了当地的生存环境。

后来遇到的事情，让黄龙感到十分痛苦，而这也是它之前没有遇见过的。它在每次外出后，发现山下居住的老百姓经常被病魔缠身，各种怪病不断，而且四处求医问药不管用、八方烧香磕头祈求不灵验，因而，它的耳边经常能够听到此起彼伏的因为疾病疼痛而发出的无尽的呻吟，还有村庄院落人家夜半的哀哭声。它最初不想管这些闲事，也担心自己的能力管不了。可是，当它看到越来越多的老百姓被疾病折磨得生不如死时，它的内心也随之越来越难受，越来越痛苦。

终于有一天，它再也不忍心继续袖手旁观，当即决定挺身而出，尽力施法救济。

没有可借鉴的经验，它用心想了一个比较奇怪的方法，然后在一日晚上托梦给山下一位白发老人，那老人答应听话照做，效果出乎意料。

次日，黄龙在山头上空连续做了好几个翻滚动作，专门从自己的身上甩掉了两片大大的鳞甲，它把其中的一片掉在了山垭附近，村中的白发老人看见那片鳞甲，就地用土进行了掩盖，过了不长时间，那地上长出了一棵枝叶繁茂的大树，用其树叶加水熬汤服用数日，男女老幼的各种疾病便逐渐治愈。另一片掉在山中人家附近的鳞甲，黄龙用了一块巨石牢牢地压在上面，白发老人带着乡亲们去看时，果然发现那巨石下冒出了一股清水，长流不止，并在原地积水成泉。人们发现，饮用此水后，不仅可帮助消化、预防疾病、美颜健脾，而且用此泉水浇灌田地，庄稼蔬菜无病虫害发生。

黄龙因老百姓的广泛称赞而受到激励，后来，便在当地忙碌于救苦救难，帮助众生解除各种烦心事，似乎忘记了修行的功课。

黄龙发自内心做这些善事，无所欲无所求，只为人间的老百姓健康平安、食能果腹、衣能遮体。然而，令黄龙未想到的是，天庭已经将它的所作所为一一看在眼里，记在了功劳簿上。有一天，它突然接到天庭的通知，说它已经通过得道成仙的考试，这标志着它的修行取得了正果。

此时，它明白了一个道理——原来修行，不是选择一个安静舒适的山头，整日吃喝玩乐，吸纳山水自然之灵气而无所事事，而是要自觉坚持一颗为众生造福的心，并以平常心付诸实际行动。

黄龙修得正果后，被天庭委以了重任。

当地老百姓为纪念此黄龙的无量功德，把它曾经修行所驻扎的山头称为“黄龙寨”，还在山寨上为它修建了一座小庙，取名“黄龙庙”，山中那巨石下的泉水就被呼成“黄龙泉”，那树叶能够为人治病的神奇大树则被人们称为“药树”，药树所在的山垭就成了人们口中的“药树垭”。

由此，便有了后来的“药树垭”之村名。

如今名叫黄龙寨的山头上，不见黄龙庙，也不见黄龙修行的踪迹，但是能够看到用山石修砌的寨墙和寨门等遗址，让人便会想象当年此地发生的烽火狼烟的故事。身在这里，最令人欣喜的是，可见山川秀美和山下村容村貌发生的巨大变化，老百姓的生活条件和质量今非昔比，而这一切得益于党和政府的各项好政策落实到位。

由传说故事让人想到，当下各级各单位的驻村干部多么像是故事中修行的这条黄龙啊，帮扶乡村脱贫致富和振兴发展就是他们一次难得的修行机会，帮扶效果就是其修行效果的反映。然而，有个别驻村干部往往顾忌太多，甚至认为无过便是功，不愿意主动干事，不敢主动担当。恰恰是，黄龙修行的故事给人最大的启发正在于此，一个人做事要从心出发，不要顾忌太多，只要一心为民做事，一心为别人好，不管能力大小，不管功劳大小，善心善举永远不会有错。其次，尽力思考照顾周全，把好事办好办实。当你完全放下功利目的，用心用情为民做事，而且为了做成事而做事，你在任何时候心里都是敞亮的，心情都是快乐的，而所有的顾虑便会在你做事的过程中自然而然地消失，结果也会像故事中的黄龙那样，往往会得到令人意想不到的收获和惊喜。

我曾经所驻的村就距附近十几里路，因为这个传说故事，在那里工作生活的三四年，也如同经历了一场别样的人生修行。

即使是一株小草

村里有一个留守媳妇，不愁吃喝不愁穿戴也不愁房子，就盼望男人挣了钱早点儿回家，一家人好好过上几天幸福的日子。这一种盼望，我能理解。可是她看见村里大多数孩子都随父母外出打工而到了较好的环境里上学，她总是想着人家的孩子或许将来个个都有出息，而自家的孩子在村里上学，恐怕以后是子承父业，跟着一起打工了，于是就慢慢地生出一些忧愁来，经常嘟囔着村里的学校环境不行、教学质量不行。事实是，她的孩子不认真学习。于是，她就经常埋汰自己的男人没有啥用，挣不了大钱也顾不上家。因而，她的家景在外人眼中看来是好日子，而她却觉得哪儿都不美气。

学校的一位老师说，在山村里干了一辈子教育工作，甚至教了许多家庭的两代人，特别是那些走出村里的能人无一不是出自他们的门下。他们年年教书，无疑是越教越有经验，最近几年，因为学生少，几乎是一对一地教学。本来这是好事，可是家长越来越没有信心，所以老师们心里那个窝囊呀也无处诉说。孩儿将来出息了，经常都认为是孩子努力的结果，若是不成器了便是当初的学校老师没有教好，少有家长责怪自己当初没有尽到责任和孩子曾经不努力。如此，坚守在山村学校的老师和家长，彼此就在心里产生了一种说不清、道不明的无形的隔膜。

究其实质，一个孩子该怎样才算成才成器呢？而老师究竟该怎样才算是教好了？

在基础教育中，孩子的学习成绩代表不了将来是否有出息能成才。从某种意义上说，一个人只要懂得做好人，有进取之心，拥有生存的基本能力，能够过好一辈子的生活，就应该算是有出息了，成才了。但有些人认为上了名牌大学，有了高学历，从事了体面工作，拿了高工资，有了大名气等，才算是“成龙成凤”了，才算是有出息，成才成器了。当地有一个民间传说或许能给人带来启发，名曰：青龙的成器之路——

很久以前，金州牛山一支逶迤的山脉中有个山寨，山寨上住着一条本土的青龙，它的先祖世代每一辈儿都在这里修行，经过刻苦努力，最终一一都修成正果，得道成仙。轮到青龙这一代，它在幼时非常顽劣，吊儿郎当、四处游逛、不务正业，既不温习功课，也不做力所能及的事，以至于很多年过去，依然一无所获，又无一技之长。无论在天界还是在人间，它都是一个秉性恶习难改、永远不可能成器的“混混儿”。

看到青龙的情况，作为长辈的各位大仙们非常着急，对它使出了很多帮教招数，可是一样儿都不见效果。后来，他们拜托王母娘娘帮忙，用法力把这条青龙圈在山寨，不让它离开山寨半步，以此让它戒除贪玩心，安心修行。殊不知，青龙以绝食相抗争，让大家的心情再次紧张起来。

经过讨论，长辈们对青龙的教育改变了原来的策略，不再整天批评和责怪它，而是让它随心所欲，做自己喜欢做的事，只要它在凡间做了一点点好事，就给予各种不同的表扬和赞美。未想到，大家一次次的表扬、肯定和鼓励，让青龙内心获得了极大的快乐，也因而让它从最初为了获得表扬和赞美而做好事，变得逐渐养成了一种做好事的习惯。

由此，青龙不仅学会了为田地庄稼生云降雨，还学会了为大小动物医治疾病，为老人添福添寿，因此当地老百姓不仅改变了对它的厌恶态度，而且对它非常爱护。这就大大激发了它为民间造福的勇气和毅力。

再后来，青龙虚心拜师学艺，掌握了许多神奇法力。正当它感到自己无所不能之时，某一日，它接到通知，要求次日上牛山参加天庭组织的秘密考试，如果过关，当下就可以回到天庭报到，等待任用。

次日上午，天气晴朗，一切预兆都很吉祥。青龙信心满满地向牛山游去，在半道上看见一只凶猛的老虎正要扑食农家大爷的一只山羊，它着急上牛山参加考试，想着这是它多年难遇的大事，便对山羊遇害视而不见、听而不闻，准备绕道而行。不料，这只猛虎突然丢掉羊只，转而向它扑来。本想不管闲事，可是麻烦还是惹上了自己。在互相交战三五个回合之后，它的全身被猛虎咬得遍体鳞伤、血痕累累，再无还手之力。上山不能，保命要紧，它只好带着伤痛返回了自己的山寨。

让青龙没有想到的是，此次遭遇就是天庭对它的考试，而它也没有过关。原因是，它的私念太重，善心不足，胸怀不够宽广，战斗邪恶力量的意志不坚强，本领还需要锤炼。

经此教训，青龙认识到了自身存在的问题，再也没有为了考试而考试的心态，而是放下名利心，放眼凡间大自然，极力造福众生，尽力而为，本领亦是随着作为的增多增大而与日俱增，最后天庭给予它免考，顺利成仙，并得到天庭的及时重用。民间谓之成大器了。

青龙离开山寨后，当地老百姓为了感恩和铭记它过去的帮助，在它曾经所在的山寨为其修建了一座小庙，称之为“青龙庙”，所在的山寨便被称为“青龙寨”。

故事中的青龙寨和黄龙寨同在牛山的一条支脉上，一个在北边，一个在南边，一个海拔相对较高，一个海拔相对较低，二者相距大约十五里山路。青龙寨，亦可见寨墙、寨门和小庙遗迹。在相对的范围里，站在青龙寨，也能够体验到一览众山小的大视野、大胸怀、大意境。

聆听了青龙的传说故事，不难发现其意义，对待人才培养要因材施教，要多肯定与鼓励，更要注重品行修养，而且品行是最重要的本领。同时，一个人的能力和情操也需要在生活中磨砺。而艰苦乃至恶劣的环境往往对锤炼一个人的品质和本领非常有利。此外，一个人的学习成绩再好，本领再高强，如果不懂得为社会服务做贡献，那将毫无意义可言。

身在此处，忽然想，山寨周围山野的花草树木，于大自然中，它们中的谁算是有出息的，又算是成材的呢？

一棵大树长在那里，本来可做栋梁之材，今天早已被钢筋水泥替代了它的作用。随着时代发展，很多物品的作用也在随之发展变化，此一时彼一时。钢筋有大用，它是由一种矿物质炼成的；水泥有大用，它是由一种石头烧制而成的。小草变不成大树，大树变不成钢筋，钢筋变不成水泥。大树、小草、钢筋、水泥等，它们的作用无法互相代替，也不能区分优劣。钢筋水泥有用，却不能忽略沙石的配合作用。小草不能与大树比风景、比用途、比地位，但是小草有它不可替代的作用。丰富多彩的自然世界，需要山、川、江、河，需要日、月、星、火，也需要小花、小草，乃至需要蚂蚁等小虫豸，它们都是自然界不可或缺的宝贝，即使是一株小草，也可以装点大美河山；即使是一只蚂蚁，也可以观照天地气象。

由此，我想起了山村留守的孩子，只要他们健康成长，将来人人都会成为有用之才。才有大小之分，没有优劣好坏之分，各有用处，而且不能互相代替。从这个角度上说，每个人都是独一无二的。

我不晓得村里那媳妇是否认同我的观点——教育不是一定要孩子成为某一种精英人才，或某一类标准人才，事实上也不可能达到。森林里的一棵大树、庄稼地里的一株小麦、江河里的一滴水，它们之间不可能相提并论，都也无须出类拔萃，各有各的作用，同样都是“才”。

放下是非恩怨

在乡村生活中观察感受到，一个地方若是民风淳朴，那地方的人家则必然家庭和睦、邻里团结、互相帮扶、友善文明，一切发展都充满生机，欣欣向荣，让人见了喜兴，离开了想念。

与此相对，在那些宁愿一起受穷也不希望他人日子好过的小圈子里，很多人看到别人家衣食住行某一方面有了新起色，不是积极地去比学赶帮超，而往往是心生羡慕嫉妒恨，甚至把精力都花在了“内卷”上，我不得好过，你也休想过得好。别人家干事创业，邻里不是想着如何补台，而是想方设法如何拆台、看笑话。一个媳妇与另一个媳妇之间的小矛盾，在双方男人那里不是息事宁人，而往往会变成一个家庭与另外一个家庭之间的矛盾。如此，常常是一件鸡毛蒜皮的小事，在互不理解中就会变成小矛盾，一个个小矛盾在日积月累和互不原谅互不相让中，又逐步演变升级成家庭之间的大矛盾，甚至变成宗族矛盾，最后往往就形成了一团乱麻拧成的死疙瘩。

经验告诉我们，一个地方若是邻里和家族之间有了难以调和的矛盾，就会严重影响公共基础建设和产业项目的顺利推进，很多本来能顺利办成的事情会因为自家人的掣肘而导致办不成。常言道：“人心齐泰山移。”大多数时候，在促进一个地方发展的过程中，最大的困难往往不是缺钱，而是缺少一种齐心奋斗的团结力量。对此，我深刻体会到，陕南安康开展的以“诚、孝、俭、勤、和”为主题的新民风建设，非常有意义，而且十分有必要，在各项有力措施的扎实推动中，切实有效打击了各种歪风邪气，树立了团结向上、和谐发展、利益共赢的文明新风。

因此，在乡村工作中，我是主张“群众的鸡毛蒜皮无小事”。在你看来的小事，在他们心里可能就是天大的事，稍有慢待，就可能会酿成大事。有的人钻牛角尖，认歪理，争不来一口气，甚至还会当下寻短见。所以说，管好群众的芝麻小事、麻烦事也是大事，积极及时消化群众的矛盾，让他们顺心、舒心、安心，所有的号召才会得到积极响应、政策才能快速落地落实。建设发展一个地方，从根子上解决问题，先把群众的心拧成一股绳，让他们愿意干、主动干，比用任何好方法、硬措施来推动都更管用、更有效。当地有个民间传说讲的就是这方面的道理，只有一方邻里团结和睦，才可实现齐心协力，促进一方经济社会发展。名曰：村里的和事佬——

很久以前，金州牛山有一个山寨下住了张家和王家两大家族，两姓之间团结友善，互通姻缘，亲上加亲，关系十分亲近。一只苍蝇从外地飞到此地，村里人不一会儿就都知道了，因而盗贼在这里无处下手，偶尔得手了也逃不出村子，所以这个村庄格外富裕、安宁。

后来两大家族还是发生了矛盾，起因很小，小到不足挂齿。传说，一家媳妇拿了另一家媳妇一根缝衣针，却被说成偷了一根金针，然后事情越说越复杂，时间越扯越长，两户人家之间因此从误会到隔阂，发展到仇恨，恩恩怨怨延续了几代人，矛盾不但没有化解，反而越积越深。两户人家因心中经常藏着怨气，导致各自的家道也极其不顺，而彼此又把怨气撒在对方身上，于是整天的心思不是在耕田种地上，而是在你输我赢的争斗中，互相扯皮撤筋，家家鸡犬不宁、人心不安。

终于，因为两家人的一次恶性打斗事件，无形地将两个家族也牵扯到了他们的矛盾之中，双方都不息事宁人，而且互不相让，继而为了争强好胜，彼此不断挑衅闹事，导致村里常年四季都能够听见争吵声、打骂声，好像各个旮旯都乌烟瘴气。外村人都不敢走进村里，都害怕陷入他们的恩怨纠葛中抽不出身。

曾经和谐美好的一个村庄，却因为一根针大的事情没有处理好，而导致在一起生活的两个家族水火不容，连瘟神见了都要躲避他们，最终让天庭都看不下去了。玉皇大帝说，当下必须管一管了，不然这个村可能会出大事。

玉皇大帝选派了一位处理是非矛盾有经验的神龙入驻牛山，专门解决这个山寨下两个家族的矛盾。

俗话说，清官难断家务事。即便是这一条神龙，经过一年半载的观察了解，也没有对两个家族的矛盾理出一个是非曲直，明确判断出谁对谁错，亦未想出一个解决问题的好办法。

无奈之下，只能先采取头痛医头、脚痛医脚的“临时止痛法”。那天，张家一帮人拿着凶器要去王家行凶，眼看事态发展形势不妙，神龙在空中做了一个无形的摆尾巴动作，让欲将行凶的人都感到挨了一个重重的耳光，然后当下浑身发烧、脑袋剧痛，吃啥药都不灵，直至放下行凶报复的恶念，浑身发烧头痛的毛病便不治而愈。恶念再起，发烧头痛又随之而生。对待王家人的方法也是一样，如果谁心中迟迟放不下恶念，发烧头痛则久治不愈。如此，谁家起心不善，谁家就会受到神龙的这种“收拾”。

久而久之，两大家族都感受到了这种“秘密”力量，但都心照不宣。

当两个家族都停止了挑衅滋事，打斗争强，从心中彻底放下了过去的是非恩怨，一切都好像没有发生过一样。随之村里那些恃强欺弱、忤逆不孝、偷鸡摸狗、男盗女娼等各种伤风败俗的现象也消失了，然后邻里和睦友好，生活光景日日向好，风调雨顺、五谷丰收，啥都添欢人。

这条神龙自从来到牛山后，好像当地有了一位矛盾调解员，用它的方法逐一化解了张、王两个家族人口大大小小的许多矛盾是非，维护了一方的安宁和谐，于是它被人们誉为“村里的和事佬”。当地老百姓为了感念它的恩德，把它曾经盘踞的这个山寨称为“盘龙寨”。

“盘龙寨”与郭家寨、青龙寨、黄龙寨同处在牛山的一支山脉上，由南向北依次排列，各自都有精彩的传说故事。

盘龙寨的故事告诉我们，冤家宜解不宜结。明代冯梦龙在《醒世恒言》中说：“生事事生何日了？害人人害几时休？冤家宜解不宜结，各自回头看后头。”其意思是说，人不必太过计较，大事化小，小事化无，眼前的仇怨应该及时设法化解，不要一再追究。否则冤冤相报，循环相争，永远没有尽头。

放下是非恩怨，便能卸下心灵的负担，方能一身轻松自在地生活。你能够包容世界，世界才真正属于你。

美是欣赏出来的

一个人是要有些故事的。黄巢有故事，让历史记住了，也让陕南牛山的山水风物跟着沾光，更让老少爷们儿提起家门口的事物有嚼不完的说道。

游走在海拔千米之上的牛山，看过传说中的黄巢练兵场、望京石等景物后，我庆幸这里的山、水、石、洞等都有各自的传说故事，因而让它们有了灵气、名气和人气。这也是它们的好运气、好福气。如果没有故事传说，处在秦岭南麓重山叠嶂中的它们，任时空流转，无论多么壮观，怎么能够为人所知、引人关注和登山观赏呢？由此，让我想到，有时候，一件事物的社会影响并不因为本身的贵贱，而在于它是否有故事及故事的生命力。

在黄巢练兵场南边有一个天然大水池，两三个篮球场大小，它身处高山上的一处低洼之地，因积累雨雪和山体之血液而成。其水一年四季盈满而不干涸。此处如果修成几亩荷塘，或几亩稻田，都将是高山之巅夏秋季节一处不可多得的美景。住在这里的人，长年处在风花雪月中，享受着各种自然美景，吃着自己劳动种植的蔬菜和稻米，身心里浸润的该是一种什么样的滋味和幸福啊！如果条件允许，在原地还可修建一个标准的高山露天游泳池，或是将其变成一个野鱼塘，这在远离喧嚣的高山又将是一道什么样的时代景观啊！

然而，任凭我怎么想象，还是没有想象出它的名字和用处都与黄巢有关。黄巢是否真的到过此地，姑且不去讨论，妄下断语，但是因为他的民间传说，此池有了响亮的名字，名曰：神来之水——

唐朝末年，黄巢带领兵马败走长安后退守牛山，寻得金州牛山双乳峰之间一处地势开阔平坦的地方驻扎下来，在此操练兵马，企图东山再起。

可是庞大的人马聚集生活在此，每日需要大量的饮用水，而牛山之巅要风有风，要光有光，但是要水却无水。负责后勤保障的兵马，每天除了要筹备粮草，还要解决人马的饮水问题。因为山高路远，每天都需要一队兵马下到牛山的山腰去驮运，来回往返一次需要三四个小时，费时费力不说，还因为路狭路堵等因素，马匹在途中经常发生不安全事故。

若想彻底解决好饮水问题，无疑需要就地就近取水。经过有名的风水先生勘察，并在其具体指点下，他们选择在练兵场南边一处湿地挖水池。殊不知，一帮精干劳力耗时费力挖了多日，挖了一个很大很深的坑，依旧看不见有一点滴水的迹象。见此情景，黄巢命令继续挖池不停工，同时又命人在附近寻找水源，引水入池。

一群人寻找了数日还是无果，领头人着急得直跺脚，不料这一天晚上，他在睡梦中听到二三百米之外的山坡中有滴水之声叮咚响，在连声叫好的激动之中从梦里醒了，便当即带了人去寻找梦见的地方，附耳细听，确有滴水声响，于是在该处循着水声向内开挖山洞，不久之后，果然洞中有一股水流突然奔涌而出，黄巢兵马为此欢天喜地。见此情景，黄巢激动地直呼：“神来之水，神来之水呀！”

然后，他们将此水引入刚刚修好的大方坑内，大方坑变成了大水池，又因池水主要供给战马饮用，此池便有了名字——饮马池。

自从解决了兵马饮水困难后，黄巢的兵马队伍日益发展壮大，朝廷派遣官兵多次对他们进行围剿，很久都未取得成功。可是最终，黄巢兵马还是惨败牛山，并从此在江湖中销声匿迹。而他的兵马曾经饮用的这一池水便也闲置了下来，时至今日，已变成飞禽走兽的饮水之地和消遣的乐园。

传说故事让现实中的饮马池之水有了神气。头顶蔚蓝如洗的天空，身置于近乎被高山绿树红叶围合的小盆地，沐浴在秋阳之中，放眼望去，如今的饮马池，水面波光粼粼，池边的芦苇花在微风中摇曳多姿，其中藏着的各种小鸟，各唱各的调，欢唱个不停。似乎见了一群人的喜兴劲儿，它们也跟着添欢。空中，有大鸟飞过，正在搏击长空，偶尔发出一阵长鸣……

在同行人的眼中，有人说："这不就是荒山野岭中的一个烂泥塘吗，有啥看头？"身边没有谁否定他的说法，当然也没有谁肯定他的说法。

美是欣赏出来的。如果你的眼中看到的是烂泥塘，而不在乎它的故事，那么它就是一个烂泥塘。如果你欣赏它，它就是一个有故事的饮马池，其意境之美便也如此，你用心去感受，它便是美的。它的内涵不仅在于呈现了高山上一处独特的自然山水风光，更在于它的传说故事让人眼前幻化出了一段无法想象的历史烟尘，也给人带来了一种关于家国情怀的深深思索。

如果带着生理的饥饿和精神的荒芜而来，那么这里让人看到的则是满眼杂草、荆棘丛生的景象，心底呈现的也是一片荒凉和苍白。

最后，我忽然感到，来者不善，它便不美。

该出手时就出手

乡亲们在生活中也许说不出多少哲学思想上的大道理，但是他们往往话丑理端，话糙理不糙，而说话与做事也常是碓嘴掉到磨眼里——实打实，一勺子一碗——实实在在。但这并不是说他们说话、做事缺心眼，不懂情感，不讲方法。善于讲说民间故事，就是他们表达思想情感、说事明理、寓教于乐最拿手的一种艺术本领。由于民间故事通俗易懂、雅俗共赏，人人都喜欢，特别是同一个故事，你传我，我传他，经过一次又一次的添油加醋和合理想象再编排，越讲越有趣味，越传越有听头。于是，一个个故事就这么在当地一代又一代人中长久流传了下来。

在牛山下驻村，当初我想如何在新民风建设中找到一个抓手，不久就获得了一个“踏破铁鞋无觅处，得来全不费工夫”的惊喜发现，原来最好的抓手和教材就在群众身边，家家户户人人都拥有，这就是当地的民间传说，而且其内容涉猎面比较广泛，结合实际需要，应有尽有。如果生硬地说教，干巴巴地讲大话，往往让人难以入耳，也得不到想要的效果，那么就讲大家耳熟能详、喜闻乐见的民间故事，往往事半功倍。比如，调教那些脸皮薄的青年人找对象要积极主动、不怕丢丑，该出手时就出手，而直接说教可能不得当，当地就有一个相关的民间传说十分生动有趣，名曰：好白菜让猪拱了——

很久以前，玉皇大帝派遣一对“室火猪”，结伴下凡到牛山执行任务，它们言听计从，二者分工明确，分别从牛山南北两边开始工作，最后集中在主峰会合。

结果，母猪在工作不久之后，就经不起沿途美食美景的诱惑，贪图享受，将任务忘到了九霄云外，最终在凡间留下了一个“母猪槽”的笑话后，天庭让其真正变成了供人间食用和可供繁殖的肉猪。

与结伴下到牛山的母猪分别后，公猪虽然积极执行任务，但是多日一无所获。于是，它想直接找到天庭派来牛山碾金的两头神牛了解当地情况，或许会省了许多麻烦，并能够得到许多帮助。可是寻找了多日，亦是不见神牛的任何踪迹。无奈之下，它化身成一位可怜的老人，沿途打听，访问当地的一位老太婆。老太婆也没有见过神牛，便把听到的情况告诉了它，说那两头神牛整天忙得没有工夫出门，因为任务重、劳动量大，它们每天浑身都是汗淋淋的，在晚睡前要在一个大池中洗澡，而它们洗澡用过的水，味道是咸的，且在附近会有牛蹄印、牛粪等踪迹。

公猪听了老太婆的话后，就在牛山遍地寻找有咸水味道的水池，果然在牛山向西南方向的一支脉中发现，一道山梁上有一个天然水池，池水味咸无比，由此断定两头神牛就在附近。

但是，在那里等待了多日，仍然不见两头神牛的踪影，如果继续等待的话，也不知何日是个头儿。有一天，公猪突发奇想，神牛能经常在这里洗澡，我也可以试试。说来也怪，在这个有咸味的水池里洗过澡，皮肤不发痒，还显得有光泽，好像浑身立马轻松了许多。这种美好的享受，它从来都没有过。于是，在等待中，公猪每天在池中沐浴之后啥也不想干了，就化身了一个帅气的小伙，到山下的村庄闲逛去了。

这一天，它在山脚下一户人家门前见到了一个漂亮姑娘。这漂亮姑娘独自一人生活，聪慧善良、勤恳能干，此前有多少人家上门提亲，她都没有答应，但是在见到眼前的这个帅气小伙后，她的眼睛为之一亮。情感在瞬间的闪电之后，矜持的她还是有意避开了他。而他也被眼前的姑娘之美貌迷上了，当即魂不守舍，竟然忘了自己的身份底细，一而再再而三地上门，向姑娘献殷勤讨好，有活儿帮忙干活，无事干了便花言巧语，说好听的话。姑娘开始碍于情面，害怕别人闲言碎语，经常对他是厌烦的。天长日久，小伙的灵性、精干和体贴，真切地感动了姑娘——眼前的小伙不正是想象中要嫁的夫君吗，便慢慢默许了他的追求。

很快，二人结为一对恩爱的夫妻，过上了幸福生活。老婆主内，整日在家料理家务。老公主外，每天起早贪黑，承担了田地里的庄稼活儿和拾柴担水等苦力活儿，从不让老婆插手帮忙。

也许是造化弄人。这一天早上，伺候老公吃过早饭，看到他高兴地出门要去干活儿了，老婆忽然想，心爱的人从早到晚都在忙些啥呢？让我也去看看，给老公一个惊喜。于是，便悄悄跟随在老公后面出了门。

可是，眼见的情景让她彻底绝望了——老公来到山岭上的一个水池边，下到水里之后，突然变成了一头大公猪，撅起屁股，在水里折腾得十分欢实，出水后就不停地用大嘴头在旁边拱山。

“原来你是头猪呀，猪呀，你把我骗得好惨啊……”听见老婆突然的一声大骂，见自己原形败露，又无法解释，而继续留下来完成天庭布置的任务也不再有可能，它便撒腿就跑，从此天上人间杳无音信。

由此，当地就有了“好白菜让猪拱了”的民间传说。

很久以后，当地人上山后发现，公猪曾经经常洗澡的水池子，水已被晒干，留下了一池青盐，于是这个池子便被人们叫作了“盐池”。而盐池原来所在的那道山梁已被公猪拱得有了一个大大的豁口，形成了一个山垭子，于是被人们叫作了“盐池垭”。

这个民间故事令人捧腹之余，留下了许多思考和玩味。执行任务的一个室火猪因为贪图享受早早地断送了前程，另一个室火猪虽然没有忘记天庭使命，但是在完成任务过程中用心用力不专一，同时因为贪图人间美色，以至于前功尽弃，还导致在天地人间都无颜面藏身。

对于当地人们来说，最喜欢的还是故事中的另外一个启发：面对自己的所爱之人，就要紧紧抓住机会，该出手时就出手，大胆勇敢地去追求，切忌坐等或者想象好事主动找上门。

“赖汉娶了美娇妻”中的娇妻，不是她选人时有眼无珠，而是她经不起赖汉在情感攻势上的穷追猛打，最终放弃了追爱的梦想，嫁给了大胆爱她的人。但是，谁又能说，这种婚姻不会幸福呢？

只要你能够接受被爱，即使心似一块冰冷的石头，也会被温暖慢慢焐热，逐渐融化的。

甜蜜之心

置身于陕南山村的天然氧吧中，人好像把心灵放养在了那里，没有羁绊，无拘无束。

最是那意味盎然的春天，背景有蓝天、白云、绿水、青山，如果阳光尚好，蝴蝶、蜜蜂在花丛中就显得格外活跃又惹人眼目，撩拨情意。此时，若是闲下来，或者找个理由，在山路上走一走、逛一逛，常常令人陶然自得，会忘乎所以。心静了，生活的世界似乎一切都很安静。心眼通了，便就没有想不通顺的事理。

事实上，世间的很多问题本来就没有对与错之分，全因看待问题的站位和角度不同。那会儿我就想到，眼前忙碌的蜜蜂，它们积累劳动果实本身是为了自身生存繁衍的需要，而人类在掠夺了它们的劳动成果之后，却美其名曰：蜜蜂勤劳地酿蜜是为了奉献。这么说也没有什么错，得了人家的好处，总该要说点儿好听的吧。可是蜜蜂从来不会在乎人类的利用和评价，它们勤劳采花酿蜜，一代接着一代乐此不疲，那是它们的生命本能或者快乐的需要。这也就罢了，人类的贪婪还把蜜蜂的劳动成果分成了多种类型，用以区别对待，这便有了“野生蜂蜜”和“养殖蜂蜜”之分。

野生蜜蜂种源是土著的，它们常常在野外的山崖、岩石缝隙或小洞穴中筑巢，采集各种野花酿蜜，被人收养在房前屋后，也是自然状态的放养，不添加任何食物，人们称其“野生蜂”。相对地，人们把那些来自外地种源，在繁殖和蜂蜜生产中使用了技能方法的蜜蜂称为“养殖蜂”。

说到野生蜂蜜特别受青睐，牛山下的乡亲们就格外得劲儿。“我们村里有个流蜜崖，想要蜂蜜了，担了担子，走几步山路，任凭你随意取用。”他们所说的“流蜜崖”，处于秦岭南坡牛山的白岩道，而且还有一个精彩的民间传说，名曰：百花仙子送药方——

很久以前，金州牛山下有一户人家，爷爷有福和孙子苦根两人生活。孙子苦根尚小，不能自食其力，而爷爷有福已是耄耋之年的老人。为了锻炼孙子的生存技能和挣一点儿零钱补贴家用，爷爷在农闲时间经常带着孙子上山采摘各种药草卖钱。

天有不测风云，人有旦夕祸福。有年盛夏的一天中午，爷爷带着孙子上到牛山山腰，药草还没有采集多少，爷爷却被一条毒蛇咬伤了一条腿肚子，他忍着疼痛，在孙子苦根的搀扶下勉强走回家。

按照指点，苦根当即用盐水、雄黄酒为爷爷清洗了伤口，然后扶爷爷上床休息。然后，苦根又去找郎中开了几服解毒的中药，当下就煎了汤，喂爷爷喝了几大碗，原以为休息几天就会好了，哪料到爷爷那条腿在消肿之后却无法行走，两只眼睛也失明了。这可急坏了苦根，请遍方圆几十里的郎中，为爷爷开了最好的药方子，但是迟迟都不见效。

看到相依为命的爷爷眼睛失明，又不能行走，再也无计可施的苦根含泪走出家门外，向着苍天长跪不起，祈求保佑爷爷身体早日康复。

苦根的孝心、诚心感动了天庭的百花仙子，她决意帮助他，救治爷爷的身体。

这一夜，跪地的苦根在昏倒后做了一个梦，梦里出现了一位百花仙子，带着殷殷关切之情告诉他：“好孩子，你爷爷的病有救呢，只要坚持用山野中的蜜蜂采过的花露水擦拭爷爷的眼睛，用百花蜂蜜水擦拭爷爷的那条腿，百日之后，你爷爷的腿和眼睛都可以恢复得和之前一样……”

从梦里醒来，苦根记得清清楚楚。可是到哪里去寻找蜜蜂采过的花露水，又到哪里去寻找百花蜜呢？

正在苦根愁得一筹莫展时，那一天经过牛山白岩道途中，却见满山百花盛开，只听一处传来蜜蜂的嗡嗡嘤嘤声，追寻那一大群蜜蜂，发现它们在采花之后飞向了附近的一处山崖。待走近了看，山崖下那蜂窝一个挨着一个，好像蜜蜂在那里建了一个繁荣的村庄，蜂蜜溢满了蜂窝，从空中向下滴流。眼前的情景，让他突然灵醒了：这不就是百花蜜吗？山野中的百花，不就是蜜蜂采过的花儿吗？

百花仙子又担心苦根年龄尚小，不会采集花露水，还有可能发生人身安全危险，于是再次托梦给苦根，她会将每天收集的牛山的百花露水装在一个小瓶儿里，赶在天亮前，放在他家门外的石凳上，让他及时取用即可。

在百花仙子的帮助下，苦根坚持用百花露水一日三次地为爷爷擦拭双眼，用那山崖的百花蜜冲水为爷爷擦拭那条腿，果然在百日之后，爷爷的眼睛不仅能够看见了，而且变得更明亮了，受伤的那条腿也不疼了，可以下床自由行走，随便到处活动了。

后来，有福老人又坚持饮用那百花蜂蜜水，逐渐青春焕发，似乎返老还童了，百岁之后无疾而终。

从此，百花露水和百花蜂蜜水，便成了当地民间一个治病的好偏方，两样物品都是天然自产，老百姓根据实际需要，随时可去取用。那处自然盛产百花蜜的山崖，人们就叫了“流蜜崖”。

如今，牛山当地散养的土著蜜蜂，传说种蜂就是从那山崖引到农家门口的，并且形成了世代养殖蜜蜂的传统。

择日上了牛山，去考察传说中的那山崖，发现这里既能够为蜜蜂遮风挡雨，又方便燕雀筑巢安家，周边植被繁茂，光照充足，春、夏、秋三季有各种野花次第开放，又因常年昼夜温差大，所以树木花草日日含着朝露。在这种生态中，别说产的蜂蜜有营养，人生活在此也会健康许多。

走访当地乡亲得知，都说陕南的山水好，滋润得男人帅气，女子温柔漂亮，不光是山水养人，还有一个公开秘密，那就是男女老少喜欢饮用百花蜂蜜水。而这也经过了科学证明，经常饮用百花蜂蜜水者，有百利而无一害，既可润肺、止咳、抗疲劳，又可消热、解毒、润肠胃，还可补钙增高、美容养颜、延年益寿。

之后有一日，当地一个蜜蜂养殖大户找上门来，请我给他家生产的蜂蜜取一个商品名，我不假思索，脱口而出——牛山百花蜜。

那乡亲告诉我，只要掌握关键技术，年景好，养殖蜜蜂真的是发家致富的一项“甜蜜产业”。我在品味了当地的蜂蜜之后，油然涌出了一句产品代言词，亦是信口而来：吃了牛山百花蜜，嘴甜心甜事业甜。

千沟万壑一条路

白岩道，对于牛山整体而言，既是一条山崖之路的名字，又指牛山主峰西南方数十平方公里范围内的那一块区域。

作为一条道路，它从牛山主峰往西南方向蜿蜒数十里，连接西路坝古道，成为两头人们往来的必经之路，也是为沿途群众千百年来砍柴、垦荒、耕种、采药、狩猎、采矿、贩卖等方面提供方便的生产生活之路。这一条路见证了祖国山河的奇特之美，也留下了人世间的沧桑变迁。一位老者站在山中指向那一处，不停地圈圈画画，好像此路弯弯转转，上上下下，曲曲折折，似乎近在眼前，又远到了天边。他兴致高，比画得真切，说得也起劲儿，但是这条路的真实长相让人无法全面了解，脚踏实地走完这一条路，要花费大半天工夫。一个来回大致需要一天，那阵儿也舍不得浪费这点儿时间。而脚下的路在眼前不远处就被绿色植被淹没了，看不到一条清晰的道儿，显然极少有人走过，如果去体验，途中必然充满了艰难。世上的路是人走出来的，没有人经常走的路自然就不能称为路了。或许，在不久之后，它就会彻底消失。

作为一方地域，它是牛山一块十分独特的风景之地，境内千沟万壑、纵横交错、山高坡陡、悬崖峭壁、石头嶙峋、相貌百态，山水之间呼风带雨、云雾缭绕。听乡亲介绍，也从相关资料中获知，此地的山崖或岩石间生长有铁皮石斛等珍贵的药草，山林间常有麂子、狗獾等多种野生动物，草木中有“白裙子”“红裙子”等许多有故事的植物，四季更迭，风景各不相同……因而，在秦岭南山中，此地当是一处神奇的丰富的生态之地。置身于此，眼前如波澜的山峦间，或山环水绕，或山高水低，一浪又一浪的斑斓美景，多姿多彩、风光无限。由于时值秋末冬初，日间时光短，不便也不能深入其中探个究竟。在遗憾之余感叹，再广阔的地方，总归有一条路牵引才能前往，而这群山中曾经的条条小路，只因白岩道一条大路相牵连，让它们一一都能四通八达。

背靠牛山主峰，我陷入穿越时光的想象之中。一望无际的群山，在多年前，各个旮旯散落或挤挤挨挨着各种不同的泥墙草房，春夏秋冬都飘散着袅袅的炊烟，屋内充满欢声笑语，院落鸡鸣狗吠，满山坡不时传来牛的哞哞、羊的咩咩之声。那蛇行一样的小路穿梭在山峦间，行人在山路上互相碰面，彼此不管生熟，必然会热情打招呼。方圆几十里之内，都是乡里乡亲的，如果不张嘴与人搭腔，会让人笑话是山鲁子。即使彼此不熟悉，你发烟我点火，扯拉一圈儿关系后，往往都成了连着筋的亲戚。那个时代，走在路上见了谁都亲，走到哪里都在故乡。

朋友说："你哪里是想象嘛，说的就是那时候的现实和乡村人情。"我把朋友的话当真，那个时代的山村生存景象，虽然有物质匮乏的一面，但处处都有今天人们向往的诗和远方。

同行的一位当地老者告诉我，白岩道内不仅风景多、看点多，而且故事多，还被誉为"出产故事的'百花园'"，我就优先选了关于"白岩道"来历的民间传说来听，名曰：牛山后花园——

很久以前，玉皇大帝为了让王母娘娘和仙女们在闲散时间里有个欢心的好去处，便决定在凡间打造一个美丽的后花园，并把此事交代给天庭一位擅长园艺技术的神仙负责选址、规划和施工建设。

这位神仙领命，及时成立了天庭后花园建设工作队，先期派出两个勘察小分队到凡间全面选址，可是费了很长时间，在勘察了神州大地多地之后，都没有发现一处十分满意的地方。面对这种情况，负责此事的神仙只好亲自带队，安排了东、南、西、北四个小队，从四面八方将神州各个角落都细致查看了一遍。这一次，他们在秦岭欣喜地发现了多处风景胜地。

经过仔细对比，他们发现秦岭之南的金州牛山境内有丰富的动植物资源，特别是牛山西南方向的大区域内，奇特的山峰、悬崖、山石、沟壑、树木、药草、鸟兽等构成了一幅天然的图画，风景秀丽、美不胜收。无疑，这就是打造后花园的不二选择之地。

听了情况汇报，王母娘娘非常欢喜，计划也得到玉皇大帝的恩准。

在后花园建设中，按照规划，最需要做的就是在群山中修通四通八达的山道，方便行走和游览，但是这一区域西南方向有一座险峻的山峰，岩石坚硬如铁，成了施工中的最大困难。按照先易后难的思路，在修好了其他众多的道路之后，最后集中力量攻坚克难。然而想了很多办法，使出了全部的力量，依然没有在那一面最坚硬的山崖上划出一道细纹来。无奈，负责的神仙只好禀报玉皇大帝求其出面解决。

玉皇大帝特别重视，亲自下凡到牛山，在查看了那面山崖的情况后，吩咐各位随从立即离开，他云游到远处的一座山峰上，站定，伸手，用力慢慢握拳，然后伸展，用食指指向那面长长的山崖，又来来回回划拉了一会儿。瞬间，那山崖中响起了一阵急切的刀砍斧凿的声响之后，又刮起了一阵浓浓的烟尘，随后就现出了一条长长的山路，连通了十沟八梁的山间小路。因为此路在山崖岩石中呈现了一道特别醒目的白色，所以被人们称为“白岩道”。

白岩道的修成，标志着天庭后花园的圆满完工，它不仅是观赏风景的最佳站位和途径之一，自身也成了一道风景。

果然，王母娘娘和仙女们看了十分高兴，经常结伴到此地游山玩水，欣赏风景，不亦乐乎。为此，玉皇大帝挥笔命名“牛山后花园”。

听了故事，令人感到白岩道无疑是一条天工之路。我没有去全程走一趟，就留下一种念想在心里吧，这一种美好或许会更长久。

身在白岩道，闲看蓝天白云下耸天高的一面山崖上，有一大块白色的岩石好像被天工分割成了一个个相互拥抱的石柱，每个石柱的身子上都点缀着各种不知名的花草和树木，让人不禁赞叹大自然的鬼斧神工，更惊叹那些在岩石缝隙中生长的名贵药材和草木坚强的生命力，它们是如何在十分恶劣的环境中吸收天地之灵气而把自己滋养成了人间的珍宝或者把自己活成了一道风景的？我想，也许正是它们时刻保持着拼命挣扎的奋进姿态，从而成就了自己。

换一种思维方式看，恶劣自然环境中的生命存在，往往成了看客眼中独特的风景。如果是肥沃的土地上成长起来的参天大树，便也没有啥稀奇和令人惊叹之处了。人人都说桂林山水甲天下，我以为，不用远费脚力，在安康牛山白岩道照样可以大饱眼福，这里也有别样的奇、险、秀——奇的是山峰、泉水、飞禽、走兽等；险的是石崖、高寨、山道；秀的是花草、树木、绿波，还有善良的人心。

我欣赏当地的一句顺口溜：“陕南安康牛山好，有个奇景白岩道；纵览天下百般景，不观此景算瞎跑。”

天下大事

砍柴、拾柴、背柴、掮柴……曾经是乡村随处可见的现象。尤其是在那柴水占一半家当的年代里，牛山脚下居住的老百姓做饭、取暖全部依靠柴火，所以家家户户每年都要花费许多时间上山砍柴，此外还有很多家庭要依靠劳力卖柴换取零钱补贴家用，因而那时山林树木的消耗量一年比一年大，树木长不赢，导致人们上山砍柴的路由近及远，越来越高，越来越长。

山下河道两边的人家，因为路程远，需要起早贪黑，一天也只能上牛山弄回一捆柴。农闲时节，上山砍柴的人整日成群结队，在山路上的男女老少形成了一道特殊风景。称之风景，好像冷酷了点儿，也缺少了人情味。村里八十多岁的老王说，一二十年前，为了改变居住条件，当地建砖瓦房，都是自家烧砖烧瓦，而烧制砖瓦需要的柴火依然都在牛山身上取，没别的法儿。需要柴火的地方多了，牛山的身子骨便累得多年都强壮不起来。那时的儿女们不知道心疼牛山，当然怪不得谁，都是因生活所迫而不得已。

那年初冬的一天，我们跟随村里的老陈，沿着乡亲们过去取柴的上山路登山，一边欣赏风景享受自然，一边听他讲述过去上山砍柴的那些艰辛故事。途中，正当我提议休息一会儿时，老陈却鼓励再坚持一会儿，不远处有个更适合歇脚的地方。听从老陈所言，果然，很快就看到了山坡上凸出来的一个小山包。在山包的背面正好有一坨地儿，我们席地坐在如床垫的落叶上歇息，此处既避风，又可晒太阳。趁着吃零食喝水补充能量的空当，老陈指着眼前的这个小山包说：“别看它不起眼，来头可不小！”“什么来头？别唬人！”“听了这个民间传说后，你再看唬人不唬人。”他接着娓娓道来。名曰：神仙供蒸饭——

很久以前，金州牛山脚下的老百姓缺吃少喝，大家上牛山砍柴、运柴经常都饿着肚皮，有人因饥饿而晕倒在山路上，或摔倒在山坡下。一条上山取柴的路便也成了一条受难路、断魂路。尽管如此，乡亲们为了生活，也别无选择，不得不继续上牛山取柴。

有一天，天庭的一位神仙云游至此，发现上山砍柴的男女老少个个都面黄肌瘦，其中很多人几乎是皮包骨头。神仙十分震惊和爱怜，立即将情况禀报了玉皇大帝。

玉皇大帝了解情况后十分动情：“就是一只蚂蚁也不能因为没有食物而挨饿，天下头等大事无非是吃饱饭，你们既然知晓，又怎么能眼睁睁看着他们饿得不成人样儿，并遭受意外伤害呢？”

随后，这位神仙受玉皇大帝派遣，来到牛山负责解决山路上砍柴人群的吃饭问题。

这位神仙化身一位老翁实地体验，从草庙梁的山豁口起步，沿着长梁上山，一直上到山肩上的一个小山坡，此时已是汗流浃背、困乏不堪，遇到此处背风，又向阳，便想在此休息一会儿。然后，在附近捡拾了所需柴火后，待到返回时，特别需要吃点儿食物补充能量，不然回家路上就十分受苦。此时，如果能吃到一大碗白米饭，那就太好不过了。

在亲自体验之后，神仙翁就在次日进行了布置，将一口大锅放在那山垭靠近岩边的一块平地上，又从怀中掏出一把白晶晶的米粒抛入锅里，然后就坐在那里等待。中午时分，上山砍柴的人快要到了这地，他便向锅里连吹了几口长气，顷刻间，蒸饭之香飘满山坡。上山砍柴的人或路过之人，都会在这里美美地吃一顿饱饭，当下浑身就有了力气。

从这以后，每天上牛山砍柴的人都能在这里吃上一顿蒸饭。因此，人们就把这个坡地儿称作了“蒸饭坡”。

但是过了不久，当地一个财主听了此等好事之后，便带了一帮人，在半夜三更来到蒸饭坡，想把蒸饭坡的大神锅搬回自己家里，却怎么也搬不动，于是吩咐帮手们砍伐树木做了木杠，一起使劲儿把锅撬起来。“嗨——哟——嗨——哟——”正当他们一起持续用力时，杠子突然断了，锅被撬碎了，三四个脑袋也一齐磕在了锅沿上，顿时血流成河。

此后，蒸饭锅的地方凸起了一个小山包。同时，附近出现了如同血色一样的红泥巴、红石子、红色小草等。人们传说这是上天给予那些贪婪者“血的教训”和警示——为了私家利益而损害公共利益，便没有好下场。

听了故事，坐在蒸饭坡喝水吃零食的幸福滋味胜过任何山珍海味。又切身体会到，一个人如果每天吃不饱饭，对其而言，天下还有什么是大事呢？所以，古人言“民以食为天”。可见，天下大事，吃饭问题是重中之重，任何时候都不能掉以轻心。

不难想象，当地之所以有了这个民间传说，无疑是表达了一种人们在极度贫穷和饥饿的岁月中对天天能够吃饱饭的渴望。

如今这里和全国一样早已解决了温饱问题，过上了小康生活，一年四季过的都是白米细面的好日子。随着电、太阳能、天然气等清洁能源的使用，已有多年没有人因为上山砍柴而爬上蒸饭坡了，原来的登山取柴之路早已消失在了茂密的树林之中。那个小山包也被各种树木覆盖，如果没有人介绍，极容易被忽略。

国泰民安

在村里空闲时候，和一些干部群众聊到国际关系方面的新闻时，特别是针对一些国际纷争问题，常常有人会义愤填膺地说：“这有啥好商量的，不行了就打，谁还怕谁呀？”在他们身上明显可以感受到中华民族强烈的自尊、自信和敢于拼搏的血性，这是值得赞赏的。

可是家国一理，遇到矛盾纷争，尽力用和平谈判的方式解决问题无疑是最佳选择。作为矛盾纷争双方的任何一方，都应该本着坦诚积极的态度，及时消化矛盾分歧，促进和维护和平友好。任何人都不应该袖手旁观他人的矛盾纷争，更不能怂恿他人之矛盾纷争升级，甚至怂恿国家发生战争。人人都要摒弃“看热闹不嫌事大”“坐山观虎斗”的心态，积极维护和平稳定。战争毕竟不是孩子过家家般的游戏。战争一旦打响，无论胜负，对任何一方都会造成损害，也会造成“城门失火殃及池鱼”的后果。有战争也意味着有伤亡，有伤亡就会导致一部分家庭受到伤害。没有战争就没有伤亡，没有伤亡则每个家庭就会平安。

常言道，国泰民安。只有国家康宁安泰，人民才能安居乐业。

其实，当地老百姓对战乱的恐惧和反对，对和平稳定的追求和珍惜，都包含在这个民间传说中，名曰：黄巢无心杀了柳和尚——

在金州牛山天池垭与金牛洞之间有一个大悬崖，悬崖中有一个神秘的大石洞。此洞位置险要，崖下万丈深渊，崖上巨石压顶，其内外充满天地之灵气。禅坐于洞中，视野开阔，远可观天文气象，近可听凤鸣鸟叫，闻山花飘香，时有云雾从山间升起，铺在眼前，令人如在云端。

很久以前，牛山被建成天庭的后花园之后，王母娘娘在这里游玩时看中此洞，曾经打算把此洞作为自己和仙女们在牛山的临时休息之地，后来因为有了其他更好的地方而作罢。因此洞环境独特，不久之后，又被一个名号为“柳和尚”的出家人看中，他便搬到了这里修行。

黄巢兵败长安，退守金州牛山屯兵时，听说此山有修行高人柳和尚，便去这山洞拜访。经过深入交流，二人相互欣赏，彼此信任，遂交为好友。为了帮助黄巢东山再起，彻底推翻腐朽的封建统治，柳和尚不仅出谋划策，还神机妙算地告诉黄巢：“你带兵在战争中杀人八百万后，方才能在牛山扎下根，进而才能取胜长安，站稳根基。”

黄巢信以为真，秘密授意手下统计曾经斩杀的人数，并再次计划展开与当地官兵交战。为了保证这个秘密不外露，黄巢的手下建议他杀了柳和尚。黄巢没有采纳这个建议，他更不情愿看到朋友死在自己士兵的刀剑之下，便私下让柳和尚迅速逃出山洞，缓些时日再返回。

柳和尚听言，便立即离开山洞，一路逃走到傅家河柳林子时，却不承想，黄巢的兵将正在前方打打杀杀，一时哭喊声悲天恸地。情急之下，他看到路边有一棵千年大柳树，其根部有一个大树洞，随即钻入洞内，并抓了旁边的几捆稻草掩护在树洞口，以为就平安无事了。

此时，黄巢的兵将打算杀完最后一批人，凑够八百万后便立即结束战斗。可是，千算万算，把该杀不该杀的人都算上了，偏偏只差一个人才够八百万。黄巢得知情况后，见到路边有一棵粗大的柳树，心想柳和尚的柳就是这柳树的柳，杀了这棵柳树便算是杀了柳和尚，人数就算凑够了。不料剑到树倒，一颗人头也随之滚出树洞。

柳和尚怎么也没有想到，自己出的馊点子，结果把自己害死了。

见此情景，黄巢一声叹：“杀人千千万，不差你一条命，谁知你在劫难逃，还偏偏死于我的剑下！”

顷刻间，只听牛山中发出一阵震天的轰隆巨响，似乎天崩地裂般，一时间一股烟尘滚滚，似乎遮天蔽日。

待到一切平静时，人们发现柳和尚修行所住的山洞上的那面山崖垮塌了，奇怪的是那山洞却依然无恙，洞内的石床、石凳完好如初。此后，人们就把那山崖叫作了“垮石崖”。

尽管这是一则民间传说，但是听了之后依然令人不寒而栗，亦是发人深省。

想想看，那些遭受战争动乱的国家，人民群众经常流离失所、生活困苦不堪，而身处在一个和平稳定的国家，每天过着安宁的生活是多么幸福啊！或许，没有经历过战乱之苦的人，无法真正体会国泰民安的别样幸福。

和平稳定是经济社会发展的基础和前提。一个国家如此，一个家庭也是如此。如果一个家庭经常吵架闹仗，鸡犬不宁，怎么能够实现事业发展、家业兴旺和生活幸福呢？所以说，家和才能万事兴。

如此，国家之间不发生战争，这是多么美好的事情啊！

神奇的山寨

《西游记》的故事里有五指山，在秦岭之南的安康牛山自然生态区也有一个“五指山”，但它却是另外一个名字。此山在牛山西南方向，那是一条长长的山脉在绵延起伏中形成了五个紧密相连的山峰，且高低不一、错落有致，像一只大手掌的五根指头，当地人称之为“五指峰”。

五指峰被称为牛山的第二大山寨，也是牛山景观群落中的一大奇景，山寨中有石壁、石崖、石峰、石山、石梯、石门等，又有巨石、奇石林立，形态各异，在四季不同的色彩背景中，它们呈现着各自的美。当然，它们也显现着各自不同的丑。美中有丑，丑中有美，这是自然和人世间的常态。贾平凹说，丑到了极致便是美。那么美到极致是否也是丑？美得没有缺点和瑕疵，也是一种缺点。生活里就有这样的事儿，你把事儿做得完美了或者你的某一件事儿本身就完美，让人找不到缺点，那么你就剩下遭人嫉妒恨了。所以说，种种的丑也是万千生态中不可或缺的风景，就像阴晴风雨、五颜六色、酸甜苦辣，样样都有，方才称得上丰富多彩、包罗万象。再完美的人或许都有别人不知道的缺点，而有些相对完美的人或富贵之人，在工作和生活中还会故意在外人面前制造或显露一些缺点，以此来满足别人的心理平衡。

话题扯回来，相比天下的山水，五指峰令人兴趣浓的不是其自然风光，让人记得住的带给人深思的也不是什么美景与丑景，而是关于它的精彩民间传说，名曰：一条龙脉种下五颗仙石——

很多年以前，天庭派出了许多个小分队在凡间各地探寻宝藏。很快，就有一个小分队向天庭禀告，他们在秦岭之南的牛山惊喜发现，此地宝物十分丰富，不仅有黄金等矿藏，而且山林中还有荆柴、淫羊藿等许多珍贵中药材。

这个喜讯震惊了天庭内外，鉴于牛山的自然宝藏丰富而珍贵，为了做好保护，有序开发利用，玉皇大帝下旨，派遣九条神龙入驻牛山，镇守各方妖魔鬼怪，以免它们兴风作浪，破坏牛山自然生态。

九条神龙领命后，来到牛山，各执其事，分别把持九条山脉的自然生态安全。经过一段时间后，其中八条神龙都能够严格按照要求，坚守阵地，扎实履职，坚决完成确保一方平安的艰巨任务。只有另外一条龙，到了牛山不久，便开始了思想松懈、作风涣散，整天游山玩水，寻欢作乐，加之能力不足，多次面对当地的黑恶势力，因惧怕而放纵不管，任其祸害一方。

终于有一天，这条神龙在外出游玩时，突然被当地的一群猛兽咬伤，它却没有丝毫反抗之力，在仓促逃往牛山西南方向时，天庭下来了一群兵将，在吓退了那群猛兽之后，当下捉住了这条贪生怕死的神龙，并向它宣告了玉皇大帝的圣旨，因它在守护牛山中，信念不坚定，追求享受，玩忽职守，不练习本领，无力作为，致使一方混乱不安，严重辱没了天庭队伍形象，在天地人间造成恶劣影响，为杀一儆百，就地对它进行处置。

听罢圣旨，此龙突然在原地剧烈打滚，当下气绝而亡，而后幻化成了牛山西南方一条长长的如龙一样的山脉，当地人称之为“石龙”。

此后，为了教育和激励天庭众位神仙和天兵天将锤炼本领、担当有为，玉皇大帝再次下旨，在石龙身上分别种下代表思想、学习、本领、拼搏、意志的仙石共五颗。经年之后，五颗仙石在这条山脉上长成了五根指头一样的小山峰，人们因此称之为“五指峰”。每一座小山峰都分别代表着一种力量，又共同标志着天兵天将需要的“综合素养”。

后来，五个山峰分别住了各自的神仙，比如土地爷、财神爷、关公爷、药王爷、观音菩萨，分别保佑着当地老百姓粮食有余、富贵吉祥、健康平安等。

再后来，当地出了一名受人爱戴的先生，他根据五个山峰之间狭窄的地貌特征，结合曾经发生过战争的情况，将“五指峰”改称为“五峪寨”。此后，一寨两名便同时流传了下来。

如今，大多数人们还是喜欢“五指峰”这个名字，形象而有意味。

此山寨因其神奇的传说和自然景观被人们誉为“神奇的山寨”。我特别喜欢的是它的传说，更欣赏传说最初的创造者，为什么能够创造出如此富有智慧的民间故事，至今依然能够教育人、启示人。由此想，五指峰是人格化的山寨，也是智慧的山寨，更是鼓舞人的山寨。

据介绍，20 世纪六七十年代，五指峰各个山峰上的大小寺庙建筑被毁，同时被毁的还有当地人们心灵深处的“封建迷信”思想。在今天看来，只要理解了五颗仙石和五座山峰的象征意义，并践行在学习成长和综合素养提升中，就足以支撑起一个人昂扬奋进的精气神。如果一代又一代地传下去，就会渗透到子孙万代的骨子里，利益无穷。

试想，一个人如果有思想、会学习、本领强、敢拼搏、意志坚，岂有不能成就的事业、不能实现的理想？

勤劳智慧走天下

我在这里要讲的还是秦岭之南安康牛山的故事。

在这个牛山东南方也有一条庞大的山脉，传说是牛山的九条龙脉之一，南北全长30多公里，从空中俯瞰或在远处观看，形似一条长长的巨大青龙，因此被称为“青龙山”。绵延起伏的青龙山脉上有一处视野开阔、风光壮观而又可供人们休养生息的山寨，当地乡亲们称之为“郭家寨”。于是就有了一个疑问：处在青龙山脉上的自然山寨，为什么不称为“青龙寨”而呼之为“郭家寨”？

先后问了许多人，都不知道这个青龙山和青龙寨的故事，或许本来就没有，但是提到“郭家寨”，大家在纷纷称赞的同时，都晓得关于其名来历的民间传说，名曰：一群叫花子富了一座山——

安康流传有一句鼓舞人的话：“讨米要饭的都能弄成事儿，你有胳膊有腿，浑身上下一样儿都不缺，有啥事儿弄不成？”此话源于牛山一个村庄发展带来的启发。

一百二十多年前的一天，时间或许更久远一些，牛山的一条支脉——青龙山下有个叫沙沟湾的村子，突然涌入了一群操四川口音的人，男女老少二三十人口，走村串户，挨家挨户乞讨生活。村里见过世面的长者说，别小看了这群要饭的人，虽然穿得破破烂烂，但见他们言谈举止表现出来的家教并不像是穷苦小户人家出身，在他们乞讨的背后必然有不为人知的隐情。

得知情况后，村里大户人家方家两兄弟便诚恳地将这一群乞讨者请到家中，像待客人一样热情招待。感受到方家兄弟的真情实意和为人处世的好品德，在酒过三巡之后，这群乞讨的领头人便如实讲述了他们不得已外出乞讨的情况。果然，这是一群不俗之人，而且有侠肝义胆。

这群乞讨的人来自四川某地的一个大家庭，领头的名叫“郭正雄”，因为替当地穷苦人家求公道、出恶气，杀死了他们村里为富不仁、十恶不赦的恶霸财东，为了躲避官家追捕和那恶霸后人报复，这才带了一大家人就近逃到省外，然后一路向安康方向乞讨，寻找安身之地。

弄清了事情的原委之后，方家兄弟十分同情和感动，并主动提出与郭正雄拜为兄弟，希望他们一大家人不再东奔西走，可以留在此地踏实过日子。这对郭正雄一家人来说是求之不得的好事，心中自然感激不尽。

可是，如何让郭家一大家人在当地稳定居住生活呢？方家二兄弟与族人商议后决定，把青龙山上的一座山寨全部送给结拜兄弟郭正雄一家人，让他们用来居住建房、开垦耕种、放牧牛羊和拾取柴火，方便生产生活。

在方家兄弟们的帮助下，他们很快就在山寨上搭棚子、盖草房，安顿了下来，结束了乞讨的漂泊生活。在周围人的眼里，他们成了那山上住着的一群叫花子。但是郭正雄一大家人不在乎别人怎么说，继承祖先不怕脏、不怕累的吃苦耐劳精神，齐心协力，从零开始，在山寨及其周围垦荒种地、养殖六畜……

面对方家人的仁义、厚道和接纳，作为来自异地他乡的郭家人没有辜负他们的一片良心，经过三五年的奋斗，郭家人就过上了居有房屋、丰衣足食的好日子。随后，人丁和家业越来越兴旺，成为远近闻名的一个村落。因此，在当地流传了一句话“一群叫花子富了一个山头”。

郭家人所居住的山寨因郭家而有了名，人们称之为“郭家寨”。

随着时代的发展变迁，郭家亦是子孙昌隆，不断扩张生产和家业，陆续从山寨搬到了附近的山湾里，那山湾因郭家便也有了“郭家湾”之名。

后来，不知为何，又是从何时起，有许多人却将“郭家湾”又称为“瓜湾”，将“郭家寨”又称为“瓜寨”了。

“在瓜寨、瓜湾，没有郭家人干不成的事情！”于是，古往今来，郭家人的口碑就越传越远，似乎他们就是一群英勇的士兵，所向披靡、战无不胜。因而，他们也成了当地人的榜样。

瓜，在陕南安康地方语言中为“傻”的意思。显而易见，把郭家湾叫瓜湾含有讥笑郭家人傻的意思。

问题是：瓜湾人就真的傻吗？

回答是：一点儿都不傻！

如今，郭家人所在的村名叫“郭家湾”，在新时代里他们依然在那片土地上用勤劳智慧书写更新着自己的故事。如果有人说郭家人傻，那傻是最聪明的傻，也是最实惠的傻。那傻，就是善良正义、敢于担当，就是忍辱负重、克难奋进，就是脚踏实地、吃苦肯干。郭家人正是靠着这一股傻劲儿，从无到有发展家业，不断演绎着自己的奋斗故事和美丽传说。

其实，人活在世上，很多时候不是需要聪明，而是需要郭家人的这种“傻劲儿”。有了这种傻劲儿，读书若不能读到功成名就，也会获得人生一片新天地新境界；做官若不能百世流芳，亦能留一世功德在人间，即使一无所有，走遍天下，何愁在哪里不可以扎根发芽、开花结果呢？

如果把郭家的传说故事总结成一句话，那就是：勤劳智慧走天下。

别样人生路

世上的路有千万种，独有“手把岩”是一种特别的风景。

说“手把岩”之路是风景，在我自己觉得都有些残酷，甚至丢了怜悯之心。此种路，若非必须，走一次之后就永远不想再走第二次。想想看，那种似乎挂在悬崖、镶嵌在峭壁上的一个个脚窝，一边要用手指头紧紧抠着石壁，或用手把着岩石，一边小心地移动脚步，有时候迈出一脚，需要收回一只脚并脚站稳，然后再迈出另一只脚，如此每走一步路都充满了艰辛，稍有不慎一旦失足，就会跌落崖下深渊，即使不会命归黄泉也会摔伤致残。在汉江两岸等秦巴山区各地，“手把岩”是过去常见的一种山路，路程长短不一，短则三五步，长则几里远，或者更长。我不知道现在是否还有人行走“手把岩”，我知道自己走过的山区，人们曾经在生产生活中都绕不开“手把岩”，男女老少人人经常面对，而且都若无其事。

我是从肩上能扛起二三十斤木柴的年纪开始，就经常走过“手把岩”这样的山崖路，直到肩上能扛起一百多斤行李的时候，先后有过二十多年的经历。那时候，但见身边的男女老少好像都练就了一身功夫似的，没有人把“手把岩”当回事，更没有谁说过害怕。一年四季里，在采药材、掮柴火、背粮食、扛肥料等生产生活劳动中，经常往返“手把岩”。现在想来，曾经的经历犹如闯过了一次又一次鬼门关。当时，我每一次走过“手把岩”时几乎都是负重而行，很少有空手的时候，最初跟着村里人一起经过“手把岩”时内心里的那种恐惧，尤其是当时腿打战、心似悬起来、手心出汗的样子，我至今都无法忘怀，但是我从来没有告诉过任何人，说了害怕遭人笑话。那时，无人刻意去教谁怎么走路，只是看着前面人咋走，我就跟着咋走，走过几次之后，也就可以单独走了。从最开始一步步咬紧牙关的忍耐和坚强中挺过了一次次过往，到后来的习惯成自然，便也真的不把它当回事了，更无所谓有什么艰难，就是一段路而已。

走过很多次不同的“手把岩”之路，曾经和现在都不知道它们是否有故事，在牛山脚下驻村时，却听到了当地一个精彩的关于“手把岩”的民间传说，名曰：飞虎鸟保护和尚凿天路——

很久以前，天庭为了保护秦岭南麓金州牛山珍贵的药材资源不被破坏，便派遣了一组鹰将军化身“飞虎鸟”下凡到牛山，每日轮流值班在空中巡察。

之所以要保护，那是因为天庭在普查中发现，出自牛山的很多珍贵药材，不仅能够为凡间的人们治疗各种疑难杂症，还能让人们延年益寿。铁皮石斛就是其中之一。这些珍贵的药材一般都生长在半阴湿的岩石缝隙当中，采摘非常不容易。尽管如此，总是有梦想发财或长生不老的人会冒着生命危险攀登山崖采药。一旦被飞虎鸟发现，它们就会利用坚如利刃的翅膀对攀岩的人扇耳光、打手脚，让那些采药人难以生还。

唯有一种例外，飞虎鸟对于免费为当地老百姓治病而冒险在山崖上采药的寺庙和尚却非常照顾，从不惊扰和制止他们。

也因此，在牛山山崖上的采药人只有寺庙和尚。为了方便从白岩道登上那山崖和山顶采集到更多珍贵药草给穷苦人治病，面对险峻无比的山崖，一位经常采药的和尚想在崖壁上修一条登上山顶的天梯。他的想法得到了寺庙住持与所有和尚的支持。

按照和尚的想法，修天梯就是在崖壁上凿出一条由无数个脚窝组成的攀岩路。和尚们团结协作、不畏艰险、矢志不渝，日复一日风雨不避，用锤子和錾子一点点地开凿着。和尚们的善念和德行感动了天庭派来的飞虎鸟巡察队，它们分工轮值，在空中为施工的和尚们遮挡烈日，阻挠风雨，用它们坚硬的翅膀帮助劈山削石。在飞虎鸟们的呵护和帮助下，终于凿成了一道从白岩道通往山顶的天梯。

这条天梯路中的每一个小脚窝深不过两三寸或三四寸，勉强能容下半只脚或脚尖踩踏，和尚每次登山时，都需要身贴山崖，脚踩岩窝，手把岩石，方能一步步攀登上山顶，因而此天梯路被人们俗称为“手把岩”。

有了手把岩的方便，采药的和尚能够采集到大量的珍贵药草，牛山下的男女老少便也不再遭受因为疾病带来的苦难和贫穷。

此后，人们也把和尚采药经常攀登的“手把岩”称为一条艰难的专门利人的修行之路。

从传说故事回到现实，手把岩是牛山白岩道那面山崖上的一个客观存在，或许它就真的铭刻着故事中的事。

我用脚步丈量过牛山的许多地方，得知在牛山很多地方曾经有各种不同的“手把岩”之路，如今它们都还在，但是几乎全部消失在了人们的生产生活中，或者说人们当下已经不再需要依靠它们。然而它们给予人们的精神作用还没有消失，我在当地乡亲们追求美好生活的奋斗中感受到，手把岩曾经带给人们的坚强力量是润物细无声的，而且随着岁月变迁，这种力量似乎蕴藏在他们的骨子里，持久而不衰。比如，我知道很多家庭其实都有着不同的艰难和苦楚，但看见他们始终都是笑着在过日子。

在我的感受里，经历过手把岩，就是经历了一种别样的人生路，那种步步艰难惊险、提心吊胆而又必须步步淡定坚强、步步为赢的生命体验，一一都会在生命里打下深刻的烙印，化作一种无形的力量融入血液中，成为人生克难前进的不竭的精神源泉。从一定意义上说，“手把岩”就是一块磨刀石，过往的生命就是一把刀，在这样的磨刀石上经常磨砺，刀就会越磨越锋利，那么在人生征途上披荆斩棘、所向披靡，也就是自然而然的事。

站在白岩道，仰望山崖中的天梯之路，我对曾经的那些攀登者在心底充满了敬意，并由衷感叹，没有负重走过“手把岩”，便不足以谈人生之艰难，亦无法从灵魂深处感受行走坦途之幸福快乐。

我想，如果说手把岩是风景，那么这道风景中则会铭刻曾经经过的一个个生命的艰难挣扎和拼搏奋进。走过手把岩的人生路，领略的一定是人生高处的绝妙风景，享受的也往往是别人难以懂得的幸福。

一块石头的见证

我常常想，做一块石头多好，石头不说话，不招惹烦恼，也无所谓用途和作为。如果石头有灵性，那烦恼自然便会跟着来。也想，天下的石头都是安分守己的，就是安安静静做一块石头，任凭风吹雨打，我还是我，不染喜怒哀乐。在接触了地质科学家之后，我才知道自己的认知错了，在他们眼里，石头是有生命的，甚至会说话，它们不同的年龄也见证着世间的沧海桑田，诉说着人类不同的历史。

一块石头的命运并不因为自身的泰然就能泰然，风雨惹它，岁月惹它，它奈何不了风雨岁月的软刀子功夫，就会被慢慢改变棱角和形状，甚至被搬迁移动。石头不惹人，人却惹石头，人们有时候欣赏它，有时候使用它为生产生活提供方便，有时候还嫌弃它，有时候还拿它说三道四。牛山白岩道那面山崖上有块大石头，风雨岁月把它打扮成了一顶“花轿”，而且人们还给它编排了故事。它无意于成为风景却被人间当作了一道风景。如果说石头幸运，那么这块石头就是幸运的，它有人们欣赏的模样，还有精彩的民间传说，其名曰：短命的爱情——

很久以前，金州牛山西南山脚下有一大户人家，生养了一个小闺女，身材高挑、貌若天仙、聪明贤惠，上门提亲者踏破了门槛，而谁家的小伙她都没有看上，却偏偏看中了经常往返路过她家门口的金州刺史崔伟，因此芳心暗许，连父母家人都不知情。

在有了意中人的日子里，她每天都在绣楼上守望，哪怕是看到他骑马从门前匆匆而过，心中都会甜蜜很久，连睡梦也是甜美的。

父母每每催促她年龄不小了，要赶快定下婚事，而她总是回应：“不急、不急！急着嫁人做啥子嘛！”其实，她的内心早已在盘算着怎么与崔伟表白，怎样做好他的老婆。

这一日，她精心打扮了一番，在绣楼上坐卧不宁，特别思念情郎，神情恍惚中，果然望见崔伟骑马带着队伍款款而来，或许是看得太入迷，或许急切地想投入情郎的怀抱，她一不小心，一头从绣楼窗口栽倒了下去，不偏不倚，摔在路过她家门口的崔伟马前。

如果只是虚惊一场，而她的身体无恙，那么彼此这样的认识或许也是一种天意，可是偏偏命运弄人。

听见“嗵”的一声响，一个美丽漂亮的姑娘从高处落在面前，崔伟闪身下马，当即抱起姑娘便呼人救命，姑娘睁开眼，向他含情脉脉地笑了笑：“日日思君不见君，不承想今日这般相见，我这一生只想做你的女人……”然后就在他的怀抱里幸福地走了。

了解其原委后，有情有义的崔伟不管不顾，随即告知随从，将姑娘纳为侧室。

为了圆却新娘子的心愿，崔伟命令随从，当即准备了花轿，将新娘子抬上牛山庙后举行婚礼。可是途经白岩道那山崖下时，大家突然觉得花轿越抬越重，个个都累得大汗淋漓，怎么都走不动。有人猜测说，或许是新娘子没有到过白岩道，看到这里的一片美景，想在此浪漫一会儿，于是大家就在一平地上停轿准备歇息。可是花轿怎么也停不稳。这时，轿头儿对着花轿安慰说：“新娘子啊，花轿已安稳地停好，你就好好看看这里的美景吧！”说来也怪，这些话好像说到了新娘子心窝里，花轿当下稳当了。

休息了一会儿之后，轿夫们准备起轿时，又发现轿杠像固定住了一样，用什么方法都动不了，而花轿也像长在了地上，怎么用力都挪不动。

轿夫们以为是新娘子故意撒娇，便说了不尽的好话，崔伟也跟着说了一筐又一筐好话，而花轿依然纹丝不动。

突然，崔伟灵机一动，面对花轿说：“俺的娘子啊，是不是要与郎君一起骑马看看这里春天的美景？”言毕，只听花轿内一声响。

于是，大家把花轿丢在了原地，帮助崔伟将新娘子抱在怀里，二人一起骑马慢悠悠地走向牛山庙，一路上，崔伟不断为她介绍山中景色，讲述牛山故事，直感动得众位随从默默流泪。

在牛山庙举行了简单的婚礼之后，随即将新娘子安葬在了一处风水宝地。

上天感动崔伟与新娘子之间的爱情，便将新娘子坐过的那顶花轿在一夜之间幻化成了山崖中的一块石头，人们称之为“花轿石”，成了他们之间传奇爱情的永久见证。

后来，崔伟被朝廷封为“牛山土主忠惠王”时，同时封其侧室为“戴花仙娘”。

从此，牛山留下了一个千古爱情传说。

这是一段浪漫凄美的爱情佳话，也是对封建婚姻的控诉，更是表现了当地人们对婚姻自由由来已久的渴望与支持。

如今在牛山白岩道，传说中的“花轿石”依然可见。因为有了感人的传说，它不再是山崖中一块普通的石头，而是一块有灵魂的石头。由此，它见证的不仅是一段千古爱情，更是见证了一个男人的担当和柔情。同时，血淋淋地反映了在封建社会婚姻观念的禁锢中，一个女人对理想爱情的无辜牺牲。或许，这个传说也是在诅咒那个时代爱情的短暂吧！

花轿石承载的故事令人怜惜，但是作为一块石头，它应该是不懂爱情的，如果它知道爱情的万千滋味，它会追求爱情吗？它或许会说，还不如做一块没有感情的石头呢，没有快乐甜蜜，也没有煎熬痛苦。

心正身自正

还是说石头吧，石头可以任人说东道西。

要说的还是秦岭之南安康牛山西南方白岩道上那山崖中的一块石头，与其他石头相比，它有很多不一样，巨大，长方形，竖立着，坚硬，颜色为当下人们喜欢的浅灰色，虽然经过长久的风吹日晒雨淋，表面已显得不平整，但人们仍可感受到它曾经细腻光滑的质感，其整体形状像现代的一面梳妆镜。此石，谁人见了谁人爱，女人见过了之后，心里更会藏着许多美好和想象。

我发现，即使同在这座山崖上，每一块石头都是不尽相同的。当然，在苍茫的宇宙之中，石头与石头的造化不相同，结果就不可能一样，因而，就有了它们的位置、形状、品质、价值等各种的“不一样”。当然，也不需要都一样。要求没有差异化，那是不可能的，神仙也做不到。世上连两片完全相同的树叶都没有，能有完全相同的某一种类东西吗？自然物质之外，只有机械化制造的同类商品有同一型号和统一标准，而且必须是相同的。所以说，每一块石头的存在都是个性的、独特的。

天下石头多，但不是所有的石头都有价值。谈一块石头的价值，关键在于人们对它的欣赏和利用。即使是同一块石头，人对其欣赏和利用，也会随着时代变迁而发生改变。而这块如梳妆镜般的石头，处在深山悬崖峭壁之中，很少有人去参观欣赏，又不能实际利用，它能有什么价值呢？很快，我发现它的价值在于它承载的文化对人们的影响，这就是它的民间传说能够给予人一种浩然之气。名曰：照妖镜前无妖魔——

很久以前，有那么一段时期，金州牛山突然冒出来了一群妖魔鬼怪，人们不知道它们来自何地何方，又是为什么在这里无端兴风作浪，它们的出现导致民间是非黑白颠倒，公平正义丧失，社会道德、价值、秩序混乱，由此形成的各种歪风邪气让当地老百姓苦不堪言。

老百姓人人渴望生活在风清气正的社会环境里，面对妖魔鬼怪的出现，人人喊冤又喊打，众人协力使出了许多降妖除魔的办法，但是都无济于事，反而妖魔鬼怪更加张狂，折磨得家家户户鸡犬不宁，到处都不得安宁，人人胆战心惊。无奈之下，全村男女老少集体跪拜上天，祈求神灵主持民间正义，神速降妖除魔，维护一方平安稳定。

就是老百姓的这一跪，惊动了玉皇大帝。在得知情况后，当即派遣了一位降妖除魔有经验的老神仙带领了一个秘密工作队下到牛山，迅速展开了调查。经过暗访发现，这些妖魔鬼怪确实作恶多端，把当地搅扰得乌烟瘴气，是非矛盾和各种怪事层出不穷，社会秩序混乱不堪，人心惶惶，它们不仅不以为然，反而各有各的说辞，各有各的道理，甚至以扰乱社会秩序为乐。

在掌握了具体情况后，老神仙组织召集牛山各方的妖魔鬼怪在一起开会，传达了玉皇大帝的圣旨，请大家安分守己，谁若不听劝阻，继续祸害民间，扰乱人心和社会秩序，将迅速捉拿归案。

此后，当地确实安静了一段时间，但是没过多久，这些妖魔鬼怪又开始惹是生非，而且背后没有任何踪影，一切都做得不留任何痕迹。这让具有丰富经验的老神仙都感到束手无策了。

经过思考，老神仙认为，要从根本上解决问题，首先要甄别谁是妖魔鬼怪，其次要掌握它们祸害人间的实际证据，方能彻底收拾它们。为此，他想了一个很奇特的办法，在白岩道安装一面神奇的石头镜子，在这面镜子面前，凡是妖魔鬼怪者便会原形毕露，一旦被发现，埋伏在此的天兵就立即捉拿，当下处以斩立决。

果然，安装了这样一面镜子之后效果显著。每天傍晚前，阳光映照到这面镜子上，便会折射出一种奇异的光芒，此光可扫视周围一切，穿透所有的灵魂和躯体，让人能够迅速明辨出所有生灵的真面目。于是，老神仙命令所带的天兵在牛山各处散布这一消息。

然而，有几个猖狂的妖魔鬼怪不相信，以为是吓唬它们，便侥幸来到了这面镜子前，它们发现自己曾经的所想所作所为，身心从里到外的一切都被照得清清楚楚，还没有等待它们反应过来究竟是怎么一回事，就被埋伏在旁边的天兵们当下捉拿，果断剁成了肉泥。听到这个消息后，一时间，其他各路妖魔鬼怪纷纷落荒而逃，从此牛山再也没有妖魔鬼怪出现，社会环境干干净净。因而，这面镜子被人们称之为“照妖镜”。

人们还发现，这面照妖镜能照见人心的好恶、是非，怀揣坏心眼、作过恶的人，在镜子中就会变得十分丑陋，而善良正直、品行端正之人在镜子中就会变得漂亮或者帅气。随后，当地人谁都不敢有歪心思，更不敢作恶，因为在这面镜子前，一切善恶、是非都会分明。

有了这面镜子的无形监督，彻底制止了当地一切邪恶力量和各种歪风邪气，村里夫妻恩爱、子孝父慈、长幼有序、家庭和睦、邻里友善、彼此谦让、团结互助……形成了一股昂扬向上的正气。

再后来，人们发现这面镜子不但能矫正人心，还能矫正人的老花眼，所以它又被人们称为“花镜石”。

听了故事之后，我说，一身正气之人，站在这面石头镜子跟前，会多么自信和自豪啊！

这个故事告诉人们，不要有恶心、做坏事，否则迟早会被发现。身正不怕影子歪，身正则心必正。心里无鬼，光明磊落，什么镜子也照不出一身邪气来。心正、气正，身自正。

由此想，做一个善良正直、品行端庄的人，任何时候都不怕照妖镜，亦是经得起任何方式的检查或考验。常言说，为人不做亏心事，夜半不怕鬼敲门。人世间本无妖魔鬼怪，如果有，无非是人心中有了妖魔鬼怪。人世间也本无照妖镜，而每个人心中都应该有一面照妖镜，时刻能够检视自己的品行，摒弃歪心邪念，保持行为端正。

大众眼中的好妻子

我在这里要介绍的，还是牛山境内的一块石头。

这块石头不在山崖中，也不在密林深处，它是大路边常见的石头，也是极易被忽视的石头。自安康高新区出发，沿着五茨公路行驶大约13公里处，在五里镇大王庙村与建民镇沙沟村交界处一个名叫“小垭子”的马路边，有一块呈现台阶形状的大石头，俨然像石匠专门打造的用来骑马的垫脚石，至今石头上可见清晰的马蹄印和小脚女人的脚印。我在见过之后，想如果给这块石头起个名字，那么应该叫什么好？我还没有琢磨出个一二，就听见路人呼了它的名字——上马石。

上马石？这就不是普通的石头了。后来，听到它的民间传说富有魔幻般的传奇色彩，我便觉得其名十分妥帖，名曰：骑飞马成仙——

一千多年前，金州刺史崔伟经常带兵马队伍到牛山，消灭辖区的匪患、妖魔和怪兽，确保一方安宁太平。每一次往返之中，都要经过牛山西南脚下的李财东家门前。不承想，李财东的小闺女相中了英俊潇洒的崔伟，便从此茶不思饭不想，日日守望在绣花楼发呆。

方圆十几里的媒人先后上门提亲，而这小闺女却没有看上一个人家。她心中非崔伟不嫁，所以其他青年条件再好，都不入她之眼。父母催促她年龄不小了，赶快定下婚事，以免错过年华，误了终身，而她总是回应：“爹，娘，莫操心，闺女迟早都能嫁出去！”

李财东夫妇拿这闺女没办法，便也不管她的婚事了。而她其实自有主意，一直在创造机会与崔伟表白情意。

这一天，崔伟带领兵马队伍在要经过李财东家门前时，突然他的马发出了一阵怪异的嘶鸣，正当他感到诧异时，一个身材高挑、穿着鲜艳的漂亮姑娘忽地从高处摔在了马前。这纯属意外，连她自己都想不到，怎么会从绣花楼的窗口摔下去了呢！

听见“嗵”的一声响，崔伟便闪身下马，当即抱起姑娘呼人救命。而这时，姑娘忽然睁开了眼睛，含情脉脉，看着他说：“你不仅是一个好官，也是我心中的好男人，今生梦想做你的老婆不成，死在你的怀抱里，小女子也知足了。”说完此话，她便幸福安然地闭上了眼睛。

了解情况后，崔伟在感动之余，将其纳为了侧室，并在牛山举办了一场旷世的特别婚礼，随后将其安葬在了一处风水之地。

话说当年的金州刺史崔伟，不仅长得英俊潇洒，而且文武双全，德勤能绩等方面都为人所称赞。这个姑娘在被崔伟纳为侧室之后，她仅仅是占有了一个名分而已，并没有为丈夫尽到一点点的责任和义务，因而在九泉之下，她的灵魂感到非常愧疚和不安。

怎么办呢？经过认真思考，她找到了自己的方式，这便是请求各路神仙，全方位保佑崔伟治理的一方社会万事呈祥、安宁康泰、风调雨顺、五谷丰登。

或许就是因为有她在暗中大力帮助，崔伟在金州励精图治、功绩卓著，口碑传遍四方，深得老百姓拥戴。

同时，在那个世界里，她就一直坚持默默地帮助金州的老百姓解除困苦，消除灾难，而且尽心尽力。因为，她不仅想用自己的努力为崔伟分担一些负担，更是想成为崔伟那样优秀的人。而她所做的这一切，也被悄悄记在了一个修为成绩簿子上。

后来，崔伟被朝廷封为“牛山土主忠惠王”，而她同时被封为“戴花仙娘”。

人们说，崔伟的侧室、李财东的小闺女真是成仙了。

那一年的七月十二日，艳阳高照已经连续多日，眼看就要出现旱情，乡亲们一行人上山祈雨后在回家途中，经过一个叫小垭子的地方，又值正午时分，大家的喉咙干渴得似乎直冒火焰，加之又饿又乏，便在路旁的大树下坐下来，休息一会儿再走。然而，突然狂风四起，电闪雷鸣，霎时大雨倾盆。

在狂风暴雨中，大家的眼前忽然出现了一个画面：戴花仙娘走向路旁的一块石头，一匹白色大马等在那里，只见她快步走上石头，骑了白马，迅疾腾空而起，直冲云霄。

少顷，雨过天晴，人们发现原来路边的那块大石头，似乎变成了一个被工匠修凿过的台阶形状的石礅。仔细查看，上面留有马蹄印，还有女人的脚印。大家这才明白：“戴花仙娘是骑飞马成仙去了！”

于是，这块石头有了名字，叫“上马石”。

“上马石”承载了一个女人的成仙故事，也刻画了一个大众眼中好妻子的形象。爱丈夫就爱他的一切，想他之所想，支持他的事业，帮助他点亮生命的天空。她把自己与丈夫的思想和追求牢牢捆绑在一起，在成就丈夫的同时也成就了自己。

常言道，一个成功的男人背后一定有一个默默支持他的女人。所以说，男人的“军功章”其中有支持他的女人的一半，甚至更多。如此，一个男人想要事业的成功，除了自身努力和各种外援力量的支持，也离不开家庭和一个好女人、好妻子的信任和支持。有时候，即使不赞同、不鼓掌、不出力，只要不拆台就是一种最大的支持。因为，一般的结果和效应是，夫妻之间一荣俱荣、一损俱损。

而一个好女人、好妻子从何而来呢？或许是老公爱出来的，或许是自身修为出来的，也或许是天生的。

英雄的姿势

一个地方的好生态是人们用心呵护出来的。这是我在陕南安康牛山脚下驻村时的一个重要感受。比如，教育孩子从小就爱护野生动物，让保护生态的意识能够根植内心深处，从而在言行中贯穿一生。但是，乡亲们往往不是讲科普道理般直接说教，而是喜欢讲一些神奇的传说故事，这些故事一般都有一个具体的载体，可能是一棵树、一块石头、一眼泉水，也可能是一座山、一条河，还可能是天上的一朵云彩等，似乎有了这些载体能够佐证他们所要讲述的故事就是真实的。

其中有一个最普通的例子，他们教育孩子不要残害青蛙，要爱护青蛙，就拿了一块象形的石头说事。此石巨大，青褐色，生长在牛山大卧牛塥西侧的山肩上，活脱脱一只蹲在那里的庞大青蛙，形态逼真，栩栩如生，不由得让人叹服大自然的鬼斧神工。只要提及这块石头的民间传说，孩子们的耳朵往往都竖起来了，百听不厌，又乐在其中。我那天听了之后也甚是喜欢，名曰：青蛙的祖先是神虫——

很久以前，牛山发生了一次大规模虫害，至今都是千古之谜，没有人知道当时的具体原因是什么。

当时的这种害虫是一种小小的黑蛾子，人们称之为“妖蛾子”，自从它们出现在牛山之后，其繁殖之快令人无法想象，在半个月时间里，几乎所有的树木枝叶上都爬满了密密压压的妖蛾子，一层又一层，一群刚走一群又来，它们飞来飞去发出的穿行之声，好像连带着整个天空都在嗡嗡作响。

一时间，山林花草树木所有的绿叶被逐渐蚕食，枝条不断枯萎，各种花果纷纷凋谢，农作物因这种妖蛾子的残害面临绝收。受此虫害的严重影响，当地的老百姓和牲畜也开始出现各种怪病。对于这种铺天盖地、历史罕见的虫害，当地官员和老百姓都束手无策。

住在牛山的观世音菩萨看在眼里、急在心里，用尽了各种方法也不见效，于是将情况及时禀报了天庭，玉皇大帝下旨，让相关神仙共同发力，采取大风、大雨、暴晒、冷冻等综合措施，但收效并不明显。

面对如此情况，玉皇大帝让太白金星献计。太白金星在全面了解情况后建议说，利用自然界大虫吃小虫的生存和相克法则，如果有一种虫子能够把这种妖蛾子吃掉，那么就能从根本上解决问题。于是，大家就想到了天庭后花园荷花池中的青蛙，它们就喜欢吃各种害虫，尤其喜欢吃这种妖蛾子。

玉皇大帝将计就计，下旨把天庭后花园荷花池中的青蛙全部赶到牛山去消灭害虫。

这一招果然见效，但是妖蛾子太多，青蛙又太少，进度比较缓慢。怎么办呢？玉皇大帝又恩准，把变身术传授给了这些青蛙，每只青蛙可变成一大群青蛙，一群青蛙又可变成许许多多群青蛙。如此，数不清的青蛙很快覆盖了牛山的山林田园。经过一个星期的集中歼灭作战，终于让所有的妖蛾子都销声匿迹了。不久之后，各种植物、庄稼都慢慢恢复了生机，人们的身体和生活也逐渐恢复了正常。

就在这一次集中消灭妖蛾子的大战中，一只青蛙因连续作战、劳累过度，把身心永远留在了牛山，若干年后幻化成了一块巨石，但没有改变原来的模样，其眼神似乎时刻在审视着四面八方的一切，并始终保持着随时出击、捕食害虫之机警和姿态，人们称之为“青蛙石”。

在完成了消灭牛山妖蛾子的任务后，青蛙们都奉命回到了天庭后花园的荷花池。为了长远防止牛山发生妖蛾子这种虫害，天庭让青蛙自愿报名，留下了一少部分青蛙，在当地不断繁衍生息，至今它们依然长久兴旺，而且始终都没有忘记专门捕食害虫的天职。

经历妖蛾子事件之后，当地人们才认识到青蛙的作用，也知道了牛山青蛙之身世，它们的祖先是天上的神虫。

因而，一代又一代人感恩青蛙，对青蛙珍惜爱护有加。

认真观赏这块青蛙石，还是传说中的模样，“蹲”在那里，精神抖擞，似乎等待随时出击，呈现了一种英雄的姿势。有人形容说，它是一只有使命感的青蛙，永远守望着下凡时的初心。所以，尽管它是一块石头，但是它一样令人十分尊敬。

在我的眼里，那是一种鼓舞人心、催人奋进的姿势，也是一种健康的生命姿态。

无可争议，青蛙是如今人类公认的朋友，保护青蛙就是保护绿色的田野，就是保护我们的美好家园，因此它被人们赞誉为绿色生态的“忠诚卫士”。因为它神奇的传说，在牛山脚下那几年的春夏时节，每每听见山间青蛙此起彼伏的呱呱叫声，在倍感亲切之外，深感生活在绿意盎然、花草芬芳的大自然公园之中的幸福、惬意和不易。常常在这时，我总是喜欢喝几杯的。

都说青蛙好，可是有的人为了自己一时快活，偏偏喜欢捕食它。还有的人因为它的形象极其丑陋而特别不待见它。显然，他们在内心里并没有顾及青蛙的益处，也并没有把它当作朋友。这是人间的一种悲哀，尽管他们知道朋友对自己始终有好处，但是为了一点儿小利益而要牺牲朋友时却毫不顾忌，只要自己的心情愉快，而不在乎朋友的付出与回报。

青蛙作为益虫，它肯定想不到这些遭遇，或许也不屑于防范人心。

牛山叠嶂风光

两座山峰，一个挨着一个，一个在南边，一个在北边。从东西方向眺望，它们似女人一对大小相称而又丰满的乳房，所以俗称“奶头山”，又曰“双乳峰”。站在任一座山峰，都可以看见群山逶迤、层峦叠嶂之风光。两者比较，尤以登北峰观光为好，蓝天白云之下，站在山峰上那一块巨石之上，面向西方、北方或西北方，眼前的山峦像层层波浪，一浪赶着一浪来，一眼望不到边际，如浩瀚无垠的大海般波澜壮阔，自然呈现出一幅大美无尽的江山画卷。

在这里，无论过去如何没有见识，再怎么不懂境界的人，只要身临其境，就会忍不住想纵情长歌一曲，或者仰天吼上几嗓子，那种贯通天地间的旷达和身心自由，令人胸怀在瞬间就变得无限宽广了。无须涉足名山大川，在这里一样可以观赏体验到“一览众山小”“山高人为峰”和“至高无上”“无与伦比”“叹为观止”等词语所蕴含的自然风景、人生境界和精神愉悦，还可以感受到浓浓的家国情怀和别样美好的人生境遇。深受此处的壮美风光感染，令人一时竟也壮怀激烈起来，想的是如今在国家繁荣昌盛、和谐稳定的大好局面中，更应该珍惜历史机遇，报效国家、服务社会，不一定要当大官发大财，但一定要干出一番有意义的事业来，否则不足以安慰人生。

身在此地，还特别令人能够感受到天地之灵气，人的精神好像瞬间就开始成长起来，甚至听得见精神成长拔节的声响。此地的石头天天都在长，何况是待在这里的人呢？或许有人不信，那就来听听这个民间传说吧，名曰：有块石头每天在长大——

唐朝末年，黄巢率领黄巾军，以其威猛之势，迅速攻破长安，并建立了“大齐政权”。

可是“大齐政权”非常短命，只有两三年光景。原因是黄巢政权遭遇内部将士叛变，加之自身防控不力，导致叛变将士招引唐军回师长安，一举打败了黄巢兵马，收复了京城。

黄巢带领兵马败退长安后，被迫一路节节败退，直至退到秦岭之南金州地域，又遭当地官兵追杀， 被逼上了牛山。

黄巢之所以选择退守牛山，不仅在于山高路险，易守难攻，关键在于牛山深处草原广阔，水源充足，可以垦荒种地保证粮食自给，正是强兵练马、养精蓄锐的好地方。在此安营扎寨后，他指挥兵将四面垒墙做防御，操练兵马以图东山再起，这一切都进行得平稳有序。

为了激励将士们互相学习，比拼本领，奋发图强，黄巢将兵马队伍分为南北两个阵营，严格进行战术训练，因而那雄壮的杀喊声、马鸣声、刀枪声，日日响彻牛山高处。

不仅如此，黄巢每天早上还要对将士们进行一次简短的励志早课。而在早课前，他先要激励自己，不忘大丈夫之志向，从练兵场爬上北峰，站在山顶的一块大石头上，面向北方，看望京城长安，在心中暗暗发誓，彻底推翻他十分痛恨的唐王朝末年的腐朽统治，重建“大齐政权”，否则誓不罢休。因此，这块石头被人们称为“望京石”，也称为“恨京石”。

在黄巢的影响和带动下，将士们的信心与日俱增，锐气逐日高涨，本领日益刚强，在多次与当地官兵交战中屡屡获胜，因而他们也相信再次攻破长安，将是指日可待之事。

特别神奇的是，黄巢每日看望长安发誓所站立的望京石，似乎每天都在不断长大，最后成了山峰上一个非常壮观的存在。同时，这块石头对人还会产生一种神奇的力量，只要站在上面安神定气一会儿，就像接通了一种无形的能源线，浑身似乎立时就涌来了一股子势不可当的底气和威风。

就这样，黄巢每日在此守望，精神百倍、信心满满。

然而，黄巢兵马最后还是被金州刺史崔伟所带官兵彻底打败，遂带领一群残兵败将退到了秦岭深处，在一高山上，黄巢面向长安，自刎而死，从此消失在浩渺的时光长河中。

奇怪的是，黄巢离开牛山不久，望京石在一次狂风暴雨中被雷电劈去了头部和一大半身子，从此停止了生长。

故事中的“望京石”长在北峰峰顶的悬崖边，如今观看它现在的全身，主要部分似乎都藏在山中，向外露出的侧面那一部分，并在最上端凸出了一个不规则的石包。因为它所处的独特高位和拥有的开阔视野，人站在上面似乎立马就有了一种气吞山河的气概。

因为海拔、气候等，在这里可以欣赏到四季不同的独特风景。此处的春天比山下总要迟到那么一个多月，所以在初春时节俯瞰山体全身上下，一半是萧条，一半是花开，随后突然有一天在不知不觉中，你再看时，山野就齐刷刷地绿了。此时此地，暖阳之下，花香鸟语，山风吹拂，鸿雁在头顶飞翔，那是何等惬意啊！夏天，环顾四周尤其是面向西方、北方或西北方，眼前呈现了一片无垠的大海洋，那叠嶂的层层山峦似滔滔的绿色大浪，一浪赶着一浪，连绵不绝、壮阔无比。夏秋之交，早起或雨后，看云山雾海，景观十分迷人，在东方日光的照射中，云雾纷纷就有了各种祥瑞之色，顿时让人分不清在天上还是人间。秋天，从一片一片的叶子开始，有的变黄了，有的变红了，然后层林尽染，很快一个世界就变得五彩斑斓。冬天，在一片冷色调里，可感受到大漠般的苍凉、空旷和辽阔。雪后初晴，更是能够看到一番别样的景象，眼前的万里江山银装素裹，在阳光的照耀下显得万般圣洁，令人好像处在童话世界里，只剩下了无比的快活。

从山脚下登北峰有两条路可以选择：其一，先沿着公路上到牛山朱雀寺的后面，再沿着小道向南而行三四里，然后转折一路北上，在山林中慢悠悠地行走，曲曲折折经过七八里路程，浑身冒汗的时候就到了。这条路相对容易，但会少了许多乐趣和观景的豪壮情怀。其二，从草庙梁的“牛门”起步，沿着长梁，在有路的地方逍遥而行，在无路的地方追随目标，披荆斩棘，摸索而行。这一条路，特别考验体力、意志和情趣。因而，我把这条路称为追随理想之路。最初，爬完这条登山之路我用了四个小时，第二次用了三个小时，第三次则用了两个多小时，越来越感到容易。每每费力之后，我在体验中都有许多不同的收获，特别是站在望京石上，那种通过坚韧不拔的意志，克难奋进后获得的成功之感受就令人十分快慰。

朋友故意为难我，要我用一句话介绍此景。我说：“望京石，一个令人有梦想的地方。”朋友听后没有称赞，我便搬出了明代普晖所作的《牛山叠嶂》这首诗，让他们赞不绝口。其诗云：

卓冠群山势最幽，分明高似一头牛。
岩前泉泻流涎落，洞口云生喘气浮。
日出尖峰双角耸，雨滋嫩草牛毛稠。
夕阳返照云霞晖，倒蘸清波翠汉流。

此诗描绘的风景画面如今依然可见，其中除了“岩前泉泻流涎落，洞口云生喘气浮”这句诗所描述的景观在望京石之外，距离并不远，其余三种景观都可以在此明显感受到。由此可见，“牛山叠嶂”之美被列为金州八大景观之一，牛山被列为金州四大名山之首，皆名不虚传。

所以，上牛山如果不到北峰登望京石，观赏体验“牛山叠嶂”风光，那便是浪费了大好光阴，辜负了大自然对牛山的精心造化。

婚姻不是独角戏

牙齿与舌头的关系再好不过了，可是牙齿与舌头也有发生磕绊的时候。这就像夫妻关系，即使再和谐，在柴米油盐酱醋茶的泼烦日子里也难免会发生矛盾。闹矛盾的时候，彼此都在气头上，管不住嘴巴，互相可能会说一些脏话、恶话、狠话，但是哭过、闹过、争过，过去便过去了，就像一阵风吹过了，而不要把那些不愉快记在心上，更不能翻旧账。常言道，天上下雨地上流，两口子吵架不记仇。屋漏了补漏，瓦坏了换瓦，遇到啥问题解决啥问题，把破破烂烂的日子缝缝补补，生活每天还依旧是新的。

当然，美好幸福的婚姻需要两个人共同守护。每个人在婚姻生活中都不可能始终让对方感到完美无缺或完全满意。即使再优秀的人、再富有的家庭，都不可能永远一帆风顺，更不可能青春不老，此一时彼一时。出于各种原因，个人或家庭都可能会在某些时期出现坎坷困难等不如意之事。这种现象本属正常，夫妻双方都应该积极面对和解决。特别是在各种困难生活中，夫妻之间更需要互相安慰、鼓励和爱护，齐心协力攻坚克难。任何一方唱独角戏，都不可能把婚姻生活过得美满如意，即使神仙也做不到。发展经济需要经营，家庭生活需要经营，夫妻感情也需要经营。既然是经营，那就要投入真心、讲究方法、注重效果。

关于爱情婚姻生活的教训，我在牛山驻村时听过一个发人深省的民间传说，名曰：一个狐仙的尘世缘——

很久以前，金州牛山脚下有一个孤儿，小名叫大强，他十多岁时父母双亡，此后他就一个人艰难生活，洗衣做饭、耕田种地、饲养牛羊、上山打柴等家里家外的活儿，他样样都行，除了刮风下雨、天寒地冻，他一年四季都忙忙碌碌，闲不下来。

时间一晃，大强长成了村里二十多岁的帅小伙，身强体壮，精明能干，但是因为家庭贫穷迟迟找不到媳妇儿，每天在生活中形单影只，笑没有人看，哭没有人听，酸甜苦辣不知向谁分享，实在可怜。

有一天傍晚，大强从田间劳作后带着一身疲惫，还未走进家门时，便闻见了从屋内飘出来的饭菜香。他感到很奇怪，于是急切地推门走进厨房，发现灶台上摆放着两碗菜，一碗是腊肉炒野竹笋，另一碗是大蒜辣子拌神仙叶子凉粉，锅里米饭也已蒸好，炉火灰里还煨着一壶自酿的秆秆酒。自从父母去世后，他再未感受到这种温暖，不觉间竟然热泪盈眶。

此后一连数日，他每晚回家都有温热的饭菜等着他。

大强想不到这是谁做的好事。出于好奇，他也想看看究竟是谁对自己这么好。这一天，大强藏在家中隐蔽处悄悄观察，当日午时，忽然一只狐狸大摇大摆进入家中，然后左右环顾，但见无人，便摇晃了一下尾巴，忽然一身狐狸皮就脱了下来，一眨眼，眼前就出现了一个亭亭玉立的漂亮大姑娘。姑娘不慌不忙地在厨房里忙碌起来，不一会儿就把饭菜做好了，然后打扫房间卫生，把一壶烤酒煨在炉火灰里后，披上狐狸皮，变回狐狸身，便匆匆离去。这一切，大强看得真真切切，感觉就像做了一场美梦。

次日，大强依旧隐藏在屋内，等待姑娘去厨房忙碌的时候，他把狐狸皮悄悄藏了起来。姑娘在要准备离开的时候，却怎么也寻不见了自己的狐狸皮。看到眼前仙女般的姑娘，大强没有控制住自己，猛然从背后抱住了姑娘。姑娘先是一惊，然后慢慢平静下来，并幸福地接受了大强的拥抱。

大强诉说了自己的身世和家庭情况，并表明了为过上好日子而奋斗的决心，这段话引起姑娘的同情和信任，姑娘答应做了他的老婆。

大强娶了贤惠漂亮的媳妇儿，一时间在村里传为美谈。他们夫妇恩爱，二人各主家庭内外，日景一天一个新样儿。一年多后，他们就生育了一对双胞胎儿女，都长得健康结实、精灵可爱。

可是好端端的日子让大强的嘴巴给无心毁坏了。有一段时间，儿子夜里哭闹，他把儿子抱在怀里一边在家里转悠着，一边在嘴里吟唱着即兴自编的童谣："儿子、儿子，你莫哼，你妈是个狐狸精，再哼哼，把你也变成狐狸精……"也是奇怪，孩子听了这童谣很快就会安静下来。后来，遇到儿子哭闹，他便用此法哄儿子安静。

言者无心，听者有意。大强哪晓得，妻子听了他的童谣虽然没有表达反对，却在心底经常生闷气："我成全了你一个幸福的家庭，为你生儿育女，伺候你吃喝，而你没有记住我的好，反而天天揭我的短。"随着孩子一天天长大，她的心中始终萦绕着这句童谣，总是担心孩子和村里人会知道了自己的狐狸精出身。在柴米油盐的平常日子中，大强或许疏忽大意，或许也不懂对妻子的心理疏导和关爱，而妻子把不满和苦恼埋藏在心底，从来没有向丈夫倾诉，于是心结与日俱增，越结越大，越结越解不开。

终于在一天中午，妻子的精神突然疯癫起来，赤身裸体离家出走了。大强带着儿女四处寻找了很久，还是没有找到妻子的下落。后来发现时，妻子赤裸裸死在牛山的一处山涧，尸体早已幻化成了一块石头。

经年后，此石凸显了一个显明特征，这就是人的生命出口，因而当地人称之为"母石头"，也叫"女阴石"。

这个故事来自五里镇郭家寨附近一块石头的传说，它带给人们的启发是：再浪漫或神奇的爱情，一旦进入婚姻的烟火日子，夫妻之间便要以一颗平常心相待，互相体谅和爱护，彼此之间莫揭短，应该多发现和肯定对方的优点。世上的好男人、好女人都是夸出来的。夫妻之间还应该多沟通，作为妻子应该及时向丈夫道出自己的委屈和顾忌，而不是选择一再隐忍，进而导致自身在心理和精神上遭受巨大的熬煎。作为丈夫应该从细微处关心妻子的情感变化，及时消化不良情绪，避免引发极端情绪。

同时，夫妻双方不能用完人的标准来要求和检阅对方，人人都不可能是完人，且人人都是学而知之，所以应该允许、理解和宽容对方出现的缺点或错误，及时善意提醒和督促对方改正错误和缺点，而不是听之任之，任其不了了之。

此外，夫妻彼此之间应该保持共同成长进步，努力做到在生活中同频共振。小到生活习惯、审美取向、兴趣爱好，大到人生观、价值观、世界观等方面都应尽力缩小差距。至少要能吃在一起、睡在一起、说在一起、玩在一起。朋友说，这叫夫妻之间的生活观，应该保持最起码的一致。如果更进一步，就是能想在一起、干在一起。

德行的福报

天下石头多，有故事的石头却不多。陕南安康牛山不仅石头多，而且石头的故事也多。

我喜欢这里的石头，因为它们都有灵性，往往一个石头的故事就是一堂生动的人生大课。在汉滨区五里镇所辖的牛山一山脉中有个地方叫“石窑湾”，石窑湾所在的小河边两岸各有一块巨大的正方形石头，俗称“四方石”，这两块石头承载了两个地方不同财主不同命运结局的民间传说，名曰：无德妄想终是空——

很久以前，距离陕西金州比较近的四川达州有一家财主，虽然富甲一方，但是富而不贵，因而追求家族兴旺的老财主便盼望后辈子孙有人能够考取功名在朝廷做官，以光宗耀祖。为了实现这一夙愿，他把希望寄托在了自己百年之后安葬的风水宝地上，期望以此庇荫子孙走上官场，平步青云。于是，他广告天下，哪位风水先生如果能为其选择一处好地穴，将酬谢一百两银子。

得知此财主的广告，远近闻名的风水先生纷纷而动，获取酬谢的重金反而是其次，重要的是大家都想借此机会展示一下水平。可是，绝大多数有几把刷子的风水先生在了解此财主的道德人品后都纷纷摇头，不愿意为他选地穴，也不在乎他的酬金之重。

多年后，一位鹤发童颜的老先生路过此地，见这里很多人家日子都过得穷苦，而又无人救济，于是他找到这家老财主，言称在某地为其寻得了一处好地穴，前提是必须先付了承诺的重金，然后才能告诉那处地穴的具体位置等事宜。看到老先生言辞凿凿，老财主便先支付了一百两银子。

老先生如数收到银子后，非常守信，把老财主带到当地一个“猛虎出林”的地方，此处地穴两边各有一个正方形的巨石。老先生再三叮咛，必须按照他的要求做，才能保证后辈子孙出现将相之才。这就是，在老财主去世后，必须等到他最小的孙子出世满了百日之后，才能在那里进行安葬，否则为后人带来的不是吉祥而是灾祸。

老财主看中了老先生为他所选定的地穴，并向长子认真交代了详情。至于他付给老先生的那些银子，他心里早已盘算着让老先生拿不回去。但是，老财东没有想到的是，老先生享受了三四天的热情款待之后，在离开之前，将一百两银子当下就全部分发给了此地的穷苦人家。

见到老先生如此做法，老财主也无可奈何。

事后两三年的一天中午，老财主暴病而亡，巧合的是，他的小儿媳当天晚上就自然生产了一个男孩儿，后人们都欣喜不已，按照老先生此前的叮咛，为老财主守丧直至这个小孙子满了百天之后，才在事先选定的地穴打井，准备下葬老人。谁知，将其灵柩抬到此地下葬时，发现井内水流不断，旁边的两块巨石也不翼而飞。不得已，后人只好易地选址安葬了老财主。在老财主死后，他们的家道迅速败落。

因此，人们口口相传：“地穴虽好，无福享受是枉然。”有位风水先生道破天机，原因是老财主生前无德，并且多次作恶欺人，不得世道人心。

然而，此处的两块大方石究竟到哪里去了呢？

原来是上天安排，一块飞落到陕西金州牛山“石窑湾”一财主家门前田地的正中央，另一块飞落到了河对岸。

面对家门前突然飞来的两块四方巨石，这财主担心是不祥之兆，便请了风水先生实地查看，结果得知是一桩天降的大好事。两块巨石是因为他家的德行好而投靠上门来的昌隆之星，并且因此在其旁边产生了一处好地穴，会荫泽后辈子孙顺利考取功名。但先生又忠告财主，这看起来是好事，但需要行大德、守孝廉、帮穷人、做善事，将来才能有福分安葬在此地。否则，还会因此遭殃。

这财主内心其实并不贪求后人大富大贵，只是尽心做事，坚持接济穷苦人家，救灾救难、善待邻里、广结善缘，在乡间赢得了好口碑。在他去世后，后人顺利将他安葬在了那处地穴中。其后世子孙继承先人传统美德，秉持耕读传家之风，务农者家道都很殷实，刻苦读书者有不少人走上仕途，当了官之后，勤政为民，深受好评。

人们传说，这财主的后人能当官，就是因为这两块四方石的庇佑，故而把它们称为“官印石”。

其实是，有好德行才有好福报。

如今，两块“官印石”还在那里，它们的故事带给了人们对求财求官的深沉思考。积德行善才会有好结果。无德妄想一切是枉然。积德深厚，福报自然来。厚德载物。拥有大德者，才能发大财担大任。德不配位者，必有余殃。

古今之大人物，让万众敬佩和历史记住的首先是他们的德行，其次才是他们的能力和贡献。什么是德行？往大了说就是心怀苍生，情系家国，鞠躬尽瘁死而后已，往小了说就是心存善念，尽力而为，为他人和社会着想，做好事、办实事、解难事，给人方便、给人力量、给人温暖。

历史教训告诉人们，用尽计谋、耍尽手段，获得一时的钱财，或者利用权势为子孙谋得一时的发达，都必然不会长久。想要子孙兴旺发达，先要从自身做起，从小事做起，做好为人处世的榜样，树立良好家教家风，教人积小善小德而成大善大德，方可能成大事、立大业。

走读书正道

读书学习永远是一条正道，古往今来也有说不完的故事。

在驻村时常讲，扶贫先扶智，而扶智中有一项重要工作就是帮扶教育脱贫，要保证每个家庭没有失学的孩子。事实也证明，一个贫困家庭中如果有一个孩子依靠读书学习实现稳定就业，就可彻底帮助一个家庭从根本上长远地走出困境。用乡亲们的话说，耕、读是传家的两件宝，读书就是走在了正道上，把力用在了正向上。所以，“不让一个孩子上不起学”就成了大家的共识。特别令人欣慰的是，为了鼓励青少年好好上学、刻苦读书、勤奋上进，我们不需要讲多少大道理，乡亲们有他们喜欢的事例，并经常讲给孩子听，最为耳熟能详的就是这个民间传说，名曰：闷哑巴中了状元——

很久以前，金州牛山有一个山岭因出产铜矿而得名“铜矿岭”。铜矿岭附近的老百姓靠山吃山，以开采铜矿为生，日子过得安稳悠闲。

因为丰富的矿藏，这里的家家户户，只要在铜矿洞里挖几疙瘩矿石，背到山后的炼铜厂卖掉，一家人十天半个月的吃喝就有了保障。因而，很多人都是出力干上几天活，吃喝玩乐半个月，钱花完了再去挖矿卖矿，或者干几天活挣点儿钱后，就跑到州城里玩耍去了。

唯有外地来的一个哑巴小伙与众不同，他几乎每天风雨不避，坚持到矿洞里挖矿、卖矿，看他天天没完没了地挣钱，而不知道消费找快活，很多人设法引诱他，而他都不为所动。大家以为他是个老实人，加之他不说话，因而给他取了个外号——闷哑巴。

看到闷哑巴肯吃苦挣钱又不乱花钱，在洗净了身上的矿灰、换上了干净的衣服后，确是一个身材魁梧、五官端正、帅气十足的小伙子。虽然他不说话，但也省了人间的口舌是非。若是他与谁家姑娘成了亲，那就是家里干活的一个好劳力、挣钱的一个好筢子。于是，热心的乡亲们先后多次给他介绍了当地倒插门的婚事，而他一个都没有答应，每天还是闷着头，继续挖矿、卖矿。

乡亲们不解，世上还有这样的哑巴？

此事传到炼铜厂老板耳朵里，铜厂老板感到奇怪，便悄悄地跟踪观察了闷哑巴一个多月，发现这个闷哑巴不是一般的哑巴，每天有固定的劳动挣钱时间，其余时间都在背地里安心用功读书，有时候控制不住自己，竟然也发出了抑扬顿挫的朗诵之声。顿顿饭都啃着窝窝头，喝着白开水，而他却吃得津津有味。见此情景，铜厂老板心里非常震惊，他判断此人来日必有大出息。于是，私自做出了一个大胆的决定——把漂亮的大女儿嫁给闷哑巴。

可是，这事儿怎么办才好呢？

铜厂老板想了一个好主意，让女儿每天精心打扮后，提针线篮子去铜矿岭，在闷哑巴必经的山路边上，一边放养牛羊一边做针线活儿。后面发生的一切都在意料之中。一个未婚的青年小伙，一个漂亮的大姑娘，每天至少要见两次面，由开始羞羞答答地互致微笑，逐渐相互熟悉。后来，姑娘有意在每次上山坡放牛时准备了零食和一壶水，经常借故自己吃不完喝不完，在闷哑巴背矿歇息时主动送去关心，而闷哑巴每次在享受吃喝的关爱之后，只是冲姑娘笑一笑就算感谢了。

有一天女儿告诉父亲说，她喜欢那个闷哑巴，但遗憾的是他不会说话。父亲不咸不淡地说：“不要着急嘛，他迟早会张口说话的。”

那是冬季比较寒冷的一天，闷哑巴由于十分饥饿，在背矿途中歇肩时摔倒在地，一时昏迷，姑娘发现后及时做了抢救，又是喂水，又是递吃食，还给他送了一件新做的棉袄。闷哑巴终于忍不住，张口先说了一些感谢的话，并向她敞开了心扉。

原来，这闷哑巴不是哑巴，只是因为身边无人理解他，也是为了自身安全和不惹是非而不愿意言语而已。因为住在穷乡僻壤，家庭贫困，又加之父母早亡，留下了他一个孤儿，虽然他自幼聪明、喜欢读书，但无缘考取功名，好不容易在这里寻到了一个下苦力可以挣钱的机会便不想错过，一心只为攒够了进省城、京城的盘缠钱，然后就去追逐自己心中的梦想。

女儿向铜厂老板父亲说了情况，父亲听后假装惊讶，并故意告诉女儿说："你可要当心呀，说不定那小伙是个骗子呢！"女儿不管不顾，决意要把闷哑巴接到家里提供吃住，让他心无旁骛，专心致志地求学。铜厂老板看到女儿的一片真情，而他也早已了解闷哑巴的品德和潜力，于是就答应了女儿的要求。

从此，闷哑巴停止了挖矿石、背矿石的苦力活，搬到了铜矿老板家居住。铜厂老板给他提供了专门的书房，还安排女儿精心照顾他的生活，让他安心读书，全力准备应考。

后来，闷哑巴从县城、州城、省城一路参加考试，顺利走进京城参加应试，并且一举考中了状元，仕途第一站就当了县太爷。

闷哑巴在功成名就之后没有做负心人，走马上任前，便正式跪拜了扶持他读书的铜厂老板为岳父，与其大女儿欢欢喜喜圆了洞房。

消息传开后，都说闷哑巴命好，一路遇见了贵人，得到了事业爱情双丰收。可是谁又知道，闷哑巴坚守理想矢志不渝的艰辛付出呢？

如果说闷哑巴命好，那就是他走在了读书这条正道上。

故事中的牛山铜矿岭，就是如今安康汉滨区五里镇张光石村余家埫后的那座山岭。山岭下有一个不知废弃了多少年的山洞，虽然可见往昔矿产开掘的一点儿遗迹，但是已感受不到曾经生产的繁忙景象。岁月的赠予，在此处留下了一个催人奋进的青年读书故事。

这个故事表达了读书改变命运的思想，亦是生动诠释了“书中自有颜如玉”“书中自有黄金屋”“书中自有千钟粟”“书中车马多如簇”“书中自有贵人助”等教人读书的古训，通俗易懂，充满趣味，寓教于乐。

在乡亲们看来，“走读书正道”有两层意思：一则读书是获取知识、本领和事业进步以及摆脱穷苦命运的正当途径；二则读书要读正经书，读好书，读鼓舞人奋进的书，不读歪门邪道的书，不读消磨人意志、损耗人精气神的书。我深以为然。

故事还启发人的是，为了正确的奋斗目标而刻苦读书，就会遇到好运气。处于当今瞬息万变的新时代，更加需要不断学习新知识，甚至一日不读书学习就会让人有落后之感，不能很好地适应工作生活。想是如果一年不读书学习，那势必就会为时代所淘汰。学习新知识越及时、越透彻、越深刻，越能紧跟形势、与时俱进、干好工作，享受到生活的便利。这便是越爱学习，工作生活越顺利。

所以说，无论何时何地，自身所处的环境怎么复杂和艰苦，都不可以不读书。读书不一定会遇到颜如玉，也不一定能换来黄金屋，亦不一定得到千钟粟，但是读万卷书可抵行万里路，也可抵阅人无数，亦可抵风景万千。读书，可以令人明事、明理、明方向。读书，可以让人做精神的富翁。即使读书读到孤家寡人的地步，自己也永远是自身灵魂的主人。如果不是死读书、读死书，把世间的事理读活了，大概率也不会遭受物质生活的贫乏，人生的运气也不会坏到哪里去。

读书不分贫富贵贱，也是一件永远的事，人人都需要也都可做到。无论时代怎么发展变化，读书学习是最快捷有效的途径，可以直接把古今之人所探索、总结积累的知识、技术和人生经验、智慧等各类成果拿来为我所用，收取立竿见影之效果，而不需要自己亲身去经历和实践，用坎坷、曲折、失败和教训等去换取，可节约时间、精力和财力等大量的成本投入，因而就会让人少走弯路，甚至不走弯路。

回首驻村生活的那几年，丝毫没有影响我读书，反而受益于环境，把书读得更多、更深、更细。所读之书，有纸质书、电子书，有政治、经济、历史、地理、科技和文化等门类，还有自然山水和社会生活之书等，读出了新境界、新收获。

经年读书，结合实际还体会到一句话：读书有道，重在活学；读书有益，贵在致用。

崇拜祖师爷

安康牛山有座古今闻名的牛山庙，如今叫朱雀寺。因为驻地与其距离比较近，我便在一次空余时间里去参观。有师傅介绍，寺中有个祖师殿，殿中供奉着“药王”孙思邈。缘于相关文化知识的欠缺，让我最初在心中产生了一连串的疑问：祖师殿为什么不供奉“祖师爷”，而供奉着“药王”？祖师爷是谁？药王是谁？他们之间是否有联系，又有着怎样的联系？

请教后得知，祖师殿就是供奉某一宗派创始人的殿堂。祖是鼻祖，各学术流派、宗教派别以及各行各业最早的奠基人、创始人、领头人。也就是说，只有各行各业的发明创始人，或技术最高代表、最高权威、最大贡献者等顶尖人物——行业之“王”，才能被称为“祖师爷”。很久以前，民间就有“三百六十行，无祖不立”的讲究，所以每个行业都分别有自己的“祖师爷”，比如土木工程技术行业的代表人物鲁班，制酒酿酒的发明人杜康、春秋时期的医生扁鹊、汉代的医生华佗等，他们都是行业敬奉的“祖师爷”。但是，随着社会不断发展，后来各个行业出现的“王”就不能称之为“祖师爷”了，而“祖师爷”一定是某个行业最早的“王”，可以是药王，也可以是盐业、饮食业、蚕业、种业等行业的那个“王”。至此，我才明白大家口头所称的“药王”孙思邈就是医药行业的“祖师爷”。

提到药王，人们并不陌生，过去民间各地供奉药王，无非是祈求保佑身体健康或者药到病除，这在本质上只不过是令人在心理上得到一些安慰而已。我以为，供奉药王的更大作用和意义在于弘扬药王不分贫富贵贱救死扶伤的大医仁爱精神和积德行善的传统美德。我想，牛山的祖师殿，大概也是在这样的文化背景中修建而成的。然而又有多少人在祭拜药王中，真正领悟了祭拜的本来意义呢？

沧桑岁月，牛山祖师殿经过了多次损毁、重建或修缮。其中，因为近现代的一次修缮，在当地乡间流传了一个父亲激发儿子成才的民间传说，名曰：顽劣之子成了大器——

清朝末年，安康牛山脚下的黑坡湾住着姓陈的一大户人家，兄弟五人，排行老五的小兄弟，本名“陈声德”，乡亲们称之为“陈伍”。陈伍熟读儒家经典，知书达理、性情豪爽、为人正直、团结邻里、慈善友爱、乐于助人，其仁爱故事在当地传为佳话。

1885年，陈伍的一个儿子出生了，取名叫“陈柏生”。此子年幼时，其貌不扬，少言寡语，给人印象最深的是，他的两只鼻孔一年四季都挂吊着“两桶稠鼻”，不停地吸溜着，似乎永远都擤不干净。加之他性情顽劣，十分调皮捣蛋，经常在左邻右舍惹是生非，不断搞出各种恶作剧，所以人见人烦，狗见狗嫌，非常不受乡亲们待见。

常言道，虎父无犬子。看到儿子不争气的情形，作为父亲的陈伍不仅十分生气，而且心里很着急。为了教育儿子从小学好，端正品德行为，勤奋读书，陈伍可谓用尽了方法，讲故事讲事例不管用，好吃好喝哄着不管用，让儿子下跪、头顶水盆子，用荆条、竹片等抽打手掌、屁股，还是不见一点儿效果。如此顽劣，不知改错，让陈伍都有些怀疑他是不是自己的儿子了。

有一天，陈伍见到在外惹祸回家的儿子柏生，吸溜着鼻涕，满脸脏污不堪，浑身沾满了泥土，他气急败坏地讽刺挖苦儿子说：“你娃成天弄得这个鬼样子，将来恐怕不是个讨米要饭的，就是个日鬼掏炭的，你要是成器了，老子就为祖师爷重修牛山祖师殿，搬出这黑坡湾！”

当年，在大家看来，重修祖师殿是需要花费很多钱财和人力的，而搬出祖辈居住的地方也不是随便闹着玩儿的事儿，这两件事或者其中之一，一般人往往想都不敢想，更不会去做，做也做不到。所以，陈伍当时只是随口说了一句气话而已。

可是，哪晓得这顽劣的儿子当时听了，虽然默不作声，却把父亲生气打赌说的话牢牢记在了心上，暗暗地较着劲儿，从此像脱胎换骨换了一个人样儿，一改往日顽劣习性，不再撒野贪玩，变得守规矩、懂礼貌，读书学习勤奋努力，脑袋也好像突然变得灵性了，而且喜欢交流，语言也越来越流利，临帖写字像模像样，深得老师喜爱。

争强好胜的陈柏生12岁时，就要积极参军入伍，父亲陈伍阻止不了他的想法和行动，便也只能遂了儿子的心愿。入伍后，他将自己名字“柏生”改成了“树藩”，从中可见其志向。一路走来，他聪明果敢、英勇善战，历经几年战场锤炼，很快就能带兵打仗。

陈树藩在21岁时考入陕西陆军学校，24岁被挑选到河北保定学习炮兵。此后，在仕途上一帆风顺，从旅长职位走上飞黄腾达之路，32岁时官至陕西省督军兼民政长，即省长职位，统治陕西从1916年5月到1921年7月，长达5年多。

看到儿子陈树藩果真成器了，作为父亲的陈伍在高兴之余，没有忘记曾经与儿子小时候打赌的话，也乐意兑现当年的“诺言”，于是千方百计筹集资金，邀请各方工匠，准备材料，组织人力，重新修复了牛山庙的祖师殿，同时为殿内供奉的祖师爷重塑了金身。随后，又举家搬出了所居住的黑坡湾，迁入如今汉滨区大同镇王彪店。

就这样，当地流传了陈家父子的一段佳话。

如今此地的祖师殿还在，殿内依然供奉着祖师爷“药王”。在懂的人看来，祖师殿其实供奉的不仅是“药王”本身，更是崇敬和缅怀药王护佑苍生健康平安的大医仁爱精神。当年陈伍修复牛山祖师殿，不仅兑现了一个父亲对儿子的“诺言”，也体现了一个大丈夫一言九鼎的尊严，更是修复了一方世道人心，这就是对大医仁爱品行的敬仰和推崇。

今天我们在寺庙祭拜祖师爷时，不能搞歪了初衷，更不能有迷信思想，既要纪念学习祖师爷在行业发展中敢为人先的创造精神，继承他们在创造发明和行业技能之路上勇于探索、敢于实践、不怕失败、坚持不懈、开拓创新、精益求精、学无止境的拼搏追求精神，又要用心去践行和弘扬他们服务人世间的职业情怀和奉献精神。

其实，我们任何时候都要崇拜祖师爷。当下或未来，无论在任何行业干事创业，依然需要把行业的祖师爷敬奉在心上，践行他们的创先精神、工匠精神和仁爱情怀，方可做成事，进而才能做成大事。

去哪儿浪漫

如今人人都懂得和喜欢浪漫生活。随着物质生活水平的不断提高，人们对浪漫生活的追求日益多元化，走进大自然就是享受生活浪漫的一种。如果问陕南有什么地方值得去浪漫一次，我当毫不犹豫地推荐——安康牛山。

此牛山为古金州四大名山之一，且排在首位，境内近二百平方公里的天然林保护区形成了一个自然生态公园，其中的山、水、田、石、花、草、树、木，包括天上的云彩，一一都有各自的看点和精彩故事。古今有很多抒写牛山的诗、文，皆从不同角度称赞牛山的各种美好。置身此处，或看或听，感受这里的山水饱含着浓浓的禅味和人世间的情意。如此，“逛牛山”已成为附近城里人周末休闲最喜欢的一项乡村游活动。我也经常听见有人分享说，抽空到牛山浪漫一回，挺好！

最让我感慨的还是牛山的自然之美，处子之美，所有的一切都没有被破坏或进行人工雕琢，保持了原始的本色。此处距离城市和现代潮流很近，但是与尘世的喧嚣界限又很清楚。由此种种，逛牛山可以不费脚力远游，就寻得一处世外桃源，得到一份清静自然。

牛山作为我驻村生活了多年并且热爱的地方，我的心底始终存在着一份自豪和骄傲。那年春季的一天，雨过天晴，我随手拍了路边一人家院子石头围墙上的苔藓和攀附在上面的野蔷薇花，背景中有菜园的篱笆、绿叶上的露珠、牛山的双乳峰等，一组照片在微信朋友圈晒出后，很快吸引了一群外地朋友慕名赶到牛山游玩。我打趣，“我的吸引力原来这么大！”朋友直言不讳：“你以为来看你长得帅呢，真是牛山的美景诱惑人哩！”“人美景也美！”我进一步介绍，牛山自然风景之美不仅是国人的说法，而且早就受到许多外国朋友的夸赞，还有外国朋友来了就舍不得离开。“别瞎吹，吹大发了，看你咋样收场呢？”见他们有些怀疑，我就讲了一个浪漫的民间传说，名曰：山中木屋藏美人——

一千多年前，金州牛山就有了洋人的脚印。

最早吸引洋人涉足牛山的是庙会。有一位英国商人非常有头脑，不仅把金州城里的商号店铺生意经营得很兴旺，而且还把生意延伸到了附近的集镇和庙会。其中，每年牛山农历三月三的庙会，他必然会带领三五个店伙计提前赶到，布置商品展销事宜，采集生意需求信息。

但是每次庙会结束了，这英国商人却不着急返回，安排店伙计们及时回到州城具体打理生意，而他把自己一个人留在牛山，还要住些时日。往往这个时候，正是牛山春暖花开的好时节，暖风吹拂，百花飘香，山间飞禽走兽一片欢腾。他在这里既是为了享受自然美景，又是为了避暑纳凉，或许还为了别样的生命体验与思考，一直会待到农历七月七日后天气转凉了才下山。

然而，他既不借宿在山下的人家，也不借宿在寺庙，而是像修道的苦行僧一般，在南山向阳的一处山崖边上搭建了一间小木屋，用来临时住宿休养。此处既可近看也可远观，风光无限好。

就在英国商人在牛山休养期间，每隔一段时间就有一位黄头发、蓝眼睛、高鼻梁、个子高挑的美女往返于牛山，而且每一次来，都会在那小木屋里与商人同居十多天半个月才返回。这是放牛娃最初发现的秘密，以为频繁闯入小木屋的美女是天宫下凡来的仙女，便在村里奔走相告，于是人们茶余饭后就有了一个津津乐道的话题。

令村里人不解的是，一男一女天天在山林里待在一起，彼此有多少说不完的话，有多少干不完的事儿。说那美女也不害臊，说那做生意的商人有啥吸引力就把美女黏糊上了，也不害怕伤了身子骨。他们白天的活动无规律可循，今天在这个山头上说说笑笑，明天又在那个山头上嘻嘻哈哈，好像山中有看不完的稀奇，听不尽的鸟语。晚上，那小木屋里经常能听见两个人放纵的呻吟之声。后来人们还发现，那小木屋内藏的美女似乎每次都不是一个人，这就让许多人羡慕了，天下好事咋都让这个商人占全了哩！

其实，每次到牛山小木屋的美女是一个人，就是商人年轻漂亮的妻子，只是每次上牛山时，她都进行了不同的穿着打扮而已，尤其是衣服样式每次都不一样。而在不知情的乡亲们眼中，英国商人夫妻的浪漫之约，每次都犹如爆炸性的桃色新闻一样，越传越走了样儿。

后来，这对英国夫妻离开了金州，他们曾经浪漫生活过的那个小木屋也消失在了岁月之中，他们曾经常走的那一条山崖路，因为他们是“洋人”，而被当地人称为了“洋人碥”。

今日此地，英国商人的小木屋早已不复存在，但是“洋人碥”在那里，依然为当地乡亲们所熟知。

听完故事，外地来的朋友说，这可能是我为了吹嘘牛山洋人碥之美景而杜撰的一个花边故事。但是，以我对牛山的认识，完全相信洋人沉迷于牛山美景的事情曾经发生过，也相信“洋人碥”来历的由头存在这样类似的真实故事。因为，20 世纪 50 年代初，我国邀请的苏联地质专家一行曾经到过安康，在牛山曾经进行过一次规模性的矿产资源勘查，时间长达几年。因为工作生活需要，他们肯定在山中临时搭建过帐篷或小木屋。由此推想，唐朝的兴盛时期，有洋人在金州做生意，并在牛山享受浪漫生活，就是再正常不过的事情了。

如今，享受浪漫生活，既不是外国人的专利，也不属于年轻人私有，更不是城里人独有的时髦。在调和柴米油盐的日常中，人人都应该有自己的诗和远方，人人也都可以成为某个浪漫故事的主人公，再也不需要把别人的浪漫当作话题来消遣，或当作绯闻来说三道四。

当下处在快节奏的生活时代，在紧张繁忙中，偶尔放慢脚步甚至暂时停下脚步，享受一次浪漫，放松一下心情又何妨？不用去海边，不用去国外，也不用去名山大川，亦无须舟车劳顿，也不要多少花费，就到牛山去，走一走，看一看，因人而异，各有所获，省时省力又省钱，何尝不是一个优佳选择呢？

所以，我给安康的朋友说，牛山就是距离诗和远方最近的地方。

善良自受益

很多动物通人性，这似乎是一句人人都懂的话。

人们普遍熟知通人性的动物比如狗，你饲养它，爱护它，它就听命于你，忠诚于你，甚至一生乐于与你相伴。其他诸如牛、羊、猫、猴、鸟等。提起豺狼虎豹等猛兽时，且不说它们如何通人性，往往令人们早已难掩恐惧之色，毕竟这类动物威胁人身安全。听乡村有经验的老人讲，遇到一般性情猛烈的野生动物，只要你不去惊扰、攻击它们，或者不要把它们逼急了，彼此就会相安无事。你不犯它，它就不会犯你。再凶猛的动物都有善良的一面，你若发自内心对它们善良，必然会赢得它们的善良。以乡村老人对待猛兽的态度，我相信人与动物无疑是可以和谐共生的，没有必要非得闹成你死我活的局面，再则自然生态的平衡稳定是需要它们存在的。

在陕南安康牛山当地，因为受益于良好的自然环境，所以人们对于保护自然生态是发乎于心、自觉而行的，而我更敬佩他们先人教育子孙爱护野生动物的方法和智慧，这体现在一个关于人与猛兽之间以恩报恩的民间传说中，名曰：黑熊救老人——

牛山有一条山沟名叫“金埫沟”，金埫沟有一个高约三米、宽约两米、深约一百米的大山洞。很久以前，这个山洞里面住着一只大黑熊，人们因此称之为“熊洞”。熊洞所在的那面山崖则自然被叫作了“熊洞崖”。

这只黑熊白天活动在山中寻找食物，每天到了傍晚才回去。这一天夜幕来临的时候，黑熊从野外吃饱喝足了之后晃晃悠悠地回到洞口，忽然闻见一股浓浓的血腥味，这对于它来说，无疑是遇到了一顿送上门的美味，于是便顺着地上的血腥味寻觅源头，结果发现了不远处一位老人倒在血泊中。正当它要将其叼回山洞作为次日的一顿大餐时，又仔细观察了一下，却感到这位老人似曾相识，那微弱的呼吸声又是那么的亲切，再闻地上的血液散发着浓浓的善良的味道。于是，它蓦地回想起来了，这位老人是山脚下的中草药大夫，是它曾经的救命恩人。

此事虽然已经过去了许多年，但是黑熊永远都不会忘记它在那一次灾难后遇到的人间温暖。那是在它很小的时候，有一次擅自离开熊爸爸、熊妈妈单独到野外觅食，不小心从一处山崖上跌落到了山沟里，当下摔伤了一条腿，当它忍着疼痛要回家的时候，发现腿脚行走不便，又遭风雨交加，很快天就黑得伸手不见五指，它迷失了回家的方向，跌跌撞撞走出山沟后，又跌落到了山下一户农家的猪圈里，却也逃脱不得。

这户农家的主人是中草药大夫。天明后，大夫发现自家的猪圈里突然出现了一只异物，先是吓了一跳，然后经过细心观察，认识到它是一只一条腿已骨折且有外伤的幼小黑熊。

看到小黑熊的可怜样儿，大夫赶紧吩咐家人帮助他，用盐水为小黑熊的伤口进行了消毒，又把骨折的部位捋顺了之后，用治疗骨折的中草药进行了包扎，然后把它关在一个单独的房间里，每天给它喂食，每周给它换药。一百天之后，看到小黑熊受伤的那只腿完全好了，大夫才依依不舍地把它放生到了野外，它这才平安回到了山洞中的家。

从此一别，小黑熊不知道今生今世是否还能见到大夫，而大夫后来也经常念叨，不知道那小黑熊是否找到了爸爸妈妈，如今长成了什么样儿，又在何处生活呢？……

一转眼，当年的青年大夫已成了老大夫，而让他万万没有想到的是，竟然以这种方式与黑熊相遇了。

当日，老大夫一个人上山采药草，因在山崖上采摘一种珍贵的药草时不慎一脚踩空而跌落到了熊洞外，当下就摔得头破血流不止，一条腿骨脱臼，一时就昏迷了过去。

黑熊迅速回过神来，用舌头舔舐了老大夫头上的伤口，并止住了流血，又舔干净了地上和他身上的血迹，然后依偎在旁边静静地守护着，直到老大夫慢慢苏醒过来。当他意识到自己还活着，想爬起来的时候，一条腿却怎么都挪不动。见此，黑熊又用嘴巴擒住他的这条腿，似医生一般，一拉一拽间将脱臼复原。夜晚，黑熊从洞中噙来它采摘的野果子为他临时充饥，又挨着他的身边卧下，为他取暖。

那一夜，受伤的老大夫安然地睡了一个踏实的觉。等到天明，他发现自己可以站起来走路了。在他要离开山洞回家时，却见黑熊两只眼窝含满了泪水，直到引导他走完熊洞崖那段艰难的山路之后，黑熊方才站在原地，静静地望着他远去的背影越来越远。

如果不是遇到这只黑熊，老大夫十有八九会因为失血过多而命归西天。而此前，黑熊如果不是遇到这位善良的老大夫，它也可能早已成为其他动物的一顿美食，连骨头都不会剩下。

老大夫逃过此次劫难，大家都说他命大福大。

当他把亲身经历的这件事讲给乡亲们听了之后，大家感慨道：“与其说是黑熊救了他的命，还不如说是他的善良救了自己的命。”

如今当地的乡亲们，无人在牛山的熊洞或熊洞崖等地见到过黑熊，但是只要提到黑熊，大家都在心里充满了爱怜之情。关于黑熊与老大夫的故事，亦是令人充满了温情和感动。

这个故事，讲述一只黑熊不忘昔日救命之恩，及时挽救了恩人老大夫的生命，通过离奇而又合乎情理的情节，表达了人与动物间的和谐相处、灵犀相通、恩恩相报的思想情感。因而告诉人们，保护动物就是保护我们自己。

维护自然生态的美好和谐，包括人与动物、植物之间的和谐，其实就是人类对自己的善良。在大自然生态中，一花一草一鸟一虫，皆有它们自己的生命和使命，而且都关联着我们的生活。你为它们添一把土，浇一滴水，留一点阳光，给一点食物，甚至放它们一条生路，很多时候都是为我们自身的生存，在修筑一条风调雨顺、逢凶化吉和遇难成祥的宽阔之路。

至此，我突然有了一种特别的感受：我们与大自然的血脉紧密相连，彼此谁病了，对方都会疼痛的。

一棵树的慈悲关照

这个山垭位于牛山东南方向的一条小支脉上，所在的谭坝镇草庙村人称之为“邓家梁垴”。它曾经属于方圆十几里地的区域中心，周围的各梁、垮、沟、岭、峁等地，过去居住有五六百人口或者更多，因为走亲访友、销售农产品、购买生产资料、日常用品等，南来北往，一般都要在山垭的个体商店交易或在这里歇脚，其人气之兴旺可想而知。从此延伸到各处的道路可谓四通八达，一路通往黄石滩，一路通往邓家梁，一路通往马槽、龙王梁，一路通往青龙寨、黄龙寨，每条路都曲曲折折、坎坎坷坷，但都可达安康城，亦可抵省城京城，乃至通罗马。身在此处，令人感悟，人的一生关键不在于眼前是什么路，而在于要去走，即使前途艰难曲折、遥远漫长，只要走，终可到达想去的地方。我以为，这个山垭可称“四路垭”，但是当地人因为山梁上的一棵檬子树而名之“檬子树垭”。

檬子树垭的这棵檬子树，种类专属陕南以南特有的灌木或小乔木，高两三丈，主干之粗够成年人一抱，树干树枝有刺，树叶细碎、繁茂，叶子呈卵形或椭圆状卵形，边缘有细锯齿，两面无毛，光滑细腻；树冠像一把打开的绿伞，又像一朵鲜嫩的大蘑菇，覆盖三四十平方米。相对于周围的荆棘杂草和灌木林，它明显独树一帜、自成一景。知情人说，这棵树树龄已逾百年，为老村长邓金祥当年从山林中移栽而来。老村长那时或许想，光秃秃的山垭上连一根茅草都没有，路过此处的人想歇个阴凉都不得成，因而一人栽树众人可纳凉。作为一村之主，他或许还意在带动大家植树造林，能够让荒凉的山披上绿装，也或许懂得山村意象的他，为了在那山垭亲手描绘一幅特别美丽的山景，也或许，他当时就是一时兴起，仅仅是顺手方便而移栽了一棵树而已，无任何私心和企图，却不知无心插柳柳成荫。这棵树在贫瘠的山坡上经历风风雨雨，终于长成了山垭一道景观，而且还成了人们心中的一尊树神。

说它是树神时，起初我是持怀疑态度的，听到了关于它慈悲的民间传说不仅有鼻子有眼睛，而且还有两个不同的生动版本，我就觉得甚是有趣而又耐人寻味了。第一个民间传说，名曰：一个树爹六个儿女——

牛山橡子树垭的橡子树，是在很久以前的一个风雨雷电交加的夜晚成了树神的，当地人最初并不知道此事。

消息最早是从村里一个孩儿拜这棵树为干爹之后传开的。这孩儿打小身体生长得瘦弱，常年疾病缠身，父母背着到处求医，却久治不愈，其家庭也因为这孩儿到来之后一直磕磕绊绊的，经常有麻烦事，甚至还有莫名的烂事找上门。无奈之际，孩儿爹娘抱着试试的心态，便找了远处有名的算命先生掐算，看看问题究竟出在什么地方。结果算命先生说孩子命硬，与父亲八字相克，且一般命理的人难以补助孩子的八字缺陷，于是建议让孩子拜一棵硬朗的大树为干爹，便可护佑孩子身体健康，帮助家庭改变运势。

可是选哪里的哪棵树呢？正在孩儿爹发愁时，算命先生对他说，你们山垭上的那棵橡子树，高大健壮、威风挺拔，在大风大雨里磨难多年，早已成精成神了，拜它当干爹，一定能镇住孩子身上的邪气。

说来也怪，自从拜了这棵橡子树为干爹之后，这孩儿的毛病果真慢慢好了，也逐渐欢实起来，家里人的眉毛也舒展开了。

此后，这棵橡子树就成了大家认可的树爹。不久树爹又认了一个干儿子，可是这干儿子命太硬，虽然不再克亲生父母，却把树爹折腾得够呛，替干儿子受罪的几年时间里都是病恹恹的，差一点儿就要死了。在经历了一场大病似的折磨之后，终于又焕发了盎然生机。

当地乡亲们知道了树爹爱护孩子，特别能够代替干儿干女们受苦受难，从而护佑着孩子们身体健康、茁壮成长。因而，人们都特别敬重这棵树，年年都有人为它壅土、浇水、灭虫，年节里还为它披红、挂彩、鸣炮等，就像祭拜先人一样，不失礼仪。

后来，这树爹先后认下了五个干儿子和一个干女子，一共六个儿女，他们都在它的庇护下茁壮成长，如今都已成家立业，而他们在外无论工作生活多么紧张繁忙，每年都会抽出空闲回村看望“树爹”，不为祈求富贵发达，只为怀念生命中那一份护佑之恩。

如今这棵橡子树显不出一丁点儿的老态，倒是依然风华正茂，坚挺在山清水秀的一方，无惧风雨，威风不倒，给予了人们许多安慰、力量和美好。因而乡亲们称赞，这棵树就是有当爹的样儿。

这棵橡子树，我第一次见了就喜欢，且也感觉到它有灵性和神性。而我也相信一棵历经沧桑的古树是有灵性和神性的。

辛丑年正月二十四，我和镇、村干部共计五人，去橡子树垭那一片区域调研产业发展返回途中，车在这个山垭掉头时，司机处理刹车不慎，导致车前身落入路边悬崖，前后三个车轮悬空，只差一点点，就那么一点点，连人带车就会翻入山沟，幸运的是车底盘被托住了。遇险的那一刻，我就坐在副驾驶位置，当时脑子里在闪出“这下完了”几个字之后，瞬间一片空白。可能就是这棵树伸出了无形的一双手，及时拉了我们一把，才避免了大家的一场劫难。

一场大惊过后，我调侃，如果以身殉职了，自己与这个世界的一切是非恩怨便随之消失了，但是因为没有多大贡献，在死后就给组织出了一个难题，开不开追悼会，追悼词又怎么写？如果组织出于某种考虑，举行了追悼大会，必定是美誉有加。若是肯定和赞誉过头了，干部群众不信服，则教育鼓舞不了人，说不定还会因此落下某些笑柄哩。由此想到，当下在岗位上，就必须摒弃小我，真正为群众着想，理解、原谅他人的不足、过失和错误，消除各种负能量，使身边所有的关系和谐，团结一切可以团结的力量，踏石留印、抓铁有痕，努力为群众解难事、干实事、办好事，让自身的担当作为看得见、摸得着，经得起考验。如此，或许在你真的离开世界的那一天，干部群众睹物思人、饮水思源，就会真心怀念你。

接下来，我又听到了关于这棵檬子树的第二个民间传说，名曰：一尊树神庇佑孙家人——

很多年前的一天，草庙村来了一位陌生老者，逢人便打听要寻找牛山的一棵树。根据他的大致描述，大家认为他要寻找的可能就是檬子树垭的这棵檬子树。这棵树被当地人们视为珍贵宝贝，大家都非常爱惜。尽管要见这棵树的是一位老者，但大家心里还是有些戒备。于是，询问老者啥意思：你是看稀奇呢，还是贩卖木材呢，或者是买树种呢？

老者说："寻个恩人呢！"

见这老者答非所问，村里人说："你老汉到底是找树呢，还是找人呢？"

老者在心中把要找的这棵树当作了神一样尊敬，哪敢有非分之想，所以他又说："我不是找人，也不是买树，而是找一尊神呢！"

经过再三盘问，在得知这位老者没有谋取这棵树的想法之后，村里人方才告知了他具体的位置和行走路线。

见到这棵檬子树，老者简直是惊呆了——这就是在他家水缸的水影中能看到的那棵树。

在向树作揖磕头、披红挂彩之后，老者带着满满的欢喜而归。村里人不知老者心里装的啥鬼，便把树看管得更精心了。

这位老者姓孙，来自汉江之南天柱山下的孙姓大户人家，整个家族多年来一直把日子过得殷实富裕，顺风顺水。外姓人羡慕说，好像啥事都在添欢孙家人，他们养的猪长得快、长得肥；养的牛健壮，肯出力、能耕地；连他们养的那些母鸡也比别人家的肯下蛋，野狐、老鹰成天抓鸡吃，就是不抓孙家人的鸡；再看孙家田园里的庄稼、蔬菜也长得格外好。

当然，孙家人的日子好过，固然是有原因的。

很久以前的一个炎热的晌午，孙家来了一位过路讨水喝的老者。那时的孙家先人还在世，认为上门者便是家里的客人，何况是来自远方的出门人，岂能用一碗凉水就打发了，于是迎到家中，让座、敬烟，又敬茶，然后吩咐老婆炒菜，以酒款待，并挽留歇息几天再走。

这位老者是一位踏勘风水的先生，在切实感受了孙家先人待人接物的友善大方之后，对其说了一句神秘话：“你们家的水缸中能看见一棵树呢！”

孙家先人觉得奇怪，揭开自家的水缸盖，果然发现缸中水映现了一棵树冠如蘑菇状的大树，全身枝叶一清二楚。以往，他们从来没有注意到这事，当日得知后却担心这是不祥之兆，便请求老先生给予化解。

看到孙家先人着急的样儿，这位风水先生便故意卖关子：“那得招待我在你家好吃好喝一百天，每一顿饭都不能马虎，否则你就另请高人去！”

“只要家门平安无事，别说一百天，就是招待你一年、两年，都是莫麻达的小事儿。”孙家先人急切地说。

“在你家吃住三年，还得给一些贵重东西才行。”

“只要我们能做到，你尽管张口！”

见孙家先人不是守财奴，把一家人平安看得最重要，这风水先生一阵哈哈大笑之后，说：“其实啥也不要，今日的盛情招待就足够了。”于是，就把秘密告诉了孙家先人：“老兄呀，你们家的好日子就得亏了水缸里映现的这一棵树的福荫，这棵树距离你家东北方向百余里路，长在一个山垭边上，只要这棵树在，你们孙家更好的日子还在后头呢！……”

临走时，那先生又说：“你们家最大的风水也不是那棵树，而是你们人好。好人家才有好风水关照呢！”

孙家先人其时年事已高，行动不便，就把风水先生的话和希望寻找到福荫他们家的那棵树之事交代给了儿子，希望子孙继承家风，不忘恩德，爱护好这棵树。于是就有了这位老人到牛山寻找树神的故事。

此后，孙家后人每年都要去看望一次这棵檬子树，为它培土、修枝、杀虫，希望它青春常驻、长生不老。因此，当地就有了“一尊树神庇佑孙家人”的传说。

孙家人的好日子得益于百里之外一尊树神的福荫，其实仅仅是一个传说故事而已，真正的秘密在于他们的好家风。

走访证实，天柱山下的孙家人自古以来就有良好的家风家教，耕读传家、勤劳吃苦、待人友善、热情大方、做事实诚、团结邻里、乐于助人。十里八村的人都夸孙家人好。想是，得了众人的好口风，想把日子弄烂包了都难，因为一个家庭和家族的脸面不敢丢，也丢不起。

如果说这棵树是一尊神，其实它自己并不知道，人们爱护它、尊敬它，本质是缘于它给予了人们一种积极的心理暗示和一股阳光向上的力量。

又想，很多人一辈子都没有这棵檬子树这般风光，让人爱戴、感恩和留恋。一个人要想获得他人的爱戴，就必须有德行、有奉献、有作为。传说中的这棵树，为了庇护他人而经受了很多苦难和委屈，又默默无声地福荫着他人，赢得了人们油然的敬畏之心。因而，我就觉得，这棵树有涵养、有德行，值得人尊敬。

一块石头会唱歌

安康牛山北峰之肩有一塆地叫大卧牛塆，塆地树木荆棘丛生，林荫覆盖。在塆地靠近山脊的一边生长着一块巨大的石头，竖立的长方形，端端正正的，高约三丈，宽约两丈，其根扎在地下深不可测，背靠的山体严实无缝而令人不知其真实厚度。此石坚硬，外表看起来已被风雨岁月打磨得方正、平整、光滑，呈现浅褐色。从正面观看它，俨然是一块无字大石碑。它挺立在那山脊上的一丛丛石林最前面，既凸显了鹤立鸡群的独特，又支撑和团结着其他大大小小的石头兄弟们，形成了一道别样的石林景观。

这块石头所在的石林，就像华山石景的一幅缩略图。石林不可近观，近看它们被石头缝隙生长的各种杂木、藤蔓和荆棘笼罩着。如果眼中只有食物和金钱或心中藏着烦恼的人，在这里看到的或许是一堆杂乱不堪的烂石头和一疙瘩摞着一疙瘩解不开的羁绊。它们是你眼中的一幅天然写意画，还是你的眼中钉、肉中刺或者什么障碍，皆取决于参观者的情趣、期待和格局，内心平静无事，眼前则是风景万千。

无论如何，这块大石头在游客心间是绕不过去的。当听说它的名字叫“鸿运石”时，令人情不自禁地就会靠近伸出手去摸一摸。当得知它曾经还会唱歌，更是令人十二分地好奇了，于是不自觉地就会把耳朵贴上去听一听，确认一下是否真的如此。关于它的民间传说充满了神话和浪漫色彩，但是并不为当地乡亲们普遍所熟知，名曰：一只鸿鸟的前世今生——

很久以前，天庭选派了一组天兵队伍下到金州牛山为民间众生造福，要求他们在岗位上各司其职，既要发挥特长和本领，又要注重团结协作，合力克难。为了防止他们各自为政、互相拆台和胡乱作为，天庭又悄悄派了一只叫鸿的神鸟，每日在牛山上空巡游，随时了解和掌握相关动态。

这只鸿鸟领命后，每天按时检查巡游，看到各位天兵都以各自不同的方式在帮助凡间老百姓解决各种困难问题并忙得热火朝天，而当地老百姓也因为各种有力帮助，每个家庭的日子过得一天比一天好，它在心里乐开了花，竟不自觉地唱起了歌儿。

鸿鸟在执行天庭交代的秘密任务中，自由而又欢快地飞翔在牛山的蓝天白云下，一月月一年年，乐此不疲，而且谁家要是有喜事了，它还会经常到这家门前的树上唱歌，提前报喜。

人们发现，自从这只鸿鸟来到了牛山之后，各家各户的日子顺风顺水，逐渐好过起来，各种喜事接连不断地发生，因而大家称它是“吉祥鸟”。

当地的一位老猎人想把这只鸿鸟捉回家，让吉祥和好运永远留在自家，然而他思谋了很久，欲擒之不得。实在想不出好方法，他便想用自己的猎枪将它腿部打伤，它飞不动了就会落地，然后就可将其捉住，带回家后关在笼子里，再为它精心治疗腿伤，这样鸿鸟就成了他家的宠物和“喜神”。

可是结果却出乎猎人所料，这是他第一次失手，那天猎枪偏偏打中了正在空中飞翔的鸿鸟胸膛。鸿鸟压根儿没想到猎人的自私、阴谋和狠毒，在突然中枪之后，挣扎着唱完了生命中最后一首欢乐的歌儿，便永远地闭上了眼睛。同时，猎人当天因猎枪走火而导致双目失明，并因此悔悟，曾经一时的蠢心，想独享鸿鸟之福音，聪明反被聪明误，结果祸害了鸿鸟的生命，也祸害了自己。

鸿鸟遭遇猎人的枪弹，殒命于牛山卧牛墕之后，因为慈悲人世间，在原地幻化成了一块有规有矩、有模有样的大石头，它那散落的羽毛纷纷幻化成了陪伴在身边大小各异的石头。

天庭在查明鸿鸟的死亡原因后，认为猎人罪孽不可饶恕，惩罚他来生转世永远都将是一只猎物。

天庭让鸿鸟幻化成的高大方正石头做了牛山的“镇山之石”，并赋予了它一种特别巨大的神性威力，以此可以镇压各路妖魔鬼怪兴风作浪，避免它们胡作非为、祸害人间。

后来人们又发现，谁若是摸了这块石头，不仅能驱邪避害，而且会鸿运大开、万事如意，因而把它叫作了“鸿运石”。

不仅如此，若是平心静气，闭目安神，贴耳于石面上，还可隐约听见鸿鸟的美丽歌声。这便有了“一块石头会唱歌”的传说。

听了这个故事后，再来欣赏此石，我从内心里真正爱上了它。

天下奇石、名石、珍石比比皆是，而我非常喜欢这块石头，其石之美，美在静如处子，无世间的纷扰，不管四时更替或风霜雨雪、阴晴圆缺，一切似乎都无关它的痛痒。任凭岁月沧桑和来来往往的看客，它永远都是那一种状态、那一副表情，以不变应万变。我猜想它极其深沉而从不表现情绪，或许因为从来就没有动过感情，所以才不会有喜怒哀乐愁和忧思悲恐惊。因而，对于它的境界，我在心中自然有了一副对联：

上联：听风听雨听鸟声；下联：看山看水看风景；横批：波澜不惊。

在一方的小圈子里，这块石头显然比较出众，但是如果放在秦岭的大视野里，它就显得很渺小，甚至如同一粒沙尘。有人说，它与秦岭的距离很遥远，似乎八竿子都打不着，然而在血缘上，它还是属于秦岭繁衍在最南边的一位子孙，身上依然流淌着秦岭正统的血液和骨气。虽然处在穷乡僻壤，可它的身上依然表现着贵族气质，高大伟岸而无凌人之气。因而，待在它的面前，让人感到平和、亲近、舒服。

很多朋友说可以在这块石头上面刻上名字或者诗词，我不赞成。有了固定的符号，便会人为地限制了它的内涵和外在之美。没有任何符号，一片空白，便不会被先入为主的思想或意义引导，则可以任人品评和想象，因参观者的心情、认知和境界而异，它便会有不同的美。

高处听天籁

在陕南安康牛山双乳峰之间的西面偏北方，有一处相对平坦开阔之地，形似高山上的一个小盆地，当年应该是一大块肥沃的农田，而如今却是一片荒野，目及之处已被树木、荆棘、花草等混合的绿色植被覆盖得严严实实，看不见一只牛羊和一丝一缕的炊烟。穿梭在山林中，不时能看到山坡上垒砌的石台、寨墙或田坎等，可感受到曾经有人在此经常活动的痕迹。暮春时节，在午后的微风里，各种野花浓浓的香味一阵阵冲入鼻孔，真的是沁人心脾。林子中各种鸟儿的撒欢声此起彼伏，唱的那些歌儿都是天籁，顿时就会把人心安定下来。蓝天、白云之下，人在享受中，精气神便与这幅自然图画融为一体了，亦成了景中景。其时在这里，坐看云起云落，静听高山流水，仿佛有袅袅不断的禅音萦绕于耳，一时间让人便是物我两相忘了。

时光打下烙印的地方，总是能够给人以无穷的想象。

当地人说这里曾经金戈铁马、战火硝烟不断，曾经亦如世外桃源，也是皈依者的一片净土。总之，这里曾经发生过许多故事。想象此地曾经的马蹄声、喊杀声回响在山间，早晚不绝于耳，而那时的其中人是怎样的一番豪情壮志，又藏着一种怎样远大的理想抱负？也想，过去那经年笃笃的木鱼声，陪伴了多少人的悲喜人生，又度过了怎样的沧桑岁月？天地之大，名山胜水万千，他们又为何选择了在此处展开杀戮或修炼人生或打发光阴呢？……眼前，那些陈年往事早已如烟，其真假和详情也都不得而知。时光只在此处留下了自然美景和一个精彩的民间传说，名曰：黄巢屯兵牛山——

传说黄巢在金州牛山屯过兵。

此黄巢历史上确有其人，他出生于如今山东省菏泽市曹县庄寨镇，其人身材高大魁梧，面相黝黑，骑马射箭无所不能。他往年读书刻苦用功，理想很丰满，可是多次参加唐朝末期的京城科考，均因朝中无人关照而屡试不第。

其人的雄心壮志，从他早年写的一首《题菊花》诗中就已显露出来。诗曰："飒飒西风满院栽，蕊寒香冷蝶难来。他年我若为青帝，报与桃花一处开。"在多次名落孙山后，他又奋笔疾书了一首诗《不第后赋菊》："待到秋来九月八，我花开后百花杀。冲天香阵透长安，满城尽带黄金甲。"两首诗都明显表露了他欲推翻唐朝末年腐败统治、变革现状的强烈愿望和理想。

公元875年的某一天，他认为时机到来，便与兄侄、外甥等八人，响应王仙芝起义，在本县组织起兵，随后将队伍一路发展壮大。

878年的某日，王仙芝战死，部队拥推他为帅，号称"冲天大将军"。

880年1月17日，东都留守刘允章迎黄巢军入洛阳。12月1日，黄巢兵抵潼关，12月13日攻陷长安，于含元殿即皇帝位，国号"大齐"，建元"金统"。

可是好景不长。883年某日，黄巢因内部将领叛变，陷入包围，兵败长安后，带领残兵败将一路向南，沿途招兵买马，继续壮大队伍，退到秦岭南麓金州之地，企图东山再起。

在金州刺史崔伟所带官兵的强势攻打逼迫下，黄巢官兵不得已，最后退守在金州最大最高的牛山高处。

黄巢为什么选择在这里屯兵？

兵家说，除了具有地理上的易守难攻、能够垦田种粮保障生活供给等优势外，还在于此处的山脉呈现了“九龙山”之风水，属于皇脉之地。换句话说，这里是一个出皇上的地方。

黄巢得此地利，不失昔日之志，依然雄心勃勃，在牛山两个山峰之间比较平坦的地方安心驻扎下来，修建了大操场，将兵马分为南北两个阵营，每日早晚操练。同时，在周围东西南北四方修筑了环绕式的寨墙，并在各个关键地方设置了岗哨，做好防御。

自从屯兵这里，其兵马队伍再次强壮起来，在多次与当地官兵交战中屡屡占了上风，因而成为朝廷的“眼中钉”“肉中刺”，一日不拔，则一日不安。

或许是命运早已注定结果，黄巢起义军终于还是被金州刺史崔伟所带的官兵彻底打败，在带领残兵败将撤退牛山后，又苟延残喘一路向北。在秦岭深处一高山上，黄巢面向长安，一时心中感到万分羞愧，拔出身上的宝剑，自刎而死。随之，身边的少许兵马便作鸟兽散。

于是，当地就有了黄巢屯兵牛山的传说，那个曾经操练兵马的地方被人们称为了“黄巢练兵场”。

伴着天籁，听完故事，黄巢是否真的在此屯过兵，暂无历史资料证实，亦无须一个明确答案，重要的是这里已经留下了关于他的传说，且也不管故事内容版本如何之多、思想意义如何褒贬不一，令人欣慰的是，牛山因他而演绎了众多可供欣赏的山水风物及其民间传说，让人们在温饱之后多了一份谈资和趣味。当然，也带给了人们登牛山览胜景的许多由头和吸引力。

至此，若问去牛山黄巢练兵场，路线咋走呢？

在安康高新区或五里、建民一带打听，连我当初都不敢相信，那些小儿郎竟然也能够轻松指路。驱车或乘车，从五茨路口顺路上到牛山朱雀寺，然后朝西南方向行走两三里，再折向西北方向行走三四里，或者从草庙经长梁登山十五六里，都一样可到达。区别在于，远程徒步有登山之艰难体验，沿途看到的风景、听到的故事会多一些，品味的人生会复杂一些，也将会收获另外的惬意和快乐。

特别是，身在这一高山上的自然清静之地，虽然听不见禅音，但是如果累了、烦了、愁了、迷茫了、痛苦了，在此都会自然地得到消解。我的体会是，一旦走进这里，身心则会完全获得自由。想一想传说中黄巢的命运结局，一切都将释然。

好里子也需好面子

召开会议或传达上级精神，或座谈，听取意见建议，或研究解决实际问题，或安排具体工作等，这些都是基层落实惠民利民政策、为民生办好实事的基本方法之一。

在乡下工作的时候，最初了解到村上的很多党员干部反对经常开会，尤其是没完没了地开会，认为形式主义严重。经过长时间的亲身体会，我总结发现问题的根源在于会议质量不高，很多会议并没有切实解决会议本身所要解决的问题，有时候还错把开会当成了任务，为了开会而开会，于是就出现了内容的假大空，以会议落实会议的现象，有些会议甚至变成了谝闲传。当然，造成这种现象的原因是多方面的。

大家在交流意见中认为，基层需要民主决策的事情虽然有很多，但要在必要时才召开会议，召开必要的会议，可开可不开的会议坚决不开，凡是开会就要解决实质问题。召开一次会议可以研究多个议题、解决多个问题。组织者在会前要精心准备，让会议简洁有力、务实高效。当会议讨论中出现严重分歧或偏离会议主题等情况时，主持人要有把握主题和大局的能力，要会开会，能把会开好。

说到这里，我想起了当地一个民间传说，黄巢当年在牛山屯兵时，每天早上都要集中进行一次训话，这就相当于如今企业日常管理工作中每日坚持召开的晨会或班前会。名曰：优秀是表扬出来的——

唐朝末年，黄巢带领的起义军兵败长安，退守金州牛山屯兵时，修建了一个规模超大的练兵场，还特别在练兵场的东北角修建了一个高台，这个高台四边用石头砌墙，中间夯土而成，长约10米，宽5米多，高约2米，相当于现在的大会主席台或露天舞台。

在修建时，很多将士疑惑不解：本来在艰苦的环境中修建练兵场已属不易，何必劳神费力地再搞这虚头巴脑的玩意儿，既不能吃喝，又不能帮助将士增长实际本领，完全是搞形式，浪费劳力。

可是黄巢心中有底，聚拢了一帮乌合之众，不能抱着侥幸心理，依靠鲁莽去打仗，而是必须依靠严格的纪律、崇高的使命感，让每个人都有清醒的认识和努力的目标，这样才能把团队打造成坚强有力、英勇善战的狼虎队。所以，主张修建这个高台自有他想到的用处。

在这个高台投入使用后，持有不同看法的将士们才认知到自身的偏见。

每次遇到官兵攻击，或者要主动出击作战时，黄巢都会站在这个高台上点兵点将，临时任命各作战团队的将领，部署作战计划和目标任务，并在这里为将士们出征壮行。对于将士们来说，若是有幸被点到，便是得到了一次展示本领的契机，是一种被认可，也是一种荣光。

在每次战斗结束后，黄巢会举行隆重的大会，对作战特别有功的各路将士进行表扬奖励，并让他们在高台上进行亮相，由此让他们获得满满的荣誉感和成就感，从而激发了大家的比拼意识。

平常每日早晨练兵时，黄巢会站在高台上，为将士们召开一个简短的大会，讲述队伍存在和面临的问题，强化本领锤炼意志，不断强化思想认识的统一性，激发大家的使命感，坚定改变河山面貌的决心。同时，他每月还要站在这个高台上，召开一次练兵情况总结大会，点名表扬进步突出的团队和将士。

因而，这个高台就被将士们称为了“点将台”。

如此，这个点将台在不知不觉中把将士们的生死荣辱融入了其中。

那时候，能够被点名登上这个高台成了全体将士们的梦想追求和人生荣耀，也成了他们奋斗的最大动力，所以在平时练兵中人人争先恐后，在实际交战中人人奋不顾身。

正是通过在点将台上的各种表扬激励，树立榜样、鞭策后进，黄巢的兵马队伍日益强壮、士气逐日高涨。因此，导致金州刺史崔伟所带的官兵在很长时间内都没有打败他们。

后来，黄巢兵马队伍被彻底打败了，但不是因为他的队伍素质不行，而是地方官兵的力量实在太强大了。

岁月沧桑，黄巢牛山练兵早已成了云烟，但是点将台留下来了，表扬激励将士的故事留下来了。

由最基层的开会现象联想到这个民间传说，首先要说的是故事中的点将台，它作为一个载体，承载了思想动员、发号施令、表扬奖励、点兵点将、出征壮行等具体形式，并通过发挥它的作用，切实促进了团队整体素质的提升。因而说，必要的形式是需要的。

其次要说的是，内容与形式之间的关系是辩证而又统一的，没有单独存在的内容和形式。有内容就有形式。没有内容，形式也就不会存在。内容是形式存在的基础，形式是内容的外在表现。不同的形式表现不同的内容，相同的内容可以有不同的表现形式，相同的形式也可以表现不同的内容。

最后，好内容也需要好形式。好里子需要好面子，长相好也需要打扮好，内容与形式如果浑然一体，便会相得益彰，彼此增光添彩。所以，在处理工作特别是解决群众问题时，要采用必要的恰当的形式，但是不能哗众取宠、华而不实，更不能把解决问题的开会搞成了形式或形式主义。

天意或许存在

人世间或许存在天意。

这是我从千万块石头身上明显感受到的。同在一个大境遇里，都是石头，先天或大或小，或方或圆，或颜色或质地有别，或位置不一，可是后天有的被选中雕琢成了大器，有的则成了砌墙石，有的则成了风景石，还有的不但被修理得有模有样，还被赋予了各种象征和传说故事。在人们看来，这些石头被利用、被雕琢、有故事就属于一种幸运，它们的这种幸运或许就是一种天意。

在牛山黄巢练兵场东北角有一块经过人工修整的大石礅，倒斗形，最上面有一个圆孔，传说为黄巢当年专门插帅旗之用。同样是牛山的石头，做了旗礅的这块石头便是得到了更大的幸运。岁月沧桑，如今它失去了用途，被遗忘在荆棘草莽中并不为人所注意。这或许都是一种天意。天下的石头比蚂蚁还多，谁能去在乎一块无价值的石头呢？

让人感兴趣的是，它的身上曾经发生着一个带着浓浓天意色彩的民间传说，名曰：旗杆频频倒地藏天机——

唐朝末年，黄巢于本县揭竿起义，带领起义军在攻打长安胜利后，当即建立了“大齐”政权。

两三年后，因内部有人叛变，导致长安陷入包围，并因此葬送了“大齐”。被迫无奈之下，黄巢带兵退出长安，一路向南，撤退至陕南金州，最后选择在牛山高处屯兵。

屯兵之初，一切事项都进展得十分顺利，唯有一件小事却很蹊跷，这就是无论把帅旗插在哪里，当时看着插得很牢固，可是不久旗杆就自然地倒地了，接连数天都是如此。

大家都以为山高风大所致，便也不当回事儿，可是黄巢对此耿耿于怀："这恐为不祥之兆啊！"他虽然对此比较敏感，但也不能随便把情绪表现在脸上。帅有必胜的信心，才能鼓舞队伍昂扬的士气，所以他若无其事。

为了让旗杆稳固树立而不倒，黄巢吩咐请来当地有名的四个大石匠，耗时费力，将一块巨大坚硬的石头修凿成上小下大的六面体，呈倒斗形，又在最上面中间凿了一个深深的大圆孔，将其安置在练兵场点将台的正前方，然后让铁匠制作了一个铁旗杆，将旗杆插进了石孔里，从此十分稳当，因此这个石礅有了名字——帅旗礅。

有了帅旗礅和铁旗杆，再也没有发生旗杆倒地的现象，可是帅旗却经常被风中的小石头或小木棍击中，甚至被飞鸟的尖嘴戳破。当时谁也没有多想，都以为是正常现象。

黄巢在牛山屯兵很久，因为地利优势、练兵有方，兵马团队不断发展壮大，在与金州当地官兵交战中屡次占了上风，这就更加鼓舞了将士们的勇气和信心。

就在他认为稳操胜券，实现愿望在即的时候，却被金州刺史崔伟所带官兵一举彻底打败。

败走牛山后，他们一路向北逃亡，在秦岭深处一高山上，黄巢面向长安，自感羞愧万分，拔出随身宝剑自刎而死，剩余的兵马随之作鸟兽散。

后来传说，黄巢屯兵牛山，当初旗杆频频倒地和后来的帅旗经常在风中被戳破，其实天意就已注定，并提前给他预示了结局。

站在帅旗礅上，望着眼前的苍莽大山，在无穷年的阳光、蓝天之下，穿越时空，回味关于它的传说，便令人在心间自然生出一些只可意会不可言传的人生况味来，亦让人想起“谋事在人，成事在天”这句话好像就是针对黄巢说的。

如果说黄巢的最终失败是一种天意，那天意又是什么呢？

先人说，天意是天地之大道，是世间之人心，是人类之共情。所以，天意不可违，违者必灭。

是与非

一块石头形似一把剑，被人们称为石剑，稳稳地插在牛山的一山崖上，成了当地的奇景之一。

从安康高新区五茨路口出发，到达牛山村与草庙梁的岔道口，然后选择上牛山朱雀寺方向行走约一公里，在两面山坡相狭的弯道处，顺沟道有一条小路向上行走两三里，便可见沟边的悬崖峭壁之上插着一把形似长剑的巨石，历经沧桑，至今依然完好。另外一条途径，就是经松坝、谭坝到草庙梁，当然从安康高新区也可直接到草庙梁，在何家院门前停车，然后从这里起步，转过山梁，沿着一条弯弯曲曲的小路行走两三里路，便可到石剑所在的山沟，相对省力省时。如果选择远观，站在草庙梁即可望见石剑所在地。

欣赏石剑逼真的外在形象之美，再聆听关于它的民间传说，更是为人们增加了无穷的想象和趣味。特别富有趣味的是，目前流传的传说有两个完全不同的版本，第一个故事曰：奇异之剑七怪事——

黄巢屯兵金州牛山被彻底打败前不久，当地一把宝剑在出世前后连续发生了七件奇怪之事。

这事儿还得从牛山脚下的一个孩子说起。当年，这个孩子十多岁了还不会张口说话，他的父母到处寻医问药都不见效。作为父母，面对一个哑巴儿子，两口子心有不甘，这天晚上他们商量了一个主意，领着儿子到金州城里去求名医给一个好方子，兴许就能治好。次日一大早，他们带着儿子就出发了，在汉江渡船口等待乘船时，从江边走来一位渔翁，不断吆喝着："鲤鱼、大鲤鱼，刚钓上来的大鲤鱼……"听到叫卖声，看到大鲤鱼，他们的哑巴儿子高兴得手舞足蹈，猛然叫道："我要买鱼，我要买大鲤鱼……"

"儿子开口说话了！"这让两口子万分惊讶，又喜出望外。若不是遇到渔翁卖鱼，说不定儿子永远就是哑巴了。于是，他们便把准备为儿子寻医抓药的钱爽快地用来购买大鲤鱼。

因为这一条大鲤鱼，哑巴儿子张口说话了，这是第一件奇怪事。

完成买卖交易之后，一家三人轮换扛着大鲤鱼往回家走，一路上都高兴得合不拢嘴。回家后，当两口子用刀划开鱼肚时，却发现鱼肚里有一把带鞘的宝剑。这是第二件奇怪事。

"你们别动！"站在身边的儿子抢先拿出宝剑来，并叮嘱父母说，"昨天晚上在梦中，一位白发老人告诉我，这把宝剑是属于一位英雄的，让我一定要好好保管，不遇见剑的主人，任何人都不能抽剑出鞘，否则有凶"。

听了儿子的话，两口子也没有当真。他们想，爹娘又不是外人，看一下有啥不合适的。再则，鱼肚里的宝剑说不定是上天送给他们家发财的宝物。于是背过儿子，他们悄悄拿出这把宝剑欲看个究竟。

谁知，当男人把剑拿到门口，刚抽出鞘细看时，那剑就分别冲着他们两口子而去，瞬间两道鲜血就喷出了家门口，待他们还没有明白是怎么回事儿时，两人就同时倒在了血泊中。这是第三件奇怪事。

第四件奇怪事是，当他们的儿子发现时，这把宝剑如箭一般飞向了牛山，端端地插在了一处悬崖峭壁之上，变成了一把石剑。

从此，这把剑所在的山沟就有了名字，叫"剑沟"。

此剑落在此处，正值黄巢屯兵牛山期间，有一次，朝廷派遣金州官兵到牛山剿灭黄巢兵马。双方在剑沟激烈交战中，这把宝剑物遇其主，从悬崖峭壁上忽然而下，并由石剑恢复了原形，端端地送到了黄巢手中，任由黄巢轻松挥舞，所到之处，血光四溅，无人生还。这一次交战，金州官兵死伤不计其数，惨败而归。因此，人们又称之为“黄巢剑”。这是第五件奇怪事。

黄巢得了这把宝剑，整日佩带，剑不离人，人不离剑，金州官兵多次强力围剿他们，都没有成功。这是第六件奇怪事。

想是有宝剑护佑，暂时离开牛山一段时间会安然无事的。离家多年，不得母亲的音信，他便佩带宝剑悄悄回到了老家。见到久别的儿子，母亲自然高兴，做了好吃好喝的饭菜给儿子。黄巢吃饱喝足后，向母亲称自己累了，先休息一会儿。在睡前再三叮嘱母亲不能动他的剑。母亲嘴上答应，却在心里好奇：“儿子随身携带的到底是个什么东西，还不让老娘动，老娘又不要它，只是看一下又能咋的！”趁儿子睡觉时，她悄悄从剑鞘中抽出宝剑，可是那剑就在她的手中失去了控制，旋即冲向她的脖子，没有声响人头就掉到了地上，然后又飞出了门外，腾云驾雾般回到了剑沟那山崖上，此后再也没有离开过那地方。这便是第七件奇怪事。

母亲死于自己的剑下，黄巢悲痛欲绝，却也无可奈何。

在失去了这把宝剑之后，黄巢兵马在与金州官兵的交战中节节败退，直至被彻底打败。

故事中的宝剑确是充满了魔幻般神奇的存在，但是再神奇的民间传说也只是传说而已。我以为，这个故事特别启发人的一点是，无论多么年长也不能倚老卖老，即使在儿女面前，也不能抱着侥幸的心理或者以爱的名义，去打探或突破他们私人世界的秘密，否则结果会伤人害己。

相比它的第一个民间传说，第二个民间传说与之形成了鲜明的对立立场，名曰：既是妖兽必有克星——

黄巢在长安称帝，建立“大齐”两三年后，因内部有将领叛变，唐朝兵马回师，夺回了长安。他被迫退出长安后，带领兵马一路向南，撤退至金州，后屯兵牛山。

如何消灭黄巢起义军，朝廷把任务交给了金州刺史崔伟。然而，这不是一件容易事，黄巢在牛山屯兵多日，兵强马壮，而且得地利之优势，一年半载难以拿下。崔伟受命后率领官兵，多次前往牛山进行围剿，屡屡不得取胜。

正当崔伟感到无奈之际，一日在睡梦中，一位满头白发的老人告诉他，牛山深处有一只黄妖兽，这黄妖兽就是黄巢的灵魂，只要斩杀了它，就是斩杀了黄巢的根本，他的兵马必败无疑。

得此指点，崔伟次日便率领官兵到牛山寻找黄妖兽，走完染江河源头，快要上到双乳峰下的山沟垴，立时天昏地暗、电闪雷鸣，突然从山林中出现一条形似龙蛇的全身黄色而又闪现光芒的妖兽，腾空而起，直冲崔伟而来。于是，崔伟立即展开了一场人与妖兽的大战。交战许久，官兵迟迟不能取胜，亦是不利再战，崔伟只好命令收兵，打道回府，另谋计策。

如何尽快消灭黄妖兽，一时想不出良策，崔伟急不可耐，一日在睡梦中他又见到了那位白发老人，老人告诉他说："不要着急，既然是妖兽，就必然有克星。在那妖兽出现的山沟悬崖之上有一把石剑，你若能取之，便可用它轻松消灭那黄妖兽。"

休整了几日之后，崔伟带领官兵再次来到牛山那个山沟里，果然发现了山崖上端端地插着一把大石剑。可那是几千斤的巨石，何以取得？这让崔伟犯难而又疑惑。

就在他命令士兵靠近以观察具体情况时，那石剑忽然离开山崖，变成了一把宝剑，缓缓地落在了他的手上，且任凭他怎么挥动都不费力气。正在他感到眼前发生的事儿如梦幻一般，那黄妖兽不知从何而出，浑身散发着令人眩晕的金光，在空中翻腾了几圈后，便向他猛扑过来，正好撞在他举起的宝剑之上，立刻就化作了一股云烟，转瞬即逝，从此再也不见了。他再挥之，那宝剑又变成了一把石剑，缓缓地回到了原处。

随后，崔伟发动金州所有官兵，集中一切力量与黄巢起义军在牛山展开了一场持久而必胜的激战，步步为营，一举彻底剿灭了黄巢起义军，为朝廷消除了一方后患。

这把神奇的石剑是怎么来的呢？说是佛祖专门赐给崔伟，用来消灭一方祸患，保佑一方平安的，人们因而称之为“佛剑”。佛剑所在的山沟便也有了“佛剑沟”之名。

这个神奇的故事令人感受到，崔伟得佛剑之神助，似乎是得天道之助、正义之助，而他所带官兵的胜利，则是天道之胜利、正义之胜利。

把两个传说故事结合在一起来看，其中所说的“黄巢剑”与“佛剑”事实上是一回事，都说的是那一把石剑；“剑沟”与“佛剑沟”都指的是石剑所在的那一条山沟。同一把石剑，两个名字，两个不同的故事，如今分析看来，无疑因为当年民间两种不同的立场传说而来。

深入双乳沟

驻村的三四年里，天天望着牛山海拔一千四百多米的双乳峰，曾经想象那高高在上的双乳峰之间的峡谷有着怎样的风景，又藏着什么样的秘密，其名为什么不叫“双乳沟”，而称“黄巢谷”，因此就在心中产生了很多疑惑。我想，既然已有“双乳峰”，那么称其山谷“双乳沟”，不仅没有什么不妥，还显得生动、形象和有趣。

周末一日得闲，和驻村队友拄着用捡来的树枝做的拐棍，拿着砍刀，在山林里摸索着一路前行，深入其中之后，收获了很多意外的生命体验。这道山谷的海拔大约在一千三百米，从西北到东南走向，两三公里之长，一头偏高、一头偏低，一头宽、一头窄。站在谷口向远处看，身子所处的位置依然在高高的山上，山谷之外的世界在眼前就像是外星球的世界。居高临下，听不见是非恩怨，看不见艰难困苦，一切景象都是那么美好而又神秘。山谷被树木植被覆盖得像原始森林一般，其中没有路，有鸟兽走过的脚印，人若跟着走，不是跟到了刺架里，就会跟到了山崖边，甚至还可能落到陷阱里。我们瞅着大方向，在山林中左冲右突、上上下下、曲里拐弯，身后留下的脚印在当下就成了别人的路。活跃在林间的松鼠、小鸟等小动物，对我们的活动好像视而不见，旁若无人般地快乐着。浑身沾满树叶、泥土，蓬头垢面、冒着汗水的我们，像极了逃荒人。朋友说，如果被逼生活在山林中，人的野性便自然而生，你不打猎就会饿死。所以，在生存困难的环境里要求讲文明，那是必然会落空的。温饱有保障，谁愿意去胡作非为呢？我十分赞同这种观点。因为当地乡亲们脱贫致富了，伐木、开荒、捕猎等破坏生态的行为便自然消失了。

走进最下游的谷底时，只听见汩汩流水声响在耳旁，却看不见流水。坐在一块大石头上休息时，突然感到附近有晃动的光芒从谷中向外照射，起初以为是在山中遇到了金疙瘩，追光而去，发现一处乱石中的流水在跌落时形成了一个一拃宽两拃高的小幕帘，正映射着穿越树林间的斑驳阳光四散开来。我走近幕帘下的小水窝，双手掬起一捧水喝，那甘甜爽口的滋味沁人心脾，不由得感叹：好山养好水！于是用喝完了的空瓶子在水窝里重新灌满。这水如果有名，就该叫高山流水了。观察流水的去向，在附近发现了一个很隐蔽的蓄水窖，上面自然覆盖着一层厚厚的落叶，落叶显然是多年积累的。在许多山村里，见惯了高处的人吃低处的水，而这里却是住在低处的人吃着高处的水。想到山下一些人的饮水源头就在这里，不免就羡慕他们生活的幸福。一股溢出牛山体外的自然精华之水，无疑是当地子孙们的生命营养液。

沿着山谷之水溯源而上，经常遇到石崖、荆棘等障碍，不得不在沟边的山林中费力绕行。穿行其间，不时地令人感受到“阳光林间照，清泉石上流”和“鸟在林中唱，云在头上飘”的画面。在山、水、林、路逼仄的境遇里，短时间会让人陶醉在一些诗情画意和无穷的想象里，可是伴随饥饿来临，最担心的就是发生意外。朋友戏言，“在杳无人烟的山林里，美女和野兽，你希望遇到哪个？”我回答都不想遇到，也都不害怕。当然这是一个玩笑。听说山谷间的蛇多，蛇是大家公认的生态卫士之一，也是一种很有灵性的动物。而我最怕的是见到蛇，更不敢去伤害它。其时正值深秋时节，加之高山峡谷昼夜气温已冷，因而没有遇见过蛇。此外，听说山谷间的野生动物种类有很多，我希望一一都能见到，内心亦是充满了欢喜，结果只是见到了许多的小动物，见到了很多大动物的足迹，因为不会识别，便也不知是谁所留。

在可以看到黄巢练兵场的时候，因时间不济，便决定把到那里观光的机会留给下一次，于是便从原路返回了。从山谷望向两边的山峰，突兀、坚挺，虽然看不见山峰的全貌，但两岸山坡上绿红相间的植被整体看上去浓密深厚而又绵软细腻，俨然如披上了锦绣一样。那里的风好像也带着甜蜜的味道。空气之新鲜、纯净和富氧，往往会让人沉醉。因而，人在其中，便可强烈感受到大地母亲给予的关怀和幸福。离开时，我心里依然疑惑不解，双乳沟是多美的一个名字呀，为何而名“黄巢谷”？做了很多猜想和假设，都没有言中。走访当地乡亲得知，它的名字来历源于一个民间传说，而且与蛇联系在了一起，名曰：只因斩蛇遭恶报——

黄巢被迫带兵撤退长安，在屯兵金州牛山期间，一日晚上，他梦见自己带兵再次攻陷长安，重新登基称帝，梦醒后心情大好。

次日清晨，天蓝、风和、日丽，他像往常一样，从练兵场登上望京石，望向长安，在心中发誓，激励自己。看到眼前的群山逶迤、山河壮阔、气象万千，想到当下兵已强、马已壮，彻底推翻长安当权的腐朽统治指日可待，于是他便信心满满、威风凛凛。

正在黄巢暗自高兴时，忽然一条大大的长长的黄色之蛇正穿过脚下的树林，径直向他游来，其动静惊扰得一路的树叶哗啦作响，像是乘风破浪一样。见此，他若无其事，站在原地神闲气定，心想你是哪里来的妖怪，岂敢在我面前耍威风。

果然，黄巢的威风镇住了此蛇的嚣张气势。

此蛇在黄巢身边缓缓绕了三圈之后停住，安静了许久，翘起头，撩着舌头，盯着黄巢，挑衅发问：“天下是你的，还是我的？”

“不知羞耻的妖蛇，岂敢与我相提并论？如果你非要知道是谁的，那就是我的！”

“应该是我们的！”

“一派胡言乱语！”

“是你的，也是我们的！”

“是我的，而不是我们的！”

“不是我们的，就一定不是你的！”

“哪里来的妖蛇，胆敢口出狂言！”黄巢一怒之下，拔剑斩杀了此蛇。

让人没有想到的是，他刚从山峰下到山谷中，紧随其后的一群又一群大小各类形形色色的蛇，从四面八方分别围拢了过来。不得已，他向所有将士紧急下令，所见大小蛇类一律格杀勿论。

这些追赶黄巢的各类不同的蛇，其实是他带领的起义军曾经在战乱中伤害的无辜老百姓的灵魂化身，那条大蛇是代表大家向他讨一个明白的。

那些冤魂在九泉之下，想搞明白一个情况，如果黄巢带领起义军推翻当朝的腐朽统治，其目的是让天下老百姓过上好日子，他们认为自己冤死了也情有可原；如果他只是为了自己当皇帝，浑身充满霸蛮之气，不管穷苦老百姓死活……那他就是一个祸害。

结果，这一次考验，黄巢没有过关。在杀害了群蛇之后，他生了一场大病，身体之元气大损。

同时，这些冤魂联名向天庭状告，称黄巢无德无情，杀人无数，斩杀蛇类无数……天不灭他，人要灭他。

不久，黄巢所带将士在与金州官兵的一次激烈交战中被彻底打败，从此消失在了历史烟尘中。

当地人们为了教育子孙铭记黄巢之教训，敬畏自然、爱护生灵，便把黄巢斩杀群蛇的山谷称为了“黄巢谷”。

这个故事的道理很简单，斩杀蛇类是会遭到报应的，保护蛇类就是为自己积累福报。蛇类本来就是和谐大自然中的一员，对其生命应当给予尊重和爱护。人类普世情怀的最好体现，应该做到与动植物之间的平等和谐相处。因此，我非常赞赏蛇在当地像宝贝一样受爱护的行为，没有人敢去杀生。不仅仅如此，他们不杀生是针对所有野生动物的珍惜爱护。这或许就是传说故事的长期教化力量和效果体现。

从高山峡谷归来，结合听到的精彩而富有童趣的民间传说，让人如同上了一堂保护自然的教育课。朋友说，体会此谷之境界和它的故事之深意，便是走进了仁爱，融入了慈悲。

我想，黄巢谷之名，不改也罢了。

优良家风济世长

谷还是黄巢谷，再去时，常常感觉身边有一股远古的风吹来，顺着风声，我听到了不一样的山谷回声，感受到了另外一种怡人的风景。

话说牛山曾经有一个寺庙就建在黄巢谷，因寺庙供奉着一尊铁铸的佛像而得名“铁佛寺”，也就是最早的牛山庙。对此处黄巢谷最上游宽阔地带的猜想，与传说中的黄巢练兵场有重叠。当时，附近有良田百亩，供众僧种植粮食、蔬菜，满足生活之需要。此处作为远离尘世之地，那时不仅距离繁华的州城有五六十公里的路程，而且周围十多公里之内无人烟，登高望远，四周低矮，群山逶迤，云涛雾海，无边无际，令人视野和心胸旷达不羁。近处，或聆听山林百鸟歌唱，或听山泉叮咚、溪流汩汩，或闻花香、赏蝶舞，一时间就有了安然自在之感。

当年声名远播的铁佛寺，因为一场大火毁于一旦，历经沧桑，如今只剩下一些零星而又模糊的墙基、瓦砾。身处此境中，昔日的梵音虽然早已不在，但在凡尘中留下了一个教化人孝敬父母老人的民间传说，名曰：儿媳踩着婆婆脚后跟——

很久以前，在金州牛山脚下，有一对夫妻生养了5个儿子，一把屎一把尿地把他们个个都拉扯长大成人，然后累死累活地为他们分别盖了新房，又请亲友到处张罗，牵线搭桥，为他们先后都热热闹闹地娶回了媳妇。

按理说，操办完儿女们的住房和婚姻等人生大事，老两口就该享清福了，可是他们越老越忙碌了。老两口先是给大儿照看孩子，然后帮忙照顾二儿的孩子、三儿的孩子、四儿的孩子，待到帮忙把五儿的孩子照顾到半桩子高时，他们一个已成大老汉，一个已是老太婆，尽管如此，他们不服老，还坚持种地种菜，自食其力。

常言道，多子多孙是福。可是老汉直到八十多岁每日都不得闲，突然在一天晚上说走就走了，留下了老太婆一个人单独生活。老太婆为了不给儿孙添麻烦，还是坚持自己提水、拾柴火、做饭。旁人看不惯，在背地里骂那些子孙忤逆。老太婆心里宽展，不计较，理解儿孙们都有自己的生活需要忙碌，自己的日子将就着能过一天是一天。

终于有一天，老太婆因年老体衰而卧床不起，五个儿子和媳妇这才聚在一起，讨论如何为老太婆养老送终的问题。说来说去说了几天，才达成一致意见：老人一日吃三餐，一家管一顿饭，五家轮流送饭。

最初，大家送饭都比较按时，慢慢地就出现了“早饭变成晌午饭，送晚饭要点着灯”的现象。再之后，各家送饭不仅不按时，还经常互相比较：“我家为老娘送的饭菜好，他们为老娘送的饭菜差。”“我家的饭菜有肉，他家的就是一碗面糊糊。”比较的结果是，五个儿媳送给老娘的饭菜不是越来越好，而是越来越差，发展到后来，竟然把一日三餐变成了每日一餐。邻居有人笑话她们，她们不以为然，反而说：“我们都比她对婆婆好！”

面对满堂的儿孙，老太婆躺在床上，生死由不了自己，又无可奈何，经常老泪纵横，百思不得其解：“一辈子辛辛苦苦养育了一堆儿孙，何时亏欠了他们哪一个呀，怎么让我落下这么个不得好死的下场？”

听说牛山铁佛寺的师父知道每个人的前世今生因果，老太婆便求人把她背上铁佛寺，拜请师父为她解开心中之谜。

在老太婆向师父倾诉了她这一生如何辛苦和养育孩子等情况之后，佛只问了一句话，她便哑口无言了。

师父问："你的公公婆婆在世时，晚年生活怎么样？"

这一问，击中了老太婆的心灵深处。她公公婆婆晚年的时候，她和老公还很年轻，虽然当时家里的条件比较艰难，但是有很多兄弟姐妹，完全可以共同赡养老人，然而他们互相依靠，她以为自己生养的孩子多，顾不了老人，甚至还变本加厉虐待老人，致使公公婆婆都当了饿死鬼。她早已忘记了曾经的那些事，可是当地人都依然记得清清楚楚。

听了师父的问话，老太婆久久无语，回家后就安然地永远地闭上了眼睛。

后来，村里就有了这个传说——儿媳踩着婆婆脚后跟儿。意思是，有啥婆婆就有啥媳妇。

听完这个故事，我似乎感到师父对老太婆的诘问还在山谷回响。此故事无疑是教育世人要孝敬父母、善待老人，同时也说明了不正家风的负面作用——有什么样的婆婆就有什么样的儿媳妇。你如果始终孝敬父母、善待老人，那么你言行中一点一滴的细小行为，润物细无声般地就给子孙做了好榜样，而你的子孙在将来也会效仿你曾经的言行来孝敬你。

好家风是每个家庭最大的无形力量。培养、形成和传承一种优良家风，关键在于长辈要从言行做起，为子孙后人做出榜样、树立风范。如《南史·徐勉传》所述："人遗子孙以财、我遗之以清白……"如范仲淹在《范文正公家训百字铭》中所说："孝道当竭力，忠勇表丹诚；兄弟互相助，慈悲无过境。……"如曾国藩在家训中告诫："家俭则兴，人勤则健，能勤能俭，永不贫贱。"

古往今来，无可雄辩的事实是，优良家风济世长。那么，从现在开始，努力做好榜样吧，为了子孙，更是为了自己。

放爱一条生路

三个小山包紧密相连，每个山包的形状像美人的乳房一样，所见之人都不会想到它们是坟，传说坟主是唐朝末年皇上的一个妃子。这在陕南安康牛山海拔一千多米之上的黄巢谷中，着实让人充满了极大的好奇。不由得令人联想，此地此景是如何的迷人，竟然会把皇上的妃子吸引到了这里，又是在什么样的情况下，让她把灵魂安放在了这里。除了壮阔绵延的山峦美景之外，还会是什么呢？

打量眼前被满目苍翠包围的三个小山包，看不出它们有坟墓的特点，且也没有发现任何标识。在外地人看来，它们隐藏在山中不过是一道普通景观而已。在得知坟主的特殊身份后，人们的关注点往往不在于此处的风景如何，而是急切地想知道这个妃子的故事。

那天，同行的朋友们即兴纷纷做出了各种猜测，并编撰了许多故事，但是最后都不能自圆其说，听了当地一个关于坟主人的民间传说之后，方才打消了大家的疑问。名曰：爱而不得毁所爱——

公元 880 年 12 月，唐广明年间，黄巢率起义军攻陷长安，唐僖宗和宗室亲王等人马都逃离了京城。

当时，在兵荒马乱中，唐僖宗的一个妃子未能及时逃脱，于是像一只受惊的小鸟成了黄巢起义军的“俘虏”。爱美之心人皆有之，黄巢也不例外，见这妃子国色天香、雍容华贵，怜香惜玉之情油然而生，且呼之“美人”，吩咐大家一定要保证她的人身安全，悉心伺候生活，不得有丝毫怠慢。

自从见了前皇帝的这妃子，黄巢在心中便有了打算。那会儿，他在长安含元殿登基称帝，刚刚建立“大齐”政权，迫在眉睫的是稳定江山，因而整天忙得天昏地暗，一时无闲情逸致和多余精力，再则他不想强美人所难，想是假以时日，让美人心甘情愿变成自己的妃子，岂不是更加美好和圆满吗？

可是未等到美人投怀送抱时，黄巢遭遇内部的一位将领叛变，导致唐王朝大军回师长安。在强力迫使下，黄巢带领兵马无奈退出了长安，一路向南，最后退守到秦岭之南的金州，屯兵牛山。

尽管如此，黄巢始终把美人带在身边，疼爱有加。

屯兵牛山期间，黄巢在操练兵马之余，总是想方设法让美人开心。只是美人心里清楚，她不喜欢黄巢，更无法爱上他，因为身在曹营心在汉，所以她怎么都高兴不起来。为了保全性命，她也不敢破坏了黄巢的心情，于是佯装愉悦，经常相伴黄巢登高望远、听鸟赏花、游山玩水。

有一天，黄巢酒后特别高兴，当下就要与自己喜欢许久的美人圆房，可是美人不愿意，推辞说：“我已身怀六甲，身体多有不便……”

“胡言乱语！我没有近身，何来六甲？”黄巢感到颜面扫地，当即怒火中烧：“给我杀了这祸害精！”

美人连忙下跪，磕头求饶，但无济于事。

随着一声大喊，美人应声倒地，怒目圆睁，含恨而亡，只见那腹中胎儿从刽子手的刀口中腾空飞出，忽地不见了踪影。

随后，黄巢令人就地在练兵场附近挖了土坑，将美人的尸体进行了掩埋。

不久之后，人们惊奇地发现，美人坟头上的小土堆，不仅长高长大了，而且变成了一个石头山包。此后又过了一些时日，这个石头山包左右两边又分别长出了一模一样的小山包，因为形状很像女人的乳房，便被称为“奶子坟”。

一个小土堆为啥突然变成了三个“石山包”？

说是美人的一生因为爱而不能被成全、被爱而心有不甘、生命不能善终而从心底涌出的三股怨气所郁结成的三个硬疙瘩。

不知世间是否发生过传说中的故事，亦不知此处的石山包是不是一座真实的妃子坟，当然无论是否，如今都已经不重要了，重要的是，因为有了这个牵扯了皇上、妃子等历史人物的传说，让处在牛山上的这个景点不仅有了故事、有了趣味，而且有了吸引力和观赏性。

同时，传说故事也给人留下了一个值得玩味的思考：红颜之美何错之有？

如果说红颜之美没有错，为什么故事中被掠走的偏偏是美人，要杀要斩的还是美人？如果红颜之美本是错，世间男人皆爱美人是不是错上加错？如果美人之美和爱美人都无错，那红颜薄命是谁造成的？错在何处？

有人说了，红颜之美无过错，发生悲剧的原因在于不该被不该爱的人爱。为他人所爱本来是人生之幸事，但不是所有的被爱都是幸事，有时候遇到被爱，可能就是人生不幸的开始。

世上的爱，两相情愿、两情相悦莫不是最好的结果。当遇到被爱带来骚扰或伤害时，应该提前做好防范，远离不该爱自己的人。另外一种情况是，如果爱上了不该爱的人，爱而不得，放爱一条生路又何妨？让其在别处开花结果，远远地欣赏，不也是一种美好的拥有吗？

生在世间已万幸

在世间走一遭，该要活成一个什么样儿的人呢？

这是人们终其一生都在思考和践行的问题，然而很多人辛辛苦苦忙忙碌碌了一辈子，到最后还是浑浑噩噩不知所以然，只落下了一地的鸡毛蒜皮。有的人为了名利拼搏争斗一生，无暇享受生活的快乐，到头来皆是一场空，枉费了生命和光阴。有的人仅仅是为了生存就已拼尽了全力，觉得能够衣食无忧、安全健康地活着就很幸福。有的人向往追求生活的完全自由，结果不但没有做了自己的王，而且在现实里常常被碰撞得鼻青脸肿、头破血流。有的人无论如何拥有，始终都不满足现状，对社会、他人和命运充满了抱怨……由于世间的苦难、生命的疼痛和时空的多变等因素影响，常常让人难以预测，更让人难以把握自己。由此，尽管我们一直很努力，但是常常感到没有活出自己或他人想要的样子。其实，人生不管怎么活，或辉煌、或精彩、或传奇、或平淡、或失败，每个人都是自己故事里的英雄。

从最差的一种情况说，无论我们的人生现状多么尴尬不堪，我们都要庆幸自己还活在这人世间。只要活着，未来的一切梦想都充满了无限可能。所以，即使眼前再怎么失败落魄或如何不尽如人意，我们依然应该坦然接受现实、笑对人生、不懈奋斗。

尤其是在当下，我们不能盯着“成功”不放，更不能让追求成功的汗水淹没了我们的幸福和快乐。成功和幸福一样，并没有一个具体的标准。人生的故事是否足够丰富多彩，也不是那么重要，最重要的是，这美好的人世间，有你在，有我们在，共同走过了一遭，就已经值得。

写下前面的这一段感悟，源于我在陕南安康牛山驻村时的一次乡村旅游见闻所得。

在牛山朱雀寺西边不远的一处小山丘上，茂密的树林遮掩着一座小小的古墓，当地人们称之为“太子坟”。或许因为这个名字，许多盗墓贼推测这个坟墓里应该有陪葬的金银珠宝，于是在岁月深处给它留下了一些明显的盗窃破坏痕迹。其实，此坟徒有虚名，不仅没有金银珍宝，坟墓主人甚至连真正意义上的“人”都算不上。这究竟是怎么回事呢？且听当地的这个民间传说，名曰：最短命的太子——

这是唐朝末年发生在金州牛山的一件事。

人们说，在天命里，他本属于大富大贵之人，但是他非常可怜，在世间不仅没有名字，甚至连世间的阳光和黑夜都没有见过。他知道他的父亲是谁，而他的父亲却不知世间有他这个儿子。

他是有来头的，而且来头还不小——他的母亲无名氏，是唐朝末代皇帝唐僖宗非常喜欢的一个妃子。

他的母亲怀孕不久，父亲唐僖宗的长安城就被黄巢起义军攻陷，在带领宗室亲王等人马仓皇逃离长安城时，未能顾及周全，他的母亲因为已有身孕，行动不便而不幸成了黄巢起义军的“俘虏”。好在他的母亲因为天生的好脸蛋、好身材而免得了一死，而且深得黄巢怜爱。

在黄巢称帝后，他的母亲虽然继续生活在长安城里衣食无忧，但已物是人非，于是她一心盼望唐皇回马夺回长安，重新过上以往的幸福生活。

可惜天意弄人，真正等到两三年后唐皇回马之日，他的母亲在黄巢带领兵马撤退长安时，把他随之一路带到了陕南金州牛山。此时，他在母亲的腹中已经健康生长了三年多，奇异的是，母亲的身体并没有显出身孕。一位算命老先生曾经对他母亲说过，腹中之子非等闲之辈，需要孕育一千四百六十八天才能出生，将来必然子贵母荣。

他的母亲被迫随黄巢到牛山，正好遇到了这个九龙风水之地，身体便自然吸收了龙脉山水之精华，这令在母亲腹中的他孕育出帝王之气象。如果不出意外，他将会在以后改写唐朝末年国家的前途命运。

可是，黄巢偏偏是父皇和他的克星。

有一天，黄巢在酒后突然要与他的母亲圆房，为了保住他的性命，外柔内坚的母亲拒绝了黄巢，并下跪求情，承诺等待生下他之后，任由再杀再剐也不迟，却不知因此惹怒了黄巢。

就这样，他的母亲死在了心狠手毒的刽子手刀下。在他母亲腹部被刽子手的尖刀刺开了一条血口后，一股凶猛的煞气推着他从母亲的腹中腾空而出，飞了很远很远，最后将他重重摔在了山野的一块石头上，碰撞得他当即就一命呜呼了。尽管黄巢起义军最终为他的父皇彻底所灭，但是无缘挽回他的生命。

因为他不是凡夫俗子之身，飞落在野外的尸体，尽管血肉模糊，但是鸟兽不食，虫豸不近身，日晒雨淋不腐烂。多日之后，牛山庙上的一个和尚到山下化缘时，发现了山路边暴露的他，于是心生慈悲，找来粗布包裹了他，然后把他埋在了寺庙西边不远处的一个小山丘上。

埋了他的那天晚上，和尚在梦中得知，他是唐僖宗的儿子，如果他的母亲躲过了黄巢的这一劫难，他在出生后不久就会成为太子……无奈，他的生命之短暂，还没来到人世间就死了。

此后，民间就流传说，他是世间最短命的太子。当地老百姓同情他的命运遭遇，为其修坟立碑，称之为“太子坟”。

听了此故事，直叹来到人间之幸福美好，即使可能贵为“太子命”，没有机会降生到人世间，一切都是枉然！

人世间最不缺的就是人。如果说生命之重，则重如泰山。如果言生命之轻，则如一只蚂蚁。即使如此之轻，我们也应该十分珍惜生命，过好每一天。话说每一只蚂蚁生命的诞生都来之不易，它们的存在先天也都属于万里挑一，而且它们在阳光、风雨里劳动生活，每天也在抒写着生命的乐章。

相比蚂蚁，每个人的生命诞生则更为不易和不凡，精子在争取与卵子结合的那一瞬间，就已成为打败了亿万个竞争对手后，获得成功的唯一的胜利者。所以说，来到世间一回已是十分万幸。

如此，面对世间的苦难和人生的艰辛，无论如何，我们都要珍爱生命、善待自己、热爱生活、向善向前，积极接受或迎接一切挑战，没有理由抱怨或退缩。

退而求其次，只要能好好地活在世间，就是人生最大的意义和最大的胜利。

谁的婚姻里没有尴尬

在陕南安康牛山脚下的草庙村，从草庙梁公路边的“牛门”起步，顺着长梁上到饮马滩，然后继续向上走，在不到一百米远的山道外，昂然挺立着两棵名叫“塔松”的大树，皆两三丈之高，两者相距一丈多，彼此保持不远不近的距离，显得亲密而又不互相妨碍，经年累月，同沐风雨，共享阳光，相互陪伴，一起成长，在周围茂密的植被中，在那山梁上，凸显出了一道独特的景观，当地人称它们是“夫妻树”。

我很喜欢这两棵塔松，就像在山村里遇见了俊男靓女一样，自然让人眼睛为之一亮。看它们的外貌，顶部呈圆锥状，树冠越向下，枝叶铺展得越大，像一把完全打开的伞，树荫之下可以让人歇凉避雨。或许，它就是因为枝叶自下而上铺展的形状像寺塔一样而得名“塔松”。它们的年龄看起来并不古老，但也不再年轻。人们常把藤缠树比喻为最美的夫妻关系，可是为什么又将它们称为夫妻树了呢？答案在这个民间传说中，其名曰：不是冤家不聚头——

很久以前，在金州牛山脚下的村庄里，有一个小伙子名叫理想，穷人家的读书郎；有一个姑娘名叫如意，财东家的大闺女。两人少小无猜、青梅竹马、情投意合，早已私订了终身。

然而，如意的父母看不起穷小子理想，坚决阻止，且将闺女另许了亲家。如意坚持拒绝了包办婚姻，违背父母之命，擅自做主与穷书生理想圆了洞房，她的理由是“我的婚姻我做主”。

在很多人看来，他们很幸运，成功逃避了各种阻碍，自由恋爱结成了一对夫妻，想必是他们彼此选择了自己的真爱，未来的婚姻生活应该如双方的名字一样，理想又如意。他们自己也信誓旦旦，彼此恩爱一辈子，互相关心一辈子，幸福浪漫一辈子。

可是时间告诉他们，在柴米油盐的琐碎破烦中，曾经相互之间的诗意缠绵和甜言蜜语逐渐消失，随之改变的是彼此的言谈举止，越来越俗气，越来越直截了当。特别是在如意娘家的光景败落后，对他们失去了帮衬，随之他们在生活中经常发生矛盾。

往后的日子究竟该怎么过？理想要坚持在贫穷中努力读书，考取功名，改变家庭面貌；如意要坚持勤劳耕种，饲养六畜，种棉织布，过上殷实富足的小日子就行。为此，二人的意见发生了不一致。同时，处在入不敷出的景况中，还经常为一些家事产生意见分歧，又互不谦让，各执己见。久而久之，彼此在心中互相充满了抱怨和不满，于是导致吵架频繁，家无宁日，并因此再也看不见对方的付出、奉献和优点。

曾经相互许诺，为了成为对方想要的模样而会不断改变自己，然而在婚后却忘记了为对方而改变自己，反而始终在努力想把对方改变成自己想要的模样。后来，彼此不仅没有把对方改变成自己理想中的模样，反而让对方成了自己的眼中钉、肉中刺，日常彼此说话，总是习惯以揭露对方的短处和缺点来获得心理痛快。

直到有一天，双方动手动脚打了起来，以后三言两语不合，互相打架便成了家常便饭。由曾经被乡间羡慕和称赞的婚姻，变成了人们茶余饭后的一个笑话，他们自己也不知道问题出在了哪里。

面对婚姻生活的尴尬现状，理想感到不理想，如意感到不如意，彼此都深感孤独、无助和绝望。

在许久的百思不得其解中，他们各自带着内心的痛苦，先后跪拜在牛山上的菩萨面前，想问个究竟，也讨个主意。

“我在婚姻生活中很努力，但是为什么不幸福？”

“那是你给对方的要求太多了。”

“我的所作所为，都是为了他（她）好，为了家庭好呀！”

“本质上，你只是顾及了自己的感受，而不是为了家庭。”

“有什么办法可以改变吗？”

“其一，你要放下抱怨，坦然接受家庭的遭遇和现状；其二，让心安静下来，不去约束对方、改变对方，学会懂得对方、尊重对方，谅解对方的过失和错误，宽容对方的缺点和不足；其三，积极给予对方信任、温暖和力量……”

“我们曾经那么相爱，为何现在见了对方就心烦？”

“因为五百年前，你们是冤家！”

“那我们今生怎么办？”

“还得坚持继续在一起！”

“散了又如何？”

“和谁在一起，都是冤家！”

“既然彼此是冤家，为什么还要在一起？”

“不是冤家不聚头！”

……

一番对话后，两口子当场晕倒。

旁人要扶起他们，被菩萨阻止了：“等待他们自己清醒后，自己站起来，一切都好了。”

可是，他们以后的日子，直到彼此两鬓染霜，还是磕磕绊绊的。

五百年以后，上天造化他们再次聚在了一起，这就是生长在牛山长梁上的两棵塔松。它们在困难的境遇里，共同克难，努力向上，保持亲密有间，因而成了那里一道耀眼的风景。

由此，人们称它们是一对“夫妻树”。

听了这个故事，我终于明白了爱情婚姻生活的智慧既不在书本里，也不专属于城市的富贵人家，而是在人间的烟火深处。

故事告诉了人们一个道理，曾经自以为的白马王子或白雪公主，后来发现不但有缺点，甚至缺点还越来越多。原来互相爱得火热时，爱屋及乌，那时的缺点在对方眼中都是美的。然而在婚姻生活中，我们需要明白的是，世上本来就没有完美的人，也不可能有一成不变的人，同时在追求理想和现实之间总是有一段很长的路，需要在风雨兼程中艰辛跋涉，而且不是轻轻松松就能抵达的。因而，如何处理好夫妻关系就是一场长期的修行。

当年在山脚下驻村，在走访民情中发现，不少家庭的贫困都是因婚姻破裂或者说家庭内耗严重造成的。而那些日景好过的家庭，有的夫妻之间也经常发生矛盾和打闹，但是彼此没有离异之心和其他三心二意，他们人前不扬家丑，吵过闹过，该干啥干啥，甚至吵吵闹闹了一辈子，但是日景一天比一天有奔头。有一次，我看着那人家的媳妇正在门前哭鼻子，见外人走近了，慌忙用手抹了一把泪水，扑哧笑了，说是刚才不小心，眼睛里钻了东西怪难受的，然后连忙喊叫男人招呼客人。待客人进屋，男人让座、敬茶之际，女人便腰系了围裙，走进厨房，精心准备起酒菜来。

经常穿越在城乡，听闻了太多的家庭故事，夫妻之间无论彼此的出身和背景如何，当下的家庭现状也无论贫富贵贱，其实每个婚姻家庭里都有自己的尴尬和无奈，只是各有各的尴尬，别人不知道而已。这就是人们常说的，家家都有本难念的经。

俗话说，夫妻同心其利断金。良好的夫妻关系，是家庭幸福、家业兴旺的基础和关键，也是一个家庭最好的风水。夫妻在生活中发生矛盾是正常的，不用求神拜佛指点迷津，关键在于彼此都要及时主动化解，一则解铃还须系铃人，二则床头吵架床尾和，三则“天上下雨地上流，两口子不记隔夜仇”。

置身于空旷的山野，坐在这一对夫妻树旁边，审视生活，令人油然想到，先人或许是想把自身的生活经验，通过它们的样态表现，以民间传说的形式提醒后人，夫妻关系是一辈子婚姻生活的不断调和，更是彼此长久的默默的互相成全。

百岛湖之意境

自从第一次见过以后，我就一直觉得大秦岭南麓的黄石滩水库应该有一个昵称，或者雅号。原来的名字与其山水风光显得很不搭调。这就好比长相漂亮而又有气质内涵的女人取了虎妞、狗娃之类的俗名，免不了在社交场合里让人称呼时觉得尴尬，让彼此都难堪。

怀揣此意，我通过观看航拍视频和手机拍摄的照片，发现此水库之水源来自秦岭山脉的千沟万壑，涵养于万顷绿色植被的毛发之中，日夜吸纳了天地之灵气，捧在手心里就能照见人影儿，于是就羡慕了那水中的鱼儿就像人生活在蜜糖罐子里。再看其悠长而又宽阔的水域与苍茫的群山，俨然构成了秦岭一道独一无二的自然人文景观，形容"高峡映平湖"或许不稀奇，称之苍天巧手描绘在秦岭南边的一幅山水画，可能比喻得太普通。仔细数了数，其水与山自然形成的各种样式的半岛和岛屿，竟然达三四十个之多，借鉴浙江的"千岛湖"，便以为此水库称为"百岛湖"一点儿都不夸张。

然后，它就成了我心中所爱和一直推崇的"百岛湖"。

记得与百岛湖认识的那一天，两个当地的好友陪同，沿着岸边的道路走走停停，滔滔不绝地介绍它的前世今生。我一边听，一边用好奇的眼睛从头到脚仔细打量着它。时至黄昏，按照事先邀约，在一处半岛上的农家乐小聚，吃湖里的鱼，喝当地的烤酒。席间，大家感慨生活，东拉西扯，情趣越来越浓。有人起头划拳论输赢喝酒，之后就收不住了，你来一轮他又接着来一轮，最后变成了人人过通关，于是推杯换盏间，热闹极了。高潮处，聚在一起的每个朋友，都不自觉地卸下了包裹，言谈毫不设防，掏心窝子的话倾泻而出，因而喝到肚子中的酒和听到耳朵里的话，皆令人酣畅淋漓般地痛快。不是人生难得几回醉，而是因为平时生活繁忙和应对复杂的世事，在身心疲惫之后，突然遇到了一个可以彻底放松的环境。

借着小解走出房间，临近中秋月亮的清辉洒满湖面，可见波光粼粼。半岛周围的村庄还有几许灯光，我想那灯光或许在等待回家的人，或许那灯下的人也在欣赏月夜的湖水风光。近处的岸边，有人在垂钓。此时，房间里的划拳吆喝声和说笑声，在这个世界显得格外清晰和张扬，似乎还传得很远。

回到酒局，我说："此地此景，适合喝酒聊天，还适合干啥？"

"你净想美事！"一人言毕，大家都心领神会，笑而不宣。

方才吃了一盘金枪鱼，又端上来一盘红烧鱼。一小一大两种鱼，两种做法，两种味道。如果喜欢，如果吃得了，师傅还可以做出许多百岛湖鱼的很多种美味来。我打趣，想继续品尝，恐怕当下钓鱼来不及了。服务员接话，鱼是不用钓的，主动就跑上钩了。因为着急呀，有远处的食客等着享受，它们以投怀送抱牺牲自我为荣呢。撞上钩了，那是它们的幸运和愿望，被端上席面了那就是它们的奉献和价值。我说，它们的最大奉献和价值就是被人吃掉。因为境遇所限，要想成为鱼精或鱼神，时空环境条件不允许，也不可能。

一阵逗趣，一阵精神狂欢。

吃着，喝着，我忽然又陡生出悲悯之情来。想着人是多么残忍呀，说要吃了鱼，一会儿就把它端上了餐桌，而它一点儿都奈何不了。有人不屑我的假慈悲而反驳，照这个逻辑，你吃面条，是否心疼麦子被碾碎了？你吃米饭，是否心疼稻谷被脱了壳？你吃猪肉，是否心疼猪在喊叫呢？……我接不上话，只管吃鱼喝酒就是了。

第一次亲近百岛湖，与山水、人物和酒食交欢，满载欣喜和诗意而归。

此后，我经常往返百岛湖最上游附近的村庄，却难得有机会游览那湖边的风光美景。驱车从安康上西康高速路，在谭坝收费站驶出，或者经西康高速路，在茨沟收费站驶出，过松坝社区，到后沟村方向，似乎就进入了一处盆地，夏秋季节最为养眼的就是“百亩荷塘映柳林”。那一日，去了，见满眼碧绿的荷叶望不到头，五颜六色的蝴蝶与点缀其中的粉红荷花卿卿我我，黄色的蜜蜂嘤嘤在身边，不时又从柳树林里传出一阵急促的蝉鸣，入迷中，正伸出一只手想擦一把汗，偏偏是一位穿着白色裙装的高挑女子，打着一把红伞迎面款款而来，为了遮掩尴尬，我便顺势用手在额前画过半个圆圈后自然地放了下来。而后心里偷着乐，尽管无人在荷塘中吟唱和歌舞，我与她的偶然组合便是一幅美丽的图画了。

我想象，荷塘深处有小径，有亭台楼榭，在其中或谈情说爱话人生，或有三五好友相聚品茗，言商磋艺聊闲话；或避暑纳凉讨清净，皆是自在。月夜微风吹，在柳林边、荷塘边，或唱或听山中民歌；或就着花生米、毛豆、凉拌竹笋和烤串，慢悠悠地小酌；或有蛙鸣相伴，有琴声、笛声从荷塘中来，即使孤单一人，也是无限快意在心头。

从百亩荷塘沿湖岸道路向下游走，可供观赏的湖面之长有五六公里，当地朋友介绍，一湖清水映衬着两岸四季不同的风景：春季，漫山野花斗美艳；夏季，山水一色共长天；秋季，红叶芬芳耀人眼；冬季，时而银装扮江山。这就让人特别羡慕了岸边的乡村人家，家家户户住的都是湖景房，不用花费闲钱和时间，每天眼目触及之处都是美丽风景。

因为这一湖两岸的景致，让当地单身的游子在寻觅梦中伊人时有了满满的自信。有个男青年给心爱的人在手机短信里写道：“在这里，只许你一生一世，牵着你的手，朝夕相伴，听虫鸣鸟唱，观赏山水风光，享受每一天的浪漫，你不来，我不老。”那远方的女子收到短信后便油然地感动了，到此地浪漫一游，当下就许了终身。

他们应该是自信的，因为他们的生存环境不仅有山水景致，而且还拥有一种敢教日月换新天的豪情壮志和战天斗地、英勇无畏的拼搏奋斗精神，至少长期在这种精神浸淫中，人便自强自立，不会消极懒惰。追溯当地这种精神的形成，在此不得不讲述当下的一个令人自豪骄傲的民间传说，名曰：《我来了》诞生在安康——

此事还得从头说起。

2007 年人工建成的这个百岛湖，本名叫黄石滩水库，包容了原来的那个小水库——八一水库。恰恰是，最感人最宏大的劳动场面就发生在之前的“八一水库”建设过程中。

1958 年动工修建的八一水库，安康当时在全市累计调集了 10 万民工和 3 万余名退伍军人参与建设，工地上涌现出父子、兄弟、姐妹一起参战，甚至还有一家三代人同时参战的情形，此外还涌现了许多个“铁姑娘英雄排”，先后历时 18 年艰苦奋斗，终于在 1976 年建成投入使用。

面对这一次规模宏大而又火热的建设劳动场面，当时的《安康日报》记者于邦彦激情澎湃地创作了一首民歌《我来了》：“天上没有玉皇，地上没有龙王。我就是玉皇，我就是龙王。喝令三山五岳开道，我来了！”这首简短的民歌很快成为闻名全国的英雄史诗，当年被郭沫若编选的《红旗歌谣》（300 首）作为压卷之作，后来被载入当代文学史，一度还被收入中学语文课本。

那些年，这首民歌在生产劳动中被老少传唱，人人耳熟能详，一度红遍大江南北，且成了一国之民歌经典。

当时，从全国各地海量的民歌中，选出了工农兵三首代表作。其中工人代表作——大庆油田铁人王进喜创作的《石油工人一声吼》：“石油工人一声吼，地球也要抖三抖！石油工人一声喊，地球也要颤三颤！”军兵代表作——安康地区白河籍战士方存第改写的《我是最亮那颗星》：

“天上有多少星，地上有多少兵。要问我是哪一颗？我是最亮那颗星！”农民代表作——来自安康地区八一水库建设工地上传唱的《我来了》。这三首民歌代表作，当年被称为“中国民歌三‘巨头’”。

据《安康日报》李大斌先生调查研究，这首民歌出自《安康日报》老报人于邦彦之手，创作时间为1958年，创作灵感来源于对八一水库建设工地指战员的深入采访和现场切身感受。

曾任安康地委副书记的王化群老人，当时是八一水库工地建设“铁姑娘排”的党支部书记。她回忆，那个排33个铁姑娘，虎口拔牙打硬仗，在集体火热劳动中，把《我来了》当号子吼——我就是玉皇！我就是龙王！我来了！

六十多年后，在距离八一水库不远的付家河“跃进桥”，依然可见当年镌刻在桥体上的这首民歌的完整内容，一共33个字。它们依然为人们所熟稔，也被当地的乡亲们津津乐道。

由此，《我来了》便成了百岛湖之灵魂。

如今虽然时过境迁，但在百岛湖欣赏或歌唱《我来了》，都会感受到一种气吞山河的精神力量浸润身心。我之所以详细讲述与这一首民歌相关的故事，在于它对当地的现在和未来都将产生深远影响，也是一笔永远的财富。

当下这种精神反映在当地的表现是，乡亲们生活环境和面貌越来越好，干部群众始终彰显着一种昂扬向上的精神风貌。我亲历了当地的脱贫攻坚和正在紧锣密鼓进行的乡村振兴，见证他们一直用行动在生动诠释着这首民歌的丰富内涵，好像他们在生产生活中就没有战胜不了的困难。

正是在这一种精神背景中，位于百岛湖边上的松坝九年制学校原校长邓良军，因为连日紧张工作导致突发脑出血疾病，永远地倒在教育扶贫战线上再也没有起来。我和扶贫战友们在他的灵堂前肃穆而油然地磕了三个头，其意在于为告慰一段短暂而珍贵的友谊，更是对同志《我来了》的这种拼搏精神表达内心的崇敬。从此，我的心底便铭刻了一位《我来了》的精神具象。

结缘百岛湖之后，我又在整体上观察发现，它属于当地牛山风光的一部分，设想如果把它与牛山组合成一条乡村旅游线路，然后就会形成这样一种别样的生活体验：逛牛山，看风景，听故事，游百岛湖，赏山水，唱民歌，吃烤鱼……

这，就是百岛湖带给我的旷达意境。

高高山上一汪水

因在当地驻村帮扶，为了方便大家登上牛山领略一览众山小之风光，戊戌年初冬的一日，我组织了当地干部群众和志愿者二十多人，分别带着锄头、砍刀等工具，想把经由长梁攀登牛山步行路上的荆棘等障碍清理一下，再修补一些台阶。从草庙梁的牛门入口开始着手，进行了三四里路程之后，发现山路边有一处沼泽之地，面积三四十平方米，中间凸出生长着一块五六平方米的椭圆形的芦苇丛，从中隐藏着一个眼睛形状、大约一平方米的沁水窝儿，水窝儿不深，水色却深沉。在苍茫的山梁上，令人明显感受到了一处小景致。

一行人自然地停住了脚步，围绕沁水窝儿纷纷展开了想象。大家即兴杜撰的故事五花八门，一位半晌没有张口的当地老者听了后直言不讳："没有这么多花哨。"在禁牧之前，此水窝儿实际上就是乡亲们放养牛羊时的一处饮水点。那时候，一群群牛羊常常在这水窝儿边上围成一圈喝水，就像农家的孩子在吃饭时围满了爷爷奶奶的锅台。我故意插话说："老人家，你讲的这吸引不了年轻人嘛。"老者嘿嘿笑道："别急呀，好听的故事在后头呢！"他说，此水窝儿有一个很大气的名字，叫"饮马池"。曾经来此饮水的马不是一般的马，而是消除国家祸乱的战马。此池四季满盈，不涸、不溢、不腐。乡亲们当年放牧，若是头天傍晚让牛羊饮用完了池中水，第二天早上池水便会重新蓄满。

听了老者的话，再看眼前的情景，在那看似不可能出现水的地方却有了一汪水。这让人感叹自然之神奇总是发生在人们认为不可能出现的地方。由此，便也不难理解世间的一些现象，很多人在不可能成功的事情上取得了成功。

触景生情，令人急切地想知道“饮马池”之名由何而来。听众很着急，那老者却在山梁上席地而坐，从棉衣口袋里掏出烟袋锅，捏了一捏旱烟末子装在烟锅里，悠然地用打火机点燃后，美美地吧嗒了几口，然后才把关于它的民间传说娓娓道来，名曰：仙女的一滴泪——

唐朝末年，金州刺史崔伟受朝廷之命围剿驻扎在辖区牛山练兵的黄巢起义军。然而，多次交战都未能取得成功。

当时崔伟面对的困难重重，但是最主要的有两点：

其一，黄巢所处的牛山高处，周围山势险要，加之他养精蓄锐许久，兵强马壮，在地利和兵力上都占有很大优势。

其二，崔伟所带兵马从金州赶上牛山，沿途要走一百多里山路，特别是在爬上马爬坡之后，再爬上牛山时，必须在经过的长梁上稍作休息，马要饮水、人要补食，然后才有力量去挑战。但是，长长的荒芜的山梁及周围看不见一滴水。水的问题不解决，就不可能迅速取胜。

为了解决战马在长梁上的饮水困难，崔伟的司马官在附近几乎是掘地三尺，但是迟迟没有发现水源。此时，朝廷的命令一个接一个，令他们务必尽快剿灭黄巢起义军。为此，崔伟更加焦急不安。

是夜，司马官做了一个奇怪的梦，梦中一位深情款款的白衣仙女向他走来，并与他进行了一番交流。在得知崔伟兵马遇到的艰难时，仙女非常同情，更不忍心看到金州老百姓遭受战乱之苦，于是那长长的睫毛下不断有泪珠闪烁。她告诉司马官，如果在牛山的长梁上找到了她掉落在凡间的一滴泪，就会找到一泉清水。

“请问您能不能直言相告？”司马官迷惑不解。仙女没有正面回答，而是说了一句谜语：“长长的山梁上，半块平地在眼前；郁郁葱葱一苑草，下面流水汇成泉。”

司马官听得真真切切，激动地从睡梦中醒了过来。

次日，司马官就带领一群人来到牛山长梁上，他们在山路边上发现了一处平坦之地，并且看到了这处平地上生长着一丛旺盛的茅草，他们迫不及待地拔掉了茅草，不一会儿工夫，下面就涌出了一股清澈的水流。随即，司马官命人在此处挖了一个水池，很快就蓄满了清水，而且取之不竭。

战马饮水问题得到解决，便是解决了作战路上的最大困难。此池因供战马饮水之用，人们称之为“饮马池”。

得益于这一池水的有力相助，崔伟带领官兵很快就彻底打败了黄巢起义军。

斗转星移，这一池水一直流到了今天。

在冬日的寂静中，身披和煦的阳光，站在空旷的山梁上，眼前既不见昔日英姿飒爽的战马，亦不见农家的牛或羊，只留下了满眼的茂密植被和难以忘怀的民间传说。欣赏面前泛着粼粼波光的一汪水，真是像极了仙女掉落在人间的一滴泪。水窝儿周围在微风中轻轻摇荡的那些芦苇，如同仙女那长长的睫毛在呼扇着。

如今，战乱的烟尘早已随风而去，此地此景呈现在人们面前的是一个令人心旷神怡的清朗天空和鸟语花香的和谐幸福人间。

在山路上清理路障忙活了半天，返回时大家感叹，听着这样带劲儿的民间故事真的让人很解乏，希望下次登山时还能听到牛山故事。

“只要在牛山的路上走，故事多着呢！”老者说。

老者的话不假，我就已搜集整理了一百个。

再难也要深情

当初想得比较单纯，以为只要搞好帮扶工作就行了，实际上还需要注重协调和处理好各方面关系，促进团结和谐。当我决心着手的时候，才发现乡村里的有些问题就像陈年的蜘蛛网，动任何一处，到处都会掉落灰尘。解决了一个矛盾，常常又会牵扯出一串矛盾。有时候，解决了一个旧矛盾，又会产生一个新矛盾。如此，想做的事情越多，就越有解决不完的矛盾和困难。特别让人困惑的是，解决是非矛盾这些事情都不在帮助工作成效考核之中。在这种情况下，此项工作就成了一个人的良心责任。

尽管如此，我和驻村队友的想法是，身心和资源闲着也是浪费，能多干一点儿就多干一点儿，所以只要是促进家庭和谐、邻里和谐和村里各方面发展的事情，便掏心掏肺，尽力而为。可是经过一段时间之后发现，干的越多，受的劳累越多，遭遇的口舌是非也越多，往往是两头或多头都不讨好。这也罢了，帮扶本来体现的就是个人的社会责任感和本心、良心。见我的执着和傻劲儿，有人怀疑我与村干部存在利益关系；有人打击我，纯属自讨无趣，自讨苦吃；有人讽刺我，显摆能力的地方多得很，连个正经点儿的都找不到，在那山旮旯里瞎用劲儿。也有人与我开玩笑，帮扶工作搞得再好，群众提拔不了你。亦有人善意提醒我说，无过便是功，不做事便无错……

后来，我还为自己招来了一些莫名的羡慕嫉妒恨，言我骄傲的，恨我能耐的，污蔑我做生意发财的，说啥的都有。恰恰在这时，又发现到个别帮扶户不但不感谢，不说好话，还因为不合理的欲望得不到满足而抱怨干部，甚或还骂娘咒爹的。因为时间和精力都投入村里，曾经让单位的领导和同事、家里的老婆和孩子都觉得我是一个可有可无的人。而我选择做的许多事，还要在资金、质量和纪律等多方面承担压力……一时的委屈，让我感到身心似乎被掏空了，爱心、耐心、热心也似乎被榨干了。因此，我的情绪一度出现了失落和焦虑。我在心底一遍遍地问自己：还要不要努力做事？

在世俗的烟火日子里，在日常琐碎的事务中，在干群关系的是非里，即使一个再有思想智慧的人，无论多么的豁达开朗，遇到闹心事也不奇怪，关键在于如何不被这些闹心事搅扰而长期影响情绪。好在朋友圈子始终涌流着一股浓浓的正能量让我始终在被感染着。在那段日子里，几位知心朋友给予了我极大鼓励，特别受用的一句话是："看懂了，悟透了，还得深情地活着！"

"每个人所做的事情，其实都是在给自己做。"朋友李三的话彻底点醒了我。他安慰我不能泄气，更不应该困惑，只要所做的事情是正确的，是有益他人和社会的，就要尽心做、坚持做，岂管他人说三道四，上天最终是不会亏待人的。或许是一种巧合，此时我听到了当地的一个民间传说，非常安慰和鼓舞人心，名曰：周高个本来是条光棍儿命——

三百多年前，金州牛山脚下的一户周家有个大儿子，因天生个子一直长得高，村里人给他取了个外号叫"周高个"。周高个在小时候，一个路过的算命先生听了他的生辰八字后，断言他一辈子是条光棍儿命。

周高个到了当婚的年龄，父母多次托人说媒，由于家庭贫困等多种原因，一直没有一个姑娘愿意嫁给他，就连寡妇也没有人愿意嫁给他。眼看着黄金岁月一年年在失去，婚事还是没有指望，他想起了算命先生的话，便也认命做一辈子光棍儿。可贵的是，他的生活精神状态并不消极颓废，一年四季里始终都心情喜兴，干劲儿十足，不仅干好担水、拾柴、耕田、种地、放牛、养猪等农活，而且勤俭持家、孝敬父母、和睦邻里，把日子过得井井有条。

时光就这样在欢快中一天天过去了，已是三十多岁的周高个，婚事依然没有一点儿希望，他的父母也把心放宽了，不再操心此事。

可是，谁也想不到，周高个在经历了两件事情之后，婚姻命运突然发生了转机。第一件事情是这样的：

那一年的初冬，牛山中的一个大山沟里，发生了一场非常激烈的战斗。战后，山沟里到处尸横遍野，惨不忍睹。对于这样的场面，村里很多人见了晚上便噩梦连连，更是避之不及，亦没有谁敢去主动收拾掩埋尸体。身强体壮的周高个以悲悯之心，主动而为，每天带着父母烙的一块锅盔馍、提着一壶开水，早出晚归，独自一个人在山沟里挖坑、背死人、埋人。在那个寒冷的冬天里，他就踏踏实实干了这么一件事。

多年之后，周高个每次提及此事依然很轻松，而每个听故事的人却是毛骨悚然。他当时没有具体统计过究竟埋了多少人，但亲手掩埋的每一个战士或将领的尸体，他或在怀中抱过，或在肩上扛过，或在背上背过，每一个动作他都做得很虔诚很自然。

“当时你一个人整天面对那么多死人，心里难道就没有一点儿害怕吗？”大家问。

周高个回答：“那会儿没有想过害怕，只想着我还安全健康地活着，凭良心，感到自己能做到的，就是让他们都早点儿入土为安。”

第二件事情发生在第一件事之后的次年冬天。

这个冬天天气更加寒冷，冷得能冻破石头。在一个风雪交加的下午，周高个从山上背柴火回家经过一条山沟时，遇见一个外出讨饭的陌生大哥，不知倒在山路上有多久了，发现时这个大哥被冰雪包裹着冻得已经奄奄一息，他不由分说，放下柴火，便将这位大哥背回了家，赶紧为他换了棉衣，让他躺在自己睡觉的床铺上，加盖了棉被，然后当作亲人一样，又熬了米汤，一勺一勺喂他吃，终于把这位大哥救活了，随后精心伺候吃喝，又鼓励他勤劳吃苦，担起养家糊口责任，不能再过乞讨生活。待到他的身体完全康复后，周高个又借给了他一些粮食和盘缠，方才放心让其回家。

在那个缺吃少穿的年代，周高个的行为令人不可思议，左邻右舍都说他自己的日子都不是很好过，还喜欢多管闲事。

正是因为周高个发自内心地管了别人认为的这两次闲事，上天遂对他特别眷顾。

过了不久，邻村一个漂亮聪慧的姑娘听了周高个的德行和善举后，大为感动，坚信周高个是一个真正的善良人、靠得住的人，于是主动托人说媒要嫁给周高个。

这是如同天上掉馅饼的好事。从此，周高个有了一个幸福美满的家庭，夫唱妇随，日子过得越来越红火。因为人们说，算命的瞎说哩！周高个不仅没有打光棍儿，夫妻还生育了五个子女，到了他的孙子这一代，就有两人做了县官，其后世子孙兴旺家运昌隆。

后来遇到的一位算命先生解释说，周高个本来是条光棍儿命没有错，改变他命运的是，积极乐观的生活态度，坚持积德行善的品质，尤其是做了那两件积攒了很多阴德的好事。

周高个得了好运和福报的故事流传开来，他居住的牛山下的那个院子也因而有了风水和名字，人们称之为“周家院”。

这个故事的意思很明白：很多时候，我们以为是帮助别人做事，其实都是在给自己甚至子孙做事。所以，任何时候做事，都不要急功近利，贪图眼前利益，更不能把回报作为衡量是否做事的取舍标准。

对任何人而言，在工作生活中永远都会遇到各种矛盾，而且矛盾还会持续不断发生。面对错综复杂的矛盾，是选择抽身而退，当一个“老好人”，还是勇敢迎接挑战，当一个“真英雄”，这是对一个人品行操守和责任担当的考验。在化解重重矛盾中，难免会出现困难、困惑、焦虑和种种非议与不理解，甚至会牺牲个人许多利益，但是无论如何，经受的曲折和委屈再多，都要始终淡定，充满深情，热爱生活，坚持做一个有梦想、有情怀、有追求的人。在薄情的世界里，依然要做一个有爱心、有良心的人。

经受那一次艰难和困惑之后，我选择了深情坚守。

离开陕南安康牛山脚下的草庙村许久了，在整理资料时发现，我曾经连续三年被省市区评为省级帮扶单位优秀驻村队员、先进个人等，获得的相关荣誉达二十多项。当然，收获最多最珍贵的是，有回忆不完的往事，而每一件往事给我带来的都是满满的感动和快乐。

树叶一片片地变黄了

秋天的秦岭无处不是美景。作为秦岭之南安康四大名山之一的牛山，它的秋景更加迷人，站在山巅极目远眺，天高云淡、山峦层叠、苍茫无边，近处红叶染红了山林，色彩斑斓，枝头鸟唱声声，清风拂面，阳光撩拨，令人不由得就想唱歌了。

在心旷神怡的享受中，想到如今的一切美好都来之不易。作为曾经的兵家必争之地，这里的自然生态一定遭受过战火等毁灭性的灾害；作为产出金矿、铜矿、盐矿等矿藏的一座宝山，这里曾经肯定遭遇过人类掠夺式的开采，昔日可能也有过千疮百孔。二三十年前，山脚下的乡亲们放养牛羊、拾取柴火、采挖药材，包括开荒种地等，生产生活的所有来源无一不依靠着牛山。在悠长的岁月里，牛山就是他们的父亲山、母亲山。正是担负了这样的角色，牛山在很长时间里，一直在不停地付出，甚至被榨取，严重透支了身体健康在供养自己的孩子们。有一阵儿，山坡上被砍伐得光秃秃的，连能吃的树叶、花草都不常见。人以为它不说话，不知累，不知疼，其实它早已伤痕累累、体力不支，并发出了痛苦的呻吟。若是人，即使再能干、能吃苦，也需要歇一歇，补充一下能量，养养元气，方能恢复身体机能和体力。所幸的是，在顺应时代发展的大势中，曾经伐木、捕猎、放牧等损害自然生态的现象似乎一夜之间消失了，在牛山已经看不到任何踪影。

牛山在安静多年之后，披上了四季的盛装，变得多姿多彩，迸发出新的活力，也给自己的故事增添了神韵。

当然，这一切变化，除了乡亲们对保护自然的自觉自律外，在行政措施推动上，所属各镇各村还聘用有数量不等的护林员，实行分片区负责，定期巡山看管。此外，还有森林公安队伍的最后一道堡垒。这样一来，牛山就被覆盖了一张严密的生态安全保护网。

我感受得很真切，因为保护工作筑起了铜墙铁壁，在当地驻村的那几年没有发现一起恶性破坏自然生态的现象和行为。一位护林员在一次巡山日志中不想重复“一切正常，没有发现问题”这样的内容，据实写下了自己的观察感受：“今日巡山，看到树叶一片片地变黄了！”不巧，他的日记在上级例行检查中被抽中，这句笔记被当作“经典问题”指了出来，然后在全镇传成了笑谈。

牛山变好变美了，这是谁都不能不承认的事实。用这些词形容如今牛山的生态之美一点儿都不夸张，比如绿浪翻滚、碧波万顷、叠青泻翠、花香鸟语、高山流水、秋色璀璨、四季景明……很多野生动物又回来了，野猪到了猖獗的地步，野兔、野鸡等野生小动物随处可见，山林中还可见到许多珍稀动物的粪便和踪迹。衣食无忧之后，眼睛里迟早看到的是山野风景，心里最直观的感受也只能是这些变化，又比如一片片树叶变黄了，一条条树枝又发芽了，燕子去了又来了，山花儿谢了又开了。由此，可见乡亲们当下多么美好的心境啊！老人说，缺吃少穿的那年月，谁有闲心去观察树叶、欣赏风景呢！于是，我想那护林员的笔记内容应该是油然而生的。

作为秦岭的一隅，牛山也是秦岭大生态公园的组成部分。所以，在牛山脚下工作生活，让我就拥有了一种特别的幸福，无须腾出时间专门而为之，身心昼夜都浸润在大自然的美好之中。我感叹乡亲们与牛山的和谐共生，更惊讶他们对于保护自然生态的自觉。当地有一个民间传说可以为证，名曰：白胡子老人、长工和羊——

很久以前，在金州牛山脚下有一个闻名十里八乡的财主，人们称他有“六多”，老婆多、儿女多、长工多、房屋多、财产多，还有就是养殖的六畜牲口多。

这个财主善于经营，有头脑、有计划，精打细算，不养一个吃闲饭的人，不留一寸空闲的土地，所以财产越来越多。但是财主并不满足，不停地在当地寻找发展机会。一次，他在牛山上转了一圈后，便决定利用山上丰富的草地资源养殖山羊。安排了两个长工，用了两三年时间，养的山羊就达到了二三百只的规模，具体的准数，谁也没有数清过，因为一年四季天天都有母羊下崽儿。当年牛山上有一道壮观的风景，就是他的长工赶着一群山羊早出晚归，呈现出半里路长的白色流动线条。

长工放羊的主要去处在牛山白岩道附近，那里有一块草地面积大，各种野草旺盛，营养好，山羊吃不尽，可是周围树林茂密，常有各种野兽出没，尽管两个放羊的伙计认真负责，然而毕竟精力有限，加之羊只多，在山中分散广，难以照看细致，所以经常有野兽祸害山羊的现象发生。

偏偏在一段时间内，每天都有多只山羊丢失或者遇害。财主十分生气，天天辱骂两个放羊的长工是吃闲饭的窝囊废，长的眼睛是肉窟窿，有时候还用鞭子抽打他们，并以减少食物或不给饭吃来惩罚。长工肉疼，心也疼，有苦不敢言，有泪不敢流。

因为野兽的不断攻击，经常有大小羊只遭遇祸害，使得两个长工一天又一天在担惊受怕中过着。后来，财主又增加了两名长工，配备了刀和枪，每天跟着一起防护，但依旧防不胜防。

一位长工在连续几天受到财主的虐待之后，感叹命运凄苦，在山中恸哭。不知何时身边来了一位白胡子老人，在问清楚具体原委后，安慰他要坚强，一切都会好起来的。

此后几天，这位白胡子老人都会准时出现在那里，盘腿坐在一块大石头上，安静不言，一副慈祥悠闲的模样。

这一天，眼看着一群猛兽扑向羊群，长工们使出了刀枪棍棒也没有控制住突然发生的血腥场面，一时间就看不见了十多只山羊的去处。白胡子老人心想今儿长工们回去，不知道会被财主收拾成个什么样子，以后的日子恐怕更难过了，于是他站起身，伸出双臂在面前做了一个太极拳动作，然后伸出右手食指，用力往那儿一指，伴随着猛然一声吼，一群猛兽忽然掉头退去。随即，他又飞起身，用手指在空中画了一个圈，顿时眼前的一道金光在方圆数里地画出一个大圆圈。

从此，再也没有任何野兽进入这个无形的大圈子里，再也没有发生过山羊丢失和被祸害的事例，长工也不再为此而受煎熬。

此后，人们就把这一处放羊的地方叫作了“羊圈”。

如今，“羊圈”这个地方还在，草木茂盛，植被蔽日，只是不见了故事中那一群山羊和放羊的长工伙计。

时在金秋，跟着巡山的护林员老齐一起下山往回走，我告诉他说：“这次工作日志，你该怎么写呢？切记不要说，看到树叶一片片地变黄了。”他言称：“不会说假话，只会实话实说，看见了鸟儿飞、兔儿跑，不见一个砍柴人。”我说还需要继续补充。他又说：“不见一只牛羊，也不见一个放牧人。”我说他是个不是文人的文人，随心说话像写诗一样。他说我应该会写。我就说了一句：“阳光当头照，秋天又来到。”

互相一阵哈哈笑。

我知道他当天的日志不会写道——巡山未发现问题，便取笑说：“你巡山脚下跑得勤快，眼睛看得细发，心里乐和，还要认真写好日志哩，不晓得哪天因为一句话又要在全镇或全区出名了。”

把根留住

戊戌年夏季的一天傍晚，从草庙梁牛门起步登山，沿长梁行走一里多路，来到第二个小山包上，驻足观赏，此处虽在山腰，但依然可见远处群山逶迤，大地苍茫，可看到近处的村舍、庄稼和狗，感受老人们的含饴弄孙之乐，亦可阅览牛山双乳峰之盛景，仰望高处的精神殿堂，隐隐约约还能听见山上飘来的梵音。便也想，不用费多少脚力，一年四季任何时节，在此都可享受虫鸣鸟唱、清风明月，欣赏别样的自然风光，安顿心灵。

有人不以为然："不就是一个荒凉的山包吗！"我包容这种认知。因为发此言者眼里只羡慕别人的位子、票子、房子和车子，心里已经被搅扰得乱成了一团麻，岂有空间容纳生活的诗情画意，或许他根本就没有面对自然美景的情趣，因而便熟视无睹，浑然不觉，身在福中不知福。我以为，一个人无论在多么荒凉的地方，只要眼中有风景，处境就不会慌乱。

身在这里，你是谁并不重要，重要的是谁都能得到收获。有山花、鸟儿、虫豸做伴，你可享受风花雪月、诗情画意。即使不识字，露着膀子，挽着裤管，光着泥腿子，在这里也可以阅读自然之书、天道之书，品一品社会生活之书，还可纵情地吼上几嗓子，用不着担心丢人现眼。在这里看一看天高云淡，听一听自然音符，很快就会有个好心情。即使你不解风情，不懂山水，在这里身体的所有毛细血管会欢畅着，筋骨会舒展着，浑身都觉得十分受活。在这个一尘不染的地方看不见乌烟瘴气，心底自然纯净而充满善意和美好。总之在这里，你是舒畅的、积极的、坦荡的。

因为距离驻地宿舍不远，自从有了第一次的愉悦体验，随后在空闲里我就经常去这里消遣，每一次都让人心情变得格外美好。由此，我在冥冥之中感知，这里应该是有故事的。后来了解到，这里不仅有故事，而且有一个民间传说很精彩，名曰：牛山第一亭——

唐朝末年，黄巢兵败长安后，撤退秦岭之南，屯兵金州牛山，仍然雄心勃勃，立誓彻底推翻当时的腐朽统治，重建他的大齐王朝。

为了早日实现愿望，他每日坚持操练兵马，并动之以情晓之以理，借用家国情怀凝聚将士们的人心。他说，好男儿要让国家安定太平、家庭安康幸福，可是眼前的世道，百姓不堪税负，盗贼猖獗、战乱四起，天灾人祸不断，民不聊生……天下兴亡，匹夫有责。

除了不断对将士们进行思想鼓舞、本领强化之外，他还庄严承诺，待战争成功后，所有将士都将封官加爵。

同时，为了加强防守，在牛山东南西北各个重要关卡设立了哨所，其中在牛山长梁最下面的第二个小山包上设立了牛山东北门方向的第一个前卫哨所，此哨所是采用石木结构修建而成的岗亭，被命名为“将军亭”。

善于激励提振人心的黄巢，注重从眼前细小的事情做起，让士兵们看到希望。由于将军亭处于战斗的最前线，责任最重大，危险性最高，承诺对于在此站岗放哨的士兵们予以重奖，如有重大立功表现，将给予“将军”待遇。在日常的精神激励中，他还说了一句大家耳熟能详的励志名言——小士兵也能有大将军的作为。

如此，在将军亭站岗放哨不仅有荣誉感，能获得实惠，还有更多的立大功机会。因而，在牛山众多的岗哨中，士兵们不顾生命危险，都争抢着到这个最危险的地方站岗放哨。因为这里预警有力，方才使得黄巢在多次与当地官兵交战中屡屡占了上风。因而，此亭便被大家誉为“牛山第一亭”。

最终，或许因为不得天时，或许是宿命，黄巢被金州刺史崔伟所带官兵彻底打败后，带领残兵败将逃离了牛山。

将军亭毁于最后的一把战火之中，随后在风雨岁月里消失得无影无踪。如今，只留下了这一个传说。

听完这个故事，我突然想起，在二百多年前，法兰西第一帝国皇帝拿破仑·波拿巴为了激励士兵讲了一句脍炙人口的话：“不想当将军的士兵不是好士兵。”抛开黄巢在历史上的功过、是非、对错和屯兵牛山之真假，我为这个如今很少有人光顾的地方能有故事而欣喜不已。相比拿破仑·波拿巴的此句名言，在关于这个将军亭的民间传说中，黄巢的类似励志之语“小士兵也能有大将军的作为”早了一个千秋。而这一句话能够流传下来就足以告慰他的一生。由是，我便更敬佩了古人和民间的智慧。

结合观景体验等多种因素，我想在这里如果重新修建一个可供游人登山时休息、赏景和方便附近乡亲们平常消遣的凉亭，并赋予它新时代的内涵，或许更有时代意义。脱贫攻坚工作结束了，乡亲们都过上了小康生活，在未来发展的路上，如何继续发扬克难奋进的拼搏精神，巩固、拓展和提升现有的发展成效成果，早日实现乡村振兴，这就需要持续深入推进新民风建设，促进当地形成一种恒久的内生动力。经过思考，我认为有了此亭，以一种文化载体和源头，就可以长久地为乡亲们注入一种精神血液，源源不断地给予他们持久的奋进力量。

于是，我积极力挺成就了此事。

亭子建成后，固然不能沿用传说中的“将军亭”之名，生活在新时代，就必须擎起新时代之旗，于是便命名为“习思亭”，其名不仅大气，寓意鲜明、易懂，而且突出提醒了所有参观者，要不断学习思考，尤其是要学习贯彻落实习近平新时代中国特色社会主义思想，用之武装头脑，指导当下，奋斗未来。同时，针对当下社会普遍存在的现象、问题和人性难以克服的弱点、缺点，结合安康的新民风建设，别具匠心地在此亭的四根柱子上镌刻了两副楹联，一联曰：切忌羡慕嫉妒恨；努力比学赶帮超。另一联曰：谨守仁义礼智信；践行诚孝俭勤和。邀请著名书法家卫高潮先生用中国章草书体书写了对联内容。这也是我对牛山脚下乡亲们的内心忠告和最长情的期待，希望他们积极践行并成为自身一种强大的正能量。

习思亭是建在如今牛山上的第一亭。古之亭与今之亭相比，其意却是大相径庭。今之亭昭示着一种精神光芒，从那个夏天开始，就一直亮堂在我的心里，亦成了我的一座心灵灯塔。

后 记

拿什么献给这片热土

我怎么也没有想到会在陕南安康牛山脚下的草庙村度过三四年的人生时光。这使我认识到，人生的奥妙在于常常把握不了自己的命运，甚至终其一生都在寻找自己所应处的位置。不管你是否愿意，你每一天都会处在不同的位置，扮演着不同的角色，而且几乎都没有彩排的机会。

如此，人生便是迎接每一天的挑战。

当初受命，服从组织安排，作为省级帮扶单位选派的一名战斗队员，欣然前往驻村地点，积极投入脱贫攻坚一线战斗。我自知既是一个没有多大能耐，又是一个无雄厚资历和丰富背景的平凡普通人，要想在责任区域的主战场上做到“来之能战，战之能胜”，必须克服许许多多的困难。当然，也可以假装很认真，滥竽充数混日子，但这不是我的性格。农民出身的我，尽力想为群众多干一点儿实事，所以思考比较多，手脚伸得比较长，经常让人觉得“蝗虫吃过了界——管得宽”或者“瘦驴拉硬屎——瞎逞能”。

不管别人如何看待，我想：无论身在任何一处，都要努力张扬生命的活力，释放人生的光彩，不因浪费了今天的大好时光而叹息懊悔，不为迎接明天的生活而手足无措、紧张不安。

于是，我选择了坚持，勇毅前行。

依靠党的各项惠民政策和各项有力推动措施，经过干部群众三四年的艰苦奋斗，全村整体如期实现了脱贫致富，奔上了小康生活之路。回顾过去，展望未来，要想稳定、持续发展，实现乡村振兴，最根本的途径还是要通过“扶志扶智”，教育引导当地干部群众彻底走出自我的精神困境，完全自立自强。但是这四个字说起来简单，在当时落实起来非常难，要迅速见到明显效果则更难。那会儿，现实遇到的问题千奇百怪，却又不能用一个药方治百病，自然是需要具体问题具体对待，因地、因人、因事而已，可是这些良策良方又在哪里呢？一度令我感到无助甚至迷茫。

在走访乡亲拉家常中，无意间发现原来遇到的很多问题，答案其实都隐藏在牛山的民间传说里，只是这些民间传说没有被充分认识和较好地利用。对此，从发掘研究乡村传统文化的角度，引起了我的热切关注和高度重视。

牛山名列安康四大名山之首，属于汉滨区所辖，南北长 14 公里，东西宽 13 公里，面积 182 平方公里，最高峰海拔近 1500 米，山峰上有一个著名的景点——望京石，因其精彩的民间传说被称为“一个有梦想的地方”。其时是夏季，与朋友结伴攀登至此，站在那石头上，遥望四周，见群山重峦叠嶂，呈现出一层层壮阔无边的绿色波浪，令人油然有了“绿色天堂”“人间秘境”“一览众山小”等许多美妙的感受，便也信服了先人的眼光，把“牛山叠嶂”之美排在了安康古八景之首。

初步了解，分布在牛山境内的有“72 宝”。这个“宝”就是自然景物及其民间传说。我为之眼前豁然一亮，这是多么好的珍贵资源啊，既是弘扬中华传统文化和推进新民风建设的活教材，也是打造乡村旅游特色品牌的优质资源。如果不能好好地珍惜和利用它们，那咱们就成了“睁眼瞎”。

有了这个认识之后，我的心思和行动便停不下来，充分利用各种机会采访挖掘、收集整理相关资料。

随后，我在挖掘了 72 个民间传说的基础上，又进一步搜集整理增加了 28 个，将牛山民间传说总数变成了 100 个，将传说中所讲的人文自然景物增加到了 111 个，其中牛山境内 108 个，另外 3 个在汉江南岸。增加的理由：第一，很多民间传说此前没有被列入牛山“72 宝”，觉得可惜和不足；第二，想把当地的民间传说“一网打尽”，做到“应收尽收”，希望能够造福当代，裨益后人；第三，促进宣传推广形成一种强大力量和良好效果。中国山川锦绣、人文历史悠久，有故事的山很多，可能每一座山都有自己的故事，也可能一座山有很多故事，但是一座山有 100 个故事，而且每一个故事在现实中都对应有一个或多个具体的客观景物，这在全国和世界范围内绝对少有，或者说没有。如此，我的心底涌出了一句广告词：安康牛山——中国乃至世界最有故事的一座山。

庚子年仲冬里，一个满天繁星的夜晚，漫步在草庙梁的山道上，仰望牛山那两座高峰，忽然想到：牛山，不仅是安康的一座地理标志，也是安康民俗文化的一个代表符号，更象征着安康人的一种“牛精神”，为民服务、无私奉献，创新发展、攻坚克难，艰苦奋斗、吃苦耐劳，凝心聚力、团结向前。由此，我激动地感叹：牛山的故事值得大写特写！

当我决定把驻村的见闻学思践悟、干部群众的奋斗故事与当地的自然山水美景、民间传说结合在一起，写成一部有趣味、有思考、有价值的书时，便充分相信自己所做的是一件非常有意义的事，起码可以让当地的古今民间传说得到完整保存。我最大的愿望是，在持续推动乡村振兴中，当地各种力量能够充分开发利用牛山的人文资源优势，将其当作一个特色文旅产业项目来运作经营，当作安康的一个人文品牌来不断打造，造福乡亲，服务社会。好在当地政府层面和许多的乡贤、能人，都已做出了积极探索和努力。

当然，作为一名驻村干部中的作家，这也是我发挥个人特长，尽其所能，为当地文化事业发展和深化文化帮扶所做的一项贡献吧。同时，想通过这种方式，对我自身的帮扶能力和帮扶效果作为一种补充，亦算是因为未能在这一片土地上大展作为而对乡亲抱有歉意的一种补偿。更应当自觉的是，身处这个伟大的新时代，能有机会深入火热的乡村生活，与当地干部群众一起亲历脱贫攻坚、乡村振兴之战斗，包括挖掘当地的传统文化，我有责任做好记录、书写、研究和创造。

因而，生活在牛山脚下的土地上，我始终心潮澎湃，每天觉得眼前有看不完的美丽景物、脚下有走不完的连心路、耳朵有听不完的精彩故事、手头有干不完的正经事情。由此，驻村四个年头的时光感觉一晃而过，其间的努力、学习和成长，让我深感人生处处皆学问，特别感到驻村的四年相当于攻读了乡村大学四年制本科，学有所得，并应该做好分享。

目前，包括这一部书在内，围绕激发干事创业精气神，我在驻村工作业余时间已写作出版了一部《追寻初心——我的扶贫札记》，创作了一部反映工会组织选派的驻村第一书记为民干事担当的汉调二黄现代戏《金州第一书记》，还写作出版了一部自强模范、劳动模范人物的励志报告文学《我不输给命运》，可谓形成了我的“驻村四部曲”。

在这部书里，我极力探索表达方式的创新，通过一个立体的时空画面，由大到小聚焦到一个具体的景物，然后讲述它的一个或几个民间故事，再结合当下的工作生活实际，分析总结一些人生经验、感悟或道理，希望读者能够从中受到一些启发或教益。同时，这也是我目前最用心、用情、用力投入的一部书，驻村期间初稿写作了三四年，此后细致修改了三次，又是用了三四年，几乎占用了六七年来所有的业余休息时间。出版之际，为了主题集中，我从已写就的 145 篇文章中挑选了 95 篇，将其提炼成内容相对纯粹的一册书，命名《牛山意象》，打算把之外 50 篇没有包含民间传说的驻村工作生活感悟文章，另行结集成书，为自己做个留念。

我也深知，作家最大的谬误和自以为是，就是想用自己的理想与认识去教化和改变别人。我有这个自知之明。但我坚信一点，牛山丰富的人文资源，让当地的老百姓得大利、享大福，是迟早的事，也是必然的事。

还有一个小心思，有山河为证，有文字为证，希望我热爱的牛山这一片土地上的乡亲与他们的子孙，在提及我驻村的故事时，在心里有所回忆或感动，如果还能由衷称赞一句“这个人为我们当地发展真是费了一番苦心！”那么我就十分心满意足了。

诚然，这部书不仅是写给乡亲们的，也是写给天下读者的，更希望通过此书能够持久地给予所有读者心灵的涤荡与温暖，激发永远向善、向上、向前的精神力量。

尽管已经很努力，但是我觉得把牛山的故事讲得还不够精彩，只是可鉴一片赤诚之心。